Verhandelte Globalisierung

Martin Seeliger

Verhandelte Globalisierung

Studien zur Internationalisierung von
Wirtschaft und Kultur

 Springer VS

Martin Seeliger
Leuphana Universität Lüneburg
Lüneburg, Deutschland

ISBN 978-3-658-26371-3   ISBN 978-3-658-26372-0   (eBook)
https://doi.org/10.1007/978-3-658-26372-0

Die Deutsche Nationalbibliothek verzeichnet diese Publikation in der Deutschen Nationalbibliografie;detaillierte bibliografische Daten sind im Internet über http://dnb.d-nb.de abrufbar.

Springer VS
© Springer Fachmedien Wiesbaden GmbH, ein Teil von Springer Nature 2019

Springer VS ist ein Imprint der eingetragenen Gesellschaft Springer Fachmedien Wiesbaden GmbH und ist ein Teil von Springer Nature.
Die Anschrift der Gesellschaft ist: Abraham-Lincoln-Str. 46, 65189 Wiesbaden, Germany

Inhaltsverzeichnis

Einleitung... 1
1 Einleitung 1
2 Klassische soziologische Konzepte zum Verständnis von
   Globalisierung und Integration.............................. 5
   2.1 Kooperation als integrationssoziologischer Grundbegriff........ 6
   2.2 Konflikt als integrationssoziologischer Grundbegriff........... 8
   2.3 Kohäsion als integrationssoziologischer Grundbegriff.......... 10
   2.4 Kultur als integrationssoziologischer Grundbegriff............ 11
   2.5 Zwischenfazit.. 13
3 Zeitgenössische makrosoziologische Globalisierungstheorien......... 13
   3.1 Systemtheorie: Weltgesellschaft als umfassender
        Referenzrahmen von Kommunikation...................... 14
   3.2 Der World-Polity Ansatz – Globalisierung als pseudo-rationale
        Strukturanpassung 18
   3.3 Die Weltrisikogesellschaft in der Kosmopolitischen Moderne 22
   3.4 Zwischenfazit.. 25
Literatur... 28

Kapitalismus, Ungleichheit, Demokratie – Eine Literaturstudie....... 33
1 Einleitung 33
2 Zum Wandel des westlichen Sozialkapitalismus 35
3 Zum Nexus von Kapitalismus, Ungleichheit und Demokratie........ 38
4 Fazit... 45
Literatur... 50

Transnationale Sozialräume. Zwischen Methodologischem
Nationalismus und Kosmo-Globalismus........................ 55
1   Einleitung 55
   1.1   Globalisierung, Methodologischer Nationalismus
      und seine Kritik 56
   1.2   Die Gesellschaft und der Nationalstaat 56
2   Epistemologische Herausforderungen – Methodologischer
   Nationalismus und seine Überschreitung 58
   2.1   Kritik des Methodologischen Nationalismus. 59
3   Das Konzept des Raumes in der Sozialwissenschaft 61
   3.1   Substanzialistische und Relationale Raumverständnisse......... 63
   3.2   Idealtypen von Sozialräumen. 65
   3.3   Vier Muster gesellschaftlicher Internationalisierung
      aus relationaler Perspektive 65
   3.4   Drei Muster der Internationalisierung auf Basis eines
      relationalen Raumkonzeptes 66
   3.5   Vergleichende, weltsystemische und transnationale
      Forschungsperspektiven. 68
4   Fazit. 71
Literatur. 72

Ambivalenzen der Gegenbewegung. Internationale
Erwerbsregulierung zwischen Einbettung
und Kommodifizierung. 75
1   Einleitung 75
2   Konzeptionelle Rahmung – Polanyi und die arbeitspolitischen
   Implikationen der Globalisierung. 76
   2.1   Polanyis „The Great Transformation" 76
   2.2   Zur Rezeption Polanyis im Feld der GLS 78
   2.3   Die Polanyi-Adaption der GLS auf dem Prüfstand 81
   2.4   Wie untersucht man die mögliche Emergenz einer
      Gegenbewegung?. 82
3   Fallauswahl und methodische Rahmung. 84
4   Emergenz einer Gegenbewegung? Empirische Befunde 85
   4.1   Die Charta der Arbeitsbeziehungen – Mitbestimmung
      zwischen Klassenkampf und Sozialpartnerschaft 85
   4.2   Die Auseinandersetzung um den europäischen Mindestlohn 91
   4.3   Zusammenfassung der Ergebnisse. 95
5   Fazit und Ausblick 97
Literatur. 99

Populistische Popkultur – Warum die Band Frei.Wild ein
Verunsicherungsphänomen darstellt.   103
1   Einleitung   103
2   Populistische Krisenkultur – Ein konzeptioneller Rahmen   105
3   Frei.Wild als populärkulturelles Krisenphänomen   109
    3.1   Prekarität   112
    3.2   Männlichkeit   113
    3.3   Regionalismus   115
    3.4   Zusammenfassung   117
4   Kritik an Frei.Wild und warum sie zu kurz greift.   119
5   Fazit.   123
Literatur.   126

Autobiografien deutscher Gangstarapper im Vergleich   129
1   Einleitung   129
2   Darstellung von Gangstarap und den Büchern   129
3   Theoretischer Rahmen   131
    3.1   Gangstarap-Images aus intersektionaler Perspektive.   131
    3.2   Zum Verständnis von Populärkultur: Nicht Kritische
          Theorie, sondern Cultural Studies!   134
4   Untersuchung der vier Autobiografien   136
    4.1   Bushido – Bushido.   136
    4.2   Fler – Im Bus ganz Hinten.   138
    4.3   Massiv – Solange mein Herz schlägt.   140
    4.4   Xatar – Zähl' so viele Scheine Du kannst, bevor Du sitzt   143
5   Vergleich der vier Autobiografien.   145
6   Fazit.   148
Literatur.   150

Ein neuer Strukturwandel der Öffentlichkeit?
(Re-)Konfigurationen unter Bedingungen von Globalisierung,
Ökonomisierung und Digitalisierung   153
1   Einleitung   153
2   Krise der Demokratie – Krise der Öffentlichkeiten?   154
3   ‚Öffentlichkeit' als sozialwissenschaftlicher Begriff und die
    ‚Strukturwandel'-These   156
4   Der Strukturwandel der Öffentlichkeit nach Habermas   158
5   Globalisierung, Digitalisierung, Ökonomisierung – Ein neuer
    Strukturwandel?   163

5.1   Globalisierung   165
5.2   Ökonomisierung.   167
5.3   Digitalisierung   169
6   Ein neuer Strukturwandel? Fazit und Ausblick.   172
Literatur.   174

Einleitung

1 Einleitung

Für das menschliche Dasein hat der Grad an Institutionalisierung grenzüberschreitender Austauschverhältnisse im 21. Jahrhundert einen Zwangscharakter angenommen. Zwar wäre es nicht ausgeschlossen, dass einzelne Menschen vollständig darauf verzichten, E-Mail-, Reise- oder Warenverkehr im grenzüberschreitenden Maßstab in Anspruch zu nehmen. Ein solches Leben erscheint zumindest theoretisch noch vorstellbar. Nicht umsonst machen sich beispielsweise immer wieder Aussteiger aus dem Kulturraum des europäischen Nordens in Richtung Südeuropa auf, um dort unter günstigeren klimatischen Bedingungen ein Leben abseits unökologischen Lebensstils („Umweltverschmutzer!"), populärer Medien („Verblödungsindustrie") oder eines durchschnittlichen westeuropäischen Verbraucherdaseins („Konsumterror") zu führen. Doch spätestens, wenn sie, sagen wir, auf dem Fußmarsch von ihrer Behausung außerhalb des andalusischen San Pedro eine der befestigten Straße überqueren – vielleicht, um Wasser und Klebeband zum Fixieren störrischer Bastfasern zu erwerben –, müsste (zumindest im Kopf der kritisch beobachtenden Sozialwissenschaftlerin) ein Warnlämpchen aufleuchten.

Aber warum das? Bislang hat der Aussteiger doch weder einen Kunststofftank (‚made in China') geschultert, noch eine Zigarette angezündet, um – ganz im Sinne der Verheißung einer bekannten Tabakmarke – die Atmosphäre der unberührten Natur zu genießen. Die Antwort ist einfach – die Erwerbsverhältnisse in der spanischen Bauwirtschaft im Allgemeinen (und hier der Straßenbau im Besonderen) sind seit vielen Jahren durch den Zustrom irregulärer Migranten geprägt. Selbst die mikroregionale Autarkie der andalusischen Kommunenbewohner wäre damit letztlich eingebunden in ein internationales Referenzsystem.

© Springer Fachmedien Wiesbaden GmbH, ein Teil von Springer Nature 2019
M. Seeliger, *Verhandelte Globalisierung,*
https://doi.org/10.1007/978-3-658-26372-0_1

Dies mag zwar etwas spitzfindig klingen – schließlich wussten wir (ehrlicher-weise) noch nicht einmal Genaueres über den spezifischen Streckenabschnitt, den unser Aussteigerwanderer da betreten hat. Gehen wir nun der Einfachheit halber davon aus, dass die Firma, welche die Straße irgendwann mal angelegt (und zwischenzeitlich eventuell auch schon mehrfach saniert) hat, vielleicht noch nicht einmal irreguläre Kräfte, aber doch zumindest in Teilen Wander-arbeiter beschäftigt hat – wo wäre nun das Problem? Dass jemand beispielsweise von Tunesien, Marokko oder einem anderen nordafrikanischen Staat zum Arbei-ten nach Spanien reist, stellt zwar mit Sicherheit eine (territoriale) Grenzüber-schreitung dar. Als global ist dieser Vorgang aufgrund seiner immer noch stark begrenzten Reichweite aber doch sicherlich nicht einzuordnen?!

Um diese Frage genauer in Augenschein nehmen zu können, müssen wir mit ihrer historischen Dimension eine häufig unterschätzte Komponente des gesellschaftlichen Lebens in Betracht ziehen. Denn der Verlauf erwerbsbedingter Migrationsströme ist nun keineswegs zufällig bestimmt, sondern folgt letztlich einem Muster (neo-)kolonialer Herrschafts- und Wirtschaftsbeziehungen, wel-che die Arbeitsteilung im Weltsystem (Wallerstein 2004) über Jahrhunderte hin-weg festgeschrieben haben. Und auch wenn die spanischen Bauunternehmer bei der Beschäftigung von Arbeitsmigranten sicherlich anderes im Sinn hatten als die Zementierung althergebrachter Kolonialverhältnisse hinter marktwirtschaft-lich-moderner Fassade – als Nutznießer peripherer Arbeit im Globalen Norden befinden sie sich aus historischer Sicht in der gleichen Situation, wie sie ein bekannter Albumtitel der globalen Popband Oasis zum Ausdruck bringt – Stan-ding on the Shoulders of Giants.

Jetzt wo also geklärt ist, dass – außer im Rahmen der beengten Handlungs-korridore absoluter Robinsonaden (und wer will schon gern allein im Wald hausen?) – ein Leben jenseits der internationalen Zusammenhänge nicht mehr möglich ist und wir ihre Auswirkungen und Anschlüsse als allgegenwärtig und praktisch nicht hintergehbar akzeptiert haben, lässt sich aus soziologischer Sicht die Frage formulieren, was dieser Umstand für den gesellschaftlichen Zusammen-halt bedeutet. Das konzeptionelle Schlagwort der Globalisierung, unter dem diese Auswirkungen in den letzten Jahrzehnten diskutiert worden sind, wollen wir anschließend an Anthony Giddens (1990) verstehen als die Tendenz zur Zunahme der Interdependenz zwischen Ereignissen an weit entfernten Orten auf der Welt.

Die Frage nach dem gesellschaftlichen Zusammenhalt wurde und wird in der Soziologie in aller Regel unter Bezug auf den Arbeitsmarkt als zentraler Institu-tion moderner (d. h. in diesem Fall demokratisch-kapitalistischer) Gesellschaften beantwortet. Im Rahmen einer solchen (ursprünglich vor allem an Emile Durk-heim anknüpfenden) Sicht auf die soziale Kohäsion klar abgrenzbarer territorialer

Bezugseinheiten dient in der Regel der Nationalstaat als Referenzeinheit. Unter Bedingungen zunehmenden wirtschaftlicher Interdependenz und kulturellem und sozialem Austausch zwischen den Nationalstaaten weisen solche Gesellschaften in der Globalisierung, wie Imbusch und Rucht (2005: 16) bemerken, einen immer weiter zunehmenden Integrationsbedarf auf:

> „Dazu zählen einerseits rechtlich-institutionelle Vorkehrungen wie die Garantie bestimmter Grundrechte, die demokratisch legitimierte und zeitlich begrenzte Einsetzung von politischen Entscheidungsträgern, ein ausdifferenziertes System zur Austragung und Beilegung von Konflikten, staatliches Gewaltmonopol, Minderheitenschutz, aber auch die Praxis öffentlicher Diskurse über strittige gesellschaftliche und politische Fragen."

Tagespolitisches Anschauungsmaterial findet sich in den alltäglichen Lebenswelten der globalisierten Ländern Westeuropas heute nicht nur in den Ausläufern des internationalen Standortwettbewerbes, der die nationalen Arbeitsmärkte angesichts eines (konstruierten) Überangebotes an migrantischen Lohnabhängigen genauso unter Druck setzt, wie die Verlagerungsdrohungen des heimischen Kapitals die nationalen Steuerstaaten. In – mal mehr und mal weniger kultivierten – Diskussionen um ein Kopftuchverbot oder der zivilgesellschaftlich getragenen Willkommenskultur in der Flüchtlingskrise zeigen sich außerdem Konfliktlinien und Lagerbildungen, deren Konturen längst nicht mehr vordergründig entlang ethnischer Zugehörigkeiten, sondern immer mehr auch zwischen sozialen Milieus verlaufen, deren Polarisierung Merkel (2016) auf den Gegensatz von „Kosmopoliten" und „Kommunitaristen" hin zuspitzt.

Ganz im Sinne der Begriffsbildung stellt sich die Problematik gesellschaftlicher Integration unter Bedingungen der *Global*isierung selbstverständlich nicht nur im nationalen Rahmen. Als historisches Projekt bewirkte (vor allem der europäische) Kolonialismus die Erschließung der Welt nicht nur als technisch-logistische, sondern auch ökonomisch-politische (Zwangs-)Eingliederung ‚abgelegener' Sozial- und Wirtschaftsräume. „Das Bedürfnis nach einem stets ausgedehnteren Absatz für ihre Produkte" so beschreiben diesen Vorgang Friedrich Engels und Karl Marx (MEW Bd.2: 821) in einer viel zitierten Passage ihres Kommunistischen Manifestes, „jagt die Bourgeoisie über die ganze Erdkugel. Überall muss sie sich einnisten, überall anbauen, überall Verbindungen herstellen."

Nun ist die Entwicklung einer weltumspannenden Struktur wirtschaftlichen, kulturellen und sozialen Austausches sicherlich nicht den Akteuren des Kapitals allein zuzuschreiben. Besonders im derzeit mit Hochkonjunktur diskutierten Themenfeld internationaler Migration zeigt sich klar, wie es die einfachen Menschen selbst sind, die – um noch mal Karl Marx (1972: 226) zu zitieren – ihr

Leben zwar in die eigene Hand nehmen, dies jedoch „nicht aus freien Stücken, nicht unter selbst gewählten, sondern unter unmittelbar vorgefundenen gegebenen und überlieferten Umständen." Die Globalisierung der Welt, so lässt sich hieraus schließen, ist also keineswegs ein unilaterales Projekt. Ganz wie bereits im Eingangsbeispiel verdeutlicht, sind wir alle irgendwie daran beteiligt – wenn auch auf ganz unterschiedliche Art und Weise.

Dieser letzte Punkt verdient es, noch ein bisschen weiter ausgearbeitet zu werden. Makroregionale Diskrepanzen zwischen Polen, die gemeinhin als Norden und Süden, Zentrum und Peripherie oder auch Erste und Dritte Welt beschrieben werden, machen es notwendig, entsprechende Unterschiede nicht nur unter Aspekten von Arbeitsteilung und wirtschaftlichem Wohlstand, sondern auch hinsichtlich rechtlicher Privilegien wie Bewegungsfreiheit oder post- und neo-kolonialer Selbstverständnisse zu reflektieren. Integration soziologisch zu konzipieren, hieße folglich aus dieser Sicht, variierende Formen der Einbindung in ein globales Ganzes nicht nur für sich genommen, sondern vor allem in Relation zueinander zu untersuchen (siehe Lessenich 2016).

Mit der historischen Schwelle zum 21. Jahrhundert im Rücken zeigt sich mehr und mehr, dass unsere westeuropäische Vorstellung von Globalisierung als Erweiterung eines wirtschaftlichen Möglichkeitsraums weniger tragfähig ist, als optimistische Vertreter – seien es nun Liberal-Konservative wie Francis Fukuyama oder die neosozialdemokratischen Anhänger einer Politik des Dritten Weges – sich dies noch vor einiger Zeit mögen vorgestellt haben. Die Globalisierung bringt, mit Rosanvallon (2013: 354) gesprochen, zwar „die Nationen näher zusammen, während sie gleichzeitig überall die Kluft zwischen den Klassen, materiell wie psychologisch, vertieft."

Wie historisch-institutionalistische Arbeiten – etwa zur ‚vertagten Krise des demokratischen Kapitalismus' (Streeck 2013) oder zum ‚befremdlichen Überleben des Neoliberalismus' (Crouch 2011) – gezeigt haben, vollziehen sich Prozesse sozialer Desintegration häufig nicht von einem Tag auf den anderen. Sie verlaufen langsam und werden häufig erst dann offenbar, wenn eine kurzfristige Wende schon längst nicht mehr im Rahmen des Möglichen liegt. Mit der Integration, so ließe sich mit Imbusch und Rucht (2005: 15) schließen, verhält es sich dann wie mit der Gesundheit: „Ihr Wert wird erst deutlich, wenn man sie zu verlieren droht oder sie bereits verloren hat."

Vor diesem Hintergrund behandeln die in diesem Band zusammengefassten Beiträge die Frage nach dem Tatbestand gesellschaftlicher Integration unter Bedingungen der Globalisierung. Bevor ich diese im Einzelnen vorstellen will, soll der folgende Abschnitt vier soziologische Konzepte zur Untersuchung gesellschaftlicher Integration einführen, welche ich auch als die ‚vier K's der

Integrationstheorie' bezeichnen möchte (Kooperation, Konflikt, Kohäsion und Kultur). Anhand einer kursorischen Vorstellung dreier aktueller soziologischer Ansätze zum Verständnis der Globalisierung – der Theorie der Weltgesellschaft, dem World-Polity Ansatz sowie dem Methodologischen Kosmopolitismus – möchte ich dann darstellen, wie zeitgenössische Ansätze die grundbegriffliche Rückbindung soziologischer Integrationsforschung in den letzten Jahren aus dem Blick verloren haben. In einem letzten Abschnitt möchte ich schließlich darstellen, auf welche Weise die hier versammelten Aufsätze zu einem besseren Verständnis sozialer Konflikte um gesellschaftliche Integration unter Bedingungen der Globalisierung beitragen können.

2 Klassische soziologische Konzepte zum Verständnis von Globalisierung und Integration

Wie wir eben anhand der Arbeitskräfterekrutierung im spanischen Straßenbaus expliziert haben, stellt die Globalisierung aus historischer Sicht keineswegs ein neues Phänomen dar. Ähnliches können auch die Beispiele der Eroberungs- und Vergeltungskriege der Perser und Griechen, die Handelsbeziehungen der Fugger oder die Missionierungsinitiativen in Übersee bestätigen, welche die katholische Kirche seit vielen Jahrhunderten unterhält. Die Frage, wie die interne Stabilität dieses – zumindest annähernd – weltumspannenden Systems gewährleistet werden konnte, hängt spätestens seit dem „langen 19. Jahrhundert" (Hobsbawm 2017) am institutionellen Konstrukt des Nationalstaates. Mit Streeck (2004: 4) stellen wir daher fest, dass „das System der Nationalstaaten schon immer eine Organisationsform der Weltgesellschaft war: eine institutionelle Architektur zur Bearbeitung komplexer Koordinierungsprobleme in einer längst weltweit ausdifferenzierten Sozialstruktur."

Nationalstaaten, so wollen wir bis hierhin schließen, tragen zur gesellschaftlichen Integration unter Bedingungen fortschreitender Globalisierung in zweierlei Weise bei: Sie stiften Zusammenhalt nach innen (d. h. auf ihrem eigenen Territorium) und nach außen (d. h. im Zusammenhang aller Nationalstaaten untereinander).[1] Um diese beiden Formen von Integration in ihren verschiedenen Spielarten zu interpretieren (1) und diese Interpretationen als anschlussfähig

---

[1]Beziehungsweise sollte man vielleicht eher sagen, dass sie Zusammenhang stiften *können*. Schließlich ist die Geschichte voller Beispiele, in denen genau das Gegenteil der Fall war (das prominenteste Beispiel stellt hier seit einigen Jahrzehnten sicherlich der deutsche Faschismus im Zweiten Weltkrieg dar). Gleichzeitig ist es aber auch denkbar, dass ein eben

zu gestalten (2), stellt uns die Soziologie eine Reihe von Theorien und Grund-
begriffen zur Seite.

Die aus meiner Sicht wichtigsten Grundkonzepte einer Soziologie
gesellschaftlicher Integration möchte ich im Folgenden unter Bezug auf eine
Reihe klassischer Autoren herleiten. Als die ‚vier K's der gesellschaftlichen
Integrationsforschung' – so der hier vorzuschlagende Werkstattbegriff – möchte
ich nun die folgenden als Rahmenelemente einer Heuristik erläutern, die die
Frage nach dem sozialen Zusammenhalt unter Bedingungen fortschreitender
Globalisierung erklären helfen kann – Kooperation, Konflikt, Kohäsion und
Kultur. Jeder dieser Begriffe wird im Folgenden (mehr oder weniger exklusiv)
in Verbindung mit einem bestimmten klassischen Vertreter (im weiteren Sinne)
soziologischen Denkens vorgestellt. Hierbei handelt es sich um Adam Smith,
Karl Marx, Émile Durkheim und Johann Gottfried Herder.[2]

2.1   Kooperation als integrationssoziologischer Grundbegriff

Als Vordenker moderner Marktwirtschaften und (vermutlich eher unfreiwilliger)
Stichwortgeber neoklassischer Ökonomie entwickelte Adam Smith (1904) in
seinem Hauptwerk zum ‚Wohlstand der Nationen' eine Theorie wirtschaftlicher
Kooperation durch Arbeitsteilung. Unter Bedingungen knapper Güter, so Smith,
liegt das wohlverstandene Eigeninteresse sozialer Akteure im Tausch dieser
Güter. Wirtschaftliche Transaktionen, so Smith, beruhen auf einer (zumindest
teilweise) genuin egozentrischen Rationalität menschlichen Handelns: „It is", so
schreibt er (ebd.: 26 f.) in einer bekannten Passage seines Buches „not from the
benevolence of the butcher, the brewer, or the baker, that we expect our dinner,

---

solcher (oder sagen wir besser: ein ähnlicher) Militarismus die Balance der internationalen
Staatengemeinschaft gewährleistet (wie etwa das Gleichgewicht einer ‚Mutually assured
Destruction' – oder kurz: MAD – zwischen den Parteien des Kalten Krieges).

[2]Während Smith und mehr noch Herder hierbei als klassische Vertreter aufklärerischen
Denkens durch ihre Hauptwerke im 18. Jahrhundert gelten können, treten bei Marx und
Durkheim zunehmend auch Fragen nach dem gesellschaftlichen Zusammenhalt unter
Bedingungen wirtschaftlicher Produktivkraftentwicklung hinzu. Wie gezeigt werden soll,
sind die grundsätzlichen Überlegungen, die die vier als Kinder ihrer Zeit Angestellten, für
ein Verständnis sozialer Integration in der Globalisierung von unmittelbarer Relevanz.

but from their regard to their own interest. We address ourselves, not to their humanity but to their self-love, and ever talk to them of our own necessities but of their advantages" (ebd.: 27).

Anschließend an die empiristische Epistemologie seines Freundes David Hume untersuchte Smith die Entwicklung arbeitsteiligen Wirtschaftens im Großbritannien des 18. Jahrhunderts. Wie er anhand der Stecknadelproduktion herausarbeiten kann, erhöht ein ausgeklügeltes Prinzip der Arbeitsteilung die Produktion um das fast 5000-fache. Dass eine differenziertere Aufgabenstruktur in der Fertigung von Produkten nun die wirtschaftliche Produktivität erhöht, nimmt Smith zum Anlass, Arbeitsteilung als den Motor gesellschaftlicher (Produktivitäts-)Entwicklung herauszustellen. Je weiter ein bestimmter Markt reicht (d. h. je mehr Territorium und Teilnehmer er umfasst), desto effizientere Arbeitsteilungen ermöglicht er, oder wie Smith (1904: 30) dies beschreibt: „As it is the power of exchanging that gives occasion to the division of labour, so the extent of this division must always be limited by the extent of that power, or, in other words, by the extent of the market."

So weit, so gut, oder? Nein! Bei aller Weitsicht und bei allem Mut zur Verallgemeinerung, so erscheint es aus heutiger Sicht, fehlt es Smith an Sensibilität für zwei zentrale Momente gesellschaftlicher Integration – Herrschaft und Ungleichheit. Dieses mangelnde Bewusstsein zeigt sich vielleicht am deutlichsten vom Blickpunkt einer kontrafaktischen Argumentation. Denn während sich die Manufakturarbeiter in der Antizipation wachsenden Reichtums – so scheint es – fraglos in das rigide Regime der Stecknadelmanufaktur einzufügen verstehen, fehlt es in der gesamten Darstellung an derjenigen Sozialfigur, die für das Wachen über die Einhaltung entsprechender Regeln zwar nicht unbedingt beliebt,[3] aber verantwortlich war – dem Fabrikaufseher.

Dieser blinde Fleck offenbart zwei grundsätzliche Fehleinschätzungen Smiths, welche an dieser Stelle jedoch nicht weiter rekonstruiert oder auf Ursachen zurückgeführt werden sollen.[4] Als Stichwortgeber der modernen (neoklassisch geprägten) Wirtschaftswissenschaft übersetzen sich diese Grundannahmen in zwei naive Momente wissenschaftlicher Interpretation, welche durch soziologische Arbeiten widerlegt wurden – die konfliktfreie Organisation betrieblichen Arbeitshandelns als Paradigma der Betriebswirtschaftslehre (kritisch hierzu: Burawoy

---

[3]Siehe hierzu etwa die literarischen Schilderungen von Upton Sinclair (1993).

[4]So hält sich unter Smith-Experten etwa Annahme, dass seine gleichgewichtstheoretisch-harmonistische Axiomatik nicht zuletzt aus seinen astronomischen Studien rührte (vgl. Streminger 2017; Anderson 2019).

1979) sowie die ‚Trickle-Down'-Lehre der neoklassischen, bzw. neoliberalen Ökonomie (kritisch hierzu: Piketty 2014).[5]

2.2 Konflikt als integrationssoziologischer Grundbegriff

„Die Geschichte ist eine Geschichte von Klassenkämpfen" (MEW 4: 462). Dieses vielleicht berühmteste Zitat aus dem Fundus marxistischen Denkens bringt eine der zentralen Annahmen des Theoretikers Karl Marx ganz explizit auf den Punkt. Gegenüber Adam Smith als Vertreter eines kooperationsfixierten Ansatzes wollen wir ihn daher als Repräsentanten einer konfliktorientierten Gesellschaftstheorie verstehen. Hier vertritt Marx einen historisch-philosophischen Ansatz in der Tradition von Hegel und Feuerbach und untersucht die historische Umgestaltung der Gesellschaft – wiederum ähnlich wie Smith – in Verbindung mit ihrer technologischen Entwicklung. Anders als dieser rückt Marx jedoch nicht die Momente arbeitsteiliger Kooperation in den Fokus seiner Überlegungen, sondern konzentriert sich auf die sozialen Auseinandersetzungen, welche die (zwangsförmige) Zuweisung produktiver Aufgaben an unterschiedliche Bevölkerungsgruppen bewirken.

Von besonderem Interesse ist hierbei die zu seiner Zeit vorherrschende Produktionsweise des Kapitalismus, welcher sich zum einen durch eine Marktwirtschaft als Koordinierungsmechanismus und zum anderen durch die konzentrierte Verteilung von Kapital auszeichnet. Zwei zentrale Konfliktmomente prägen in dieser Konstellation das wirtschaftliche Handeln der sozialen Klassen Kapital und Arbeit. Zum einen handelt es sich hierbei um eine Auseinandersetzung zwischen den Klassen, im Zuge derer verteilungspolitische Probleme formuliert und gelöst werden. Diese *Klassenkämpfe* stellen, wie eingangs erwähnt, aus Sicht von

---

[5]Mit Blick auf den zweiten Punkt ist anzumerken, dass Smith an verschiedenen Stellen – wenn auch relativ kryptisch – die Notwendigkeit einer politischen Gewährleistung der wirtschaftlichen Ordnung anerkennt. ‚Trickle Down', so bemerkt er (2004: 22) z. B. im Wohlstand der Nationen funktioniere nur unter Bedingungen ‚guten Regierens': „It is the great multiplication of the productions of all the different arts, in consequence of the division of labour, which occasions, in a well-governed society, that universal opulence which extends itself to the lowest ranks of the people." Worin genau diese bestehen, bleibt in seinen Darstellungen allerdings offen.

Marx den Motor historischer Entwicklung dar.[6] Zum anderen ist dies auch die
Konkurrenz *innerhalb* der Klassen, welche sowohl Anbieter als auch Nachfrager
zum ständigen Vollziehen von Anpassungsleistungen zwingt.

Aus den Zwängen eben dieser Dynamik heraus antizipieren Engels und Marx
in genialer Weitsicht die Triebkräfte wirtschaftlicher Globalisierung. So zwingt
der Konkurrenzdruck die Bourgeoisie, die Suche nach Rohstoffen und billiger
Arbeit sowie die Erschließung neuer Absatzmärkte unter Bedingungen des auf-
keimenden Kolonialismus auch in Übersee fortzuführen. Während es bei Smith
also die Einsicht in die effizientere und effektivere Arbeitsteilung zum Zweck der
Wohlstandssteigerung ist, die eine Erweiterung des Marktes begründet, liegen die
Ursachen aus marxistischer Sicht im Kampf um wirtschaftliche Macht.[7]

Das große Verdienst marxistischer Theorien sozialen Zusammenhalts liegt
darin, Momente produktiver Konfliktdynamiken als Motoren gesellschaftlicher Entwicklung herausgestellt zu haben.[8] Hunderte Meter von Regalen marxistischer Sekundärliteratur außer Acht lassend, können wir im Werk von Karl
Marx jedoch drei Probleme erkennen, welche für die soziologische Reflexion
gesellschaftlicher Integration von Bedeutung sind. Zum einen hat Marx mit
seiner Fokussierung auf den Konflikt als Motor sozialen Wandels Probleme,
Sequenzen gesellschaftlicher Stabilität unter Bedingungen technologischer Fort-
entwicklung zu erklären. Dass es beispielsweise möglich ist, einen Klassen-
konflikt relativ dauerhaft einzufrieden, weil Mechanismen sozialen Ausgleiches
die ihm zugrunde liegenden Auseinandersetzungen pazifieren, ist im Werk nur
ungenügend ausgeführt.[9] Eine zweite Beschränkung marxistischen Denkens stellt
die materialistische Schwerpunktsetzung dar – verstehen wir Kultur als Set von

---

[6]Dieses vermeintlich destruktive Motiv stellt tatsächlich ein zentrales Moment marxistischer Theorie dar. Die zerstörerische Kraft von Auseinandersetzungen und Krisen ist hier
(obwohl es doch schließlich hierauf hinauslaufen soll) keineswegs nur ein existenziel-
les Problem des Kapitalismus, sondern stellt, wie Altvater (2012: 52) bemerkt, für den
Kapitalismus „eine Art Jungbrunnen" dar.
[7]Dieses Motiv wird später bei Luxemburg (1966) unter dem Begriff der Landnahme konzeptionell zugespitzt. Kapitalistische Entwicklungsdynamik beruht auf dieser Sicht auf
dem kontinuierlichen Einverleiben vormals nicht-kapitalistischen Terrains.
[8]Eine ähnliche Topologie, wenn auch aus einer völlig anderen Richtung her argumen-
tierend, liefert übrigens Georg Simmel (1908) unter Bezug auf ‚den Streit' als Ver-
gesellschaftungsform.
[9]Eine Ausnahme stellt hierbei sicherlich das Kapitel im ersten Kapitalband zum Arbeitstag
dar, welches durchaus eine normative Lesart im Sinne eines sozialdemokratischen Klassenkompromisses zulassen mag.

Symbolen, Artefakten und Praktiken, welches Akteure reproduzieren, um sich die Welt zu erschließen, so stellt diese im marxistischen Denkmodell – szientistisch gewendet – zumeist eher eine abhängige als eine unabhängige Variable dar. Einen dritten Entwicklungsbedarf erkenne ich schließlich in der fehlenden Mikrotheorie klassenpolitischer Mobilisierung, zu deren Grundsteinlegung Marx zwar entscheidend beigetragen hat. In Verbindung mit dem unterentwickelten Kulturverständnis wäre es hier aber nötig gewesen, deutlicher über die kulturelle Konstruktion politischer Kampf- und Solidargemeinschaften nachzudenken (vgl. Thompson 1987).

2.3   Kohäsion als integrationssoziologischer Grundbegriff

Mit Émile Durkheim (1966) wollen wir im Folgenden den integrationssoziologischen Begriff der Kohäsion vorstellen. Wie Smith und Marx stellt auch Durkheim seine Überlegungen zur Integration menschlichen Lebens in komplexen Gesellschaften im Übergang von der traditionellen zur modernen Sozialordnung an. Vor dem Hintergrund des von Frankreich verlorenen Krieges von Beginn 1870/71 beginnt Durkheim gegen Ende des 19. Jahrhunderts seine wissenschaftliche Arbeit in der Auseinandersetzung mit den wirtschaftlichen und sozialen Problemen der französischen Gesellschaft des ausgehenden 19. Jahrhunderts (Beckert 1997: 104).

In kritischer Auseinandersetzung mit den Arbeiten Herbert Spencers (explizit) und Karl Marx' (implizit – Durkheim zitiert ihn fast nie) beschäftigt ihn die Frage, was eine soziale Ordnung trotz widerstreitender Interessen ihrer Mitglieder unter Bedingungen rapider wirtschaftlicher Entwicklung zusammenhält. Anders als Spencer (2003) und Smith (1904) betrachtet Durkheim die Ausdifferenzierung der wirtschaftlichen Arbeitsteilung nicht primär als Wurzel ökonomischen Wohlstandsgewinns. Stattdessen gilt sein Interesse der zunehmenden Interdependenz der einzelnen Wirtschaftssubjekte. In der Zunahme wechselseitiger Abhängigkeiten erkennt Durkheim einen Formwandel sozialen Zusammenhalts von mechanischer Solidarität aus Ähnlichkeit hin zu einer organischen Solidarität, welche sich daraus ergibt, dass Menschen sich brauchen, um ihren Fortbestand zu organisieren.

Eine weitere Kritik an Spencer leitet Durkheim (1984) aus seiner holistischen (bzw. institutionalistischen) Perspektive auf die Gesellschaft ab. So stellt diese aus seiner Sicht keineswegs ein System individueller Tauschbeziehungen und Privatverträge dar. Denn während er zwar Verträge als wichtigste Institution der Moderne ansieht, beruhen diese, so Durkheim weiter, auf vorvertraglichen Bedingungen (Bestehen des Vertragsrechts und die allgemeine Auffassung, dass diesem Folge zu leisten sei), welche den sozialen Zusammenhalt gewährleisten, auf dessen Grundlage Verträge schließlich geschlossen werden können. Der Fokus auf diejenigen Mechanismen, welche die Gesellschaft auch unter Bedingungen rapiden sozialen Wandels zusammenhalten unterscheidet seine Forschungsperspektive radikal von der Sicht, die Karl Marx auf soziale Auseinandersetzungen zwischen den Klassen etabliert. So sind es für Durkheim auch nicht spezifische Verschiebungen zwischen Basis und Überbau, die soziale Friktionen auslösen, sondern „Defizite in der moralischen Integration der Gesellschaft, die lediglich auf die Notwendigkeit der moralischen Reintegration für eine normale – nicht pathologische – Entwicklung verweisen" (Beckert 1997: 155).

Mit dem Begriff der „Zentrifugalkräfte" haben kritische Europaforscher wie Fritz Scharpf (2012) oder Martin Höpner und Armin Schäfer (2012) einen Grundbegriff von Durkheims Kohäsionstheorie in den sozialwissenschaftlichen Globalisierungsdiskurs eingeführt (wenn auch hier unter Bezug auf ihren Spezialfall der europäischen Integration). Die Frage, inwiefern die Eingliederung so heterogener Nationalstaaten in einen gemeinsamen Markt eine Erosion der politischen Arrangements innerhalb dieser nationalen Wirtschaftsräume verursacht, lässt sich als Übertragung des Durkheim'schen Argumentes auf eine überstaatliche Ebene interpretieren. Doch auch innerhalb der nationalen Sozialstrukturen gewinnen Durkheims Überlegungen unter Bedingungen internationaler Migration an Bedeutung, wenn man die variierenden Zugänge verschiedener ethnischer Gruppen zum Arbeits- und Wohnungsmarkt in Betracht zieht.

Während die ersten drei Grundbegriffe damit in unmittelbarem Zusammenhang mit dem Arbeitsmarkt im Prozess gesellschaftlicher Modernisierung hergeleitet worden sind, wollen wir für die Rekonstruktion der Bedeutung von Kultur für die soziale Integration einen Schritt zurück in die (weniger materialistisch argumentierende) Aufklärungsphilosophie wagen.

2.4   Kultur als integrationssoziologischer Grundbegriff

Mit dem Kulturbegriff wollen wir abschließend ein Konzept einführen, welches die drei bis hierhin dargestellten Klassiker soziologischen Denkens jeweils zwar theoretisch impliziert, jedoch nicht zum Ausgangspunkt ihrer jeweiligen Erklärungsansprüche gemacht haben. Indem wir den Kulturbegriff von Johann Gottlieb Herder beziehen, rücken wir die Kompatibilität gegensätzlicher menschlicher Dispositionen und Eigenschaften ins Zentrum unseres Interesses. Mit

seinen Schriften zu den ‚Ideen zur Philosophie der Geschichte der Menschheit'
legte er (1784) ein streitbares und eindimensionales Fundament für die weitere
Auseinandersetzung. Indem er den Kulturbegriff an die Formen des Zusammenlebens einzelner Völker knüpft, betont er hier deren (vermeintliche) wesensmä-
ßige Gemeinsamkeiten gegenüber anderen Volksgemeinschaften. „[J]ede Nation",
so Herder in seiner aus dem Jahre 1774 stammenden Abhandlung *Auch eine
Philosophie der Geschichte zur Bildung der Menschheit* (Herder 1891: 509), „hat
ihren Mittelpunkt der Glückseligkeit in sich, wie jede Kugel ihren Schwerpunkt!"

Kultur sei hierbei, so Herder, zwar nicht als statisch zu verstehen: Ihre Entwicklung verlaufe stattdessen in Form eines Fortschrittsprozesses, der Humanität
und Vernunft sowie die materielle Qualität des menschlichen Daseins tendenziell sukzessive verbessert.[10] Einander gegenüber verhalten sich diese (völkisch
gedachten) Kulturen jedoch exklusiv. Um dies zu verdeutlichen wählt Herder
schließlich die Metapher der Kugeln, welche einander – einer spezifischen inne-
ren Logik folgend – nicht vermischen oder gar ergänzen, sondern abstoßen.

Mit Blick auf den Tatbestand sozialer Integration in der Globalisierung
liegt der Bezug zu Herders Modell völkischer Kulturen auf der Hand – unter
Bedingungen fortschreitender Kulturdiffusion (sei es nun durch Wanderung von
Menschen oder Transfers symbolischer Anleihen über die Medien oder Waren-
zirkulation) wird die These der Inkompatibilität auf eine sehr grundsätzliche
empirische Probe gestellt. Während konstruktivistische (Wimmer 2005) und
post-strukturalistische (Butler 1991) Positionen hier immer wieder auf dem Pro-
zess- und Konstruktionscharakter kultureller Formen verwiesen haben, wird ein
Verständnis der Inkompatibilität bis heute immer wieder stark gemacht (Hofstede
1980) und teilweise sogar bis hin zu einem Konfliktargument zugespitzt (Huntington 1998; kritisch hierzu: Said 2003).

Entsprechende Fortführungen des Herder'schen Denkens können aus meiner
Sicht als empirisch nicht gesicherte Übertreibungen abgetan werden. Es zeigt
sich jedoch im Handeln von Menschen durchaus immer wieder ein Einfluss
nationalstaatlich gerahmter Settings. Und auch wenn derartige Verhaltensweisen
nicht der Praxis solcher ‚Kulturangehöriger' (zumindest im Herder'schen Sinne)
entsprechen mögen, so können sie zumindest in Form von Vorteilen die Wahr-
nehmungsschemata von Akteuren prägen und sich so gegebenenfalls zumindest
als selbsterfüllende Prophezeiung fortschreiben.

---

[10]In dieser Teleologie findet sich eine Parallele, welche sich mittelbar über die Geschichts-
philosophie Hegels auch im weiter oben angeführten Historischen Materialismus nieder-
schlägt.

2.5   Zwischenfazit

Wie die bisherige Darstellung zeigt, lassen sich aus dem Fundus der soziologischen Klassiker (im weiteren Sinne) vier Konzepte für die Untersuchung sozialer Integration ableiten. Sehen wir von der prinzipiell als grenzüberschreitend denkbaren Ausdehnung der Arbeitsteilung bei Smith sowie der Antizipation der Zwänge des Weltmarktes bei Engels und Marx ab, sind diese Theorien insgesamt an die Herausbildung des Nationalstaates als zentralem institutioneller Entwicklungsstrang gesellschaftlicher Modernisierung gebunden (vgl. pries 2008). Referenzen an diejenigen sozialen Dynamiken, die wir heute unter dem Begriff der Globalisierung zusammenfassen, fallen hier also nur sehr eingeschränkt aus. Während uns diese klassischen Theorien viel über gesellschaftliche Integration sagen, steht die Globalisierung als empirische Entwicklung nicht im Zentrum ihres Erkenntnisinteresses.

Die folgende Darstellung dreier makrosoziologischer Globalisierungstheorien aus dem zeitgenössischen Fundus der Gesellschaftsanalyse (die Theorie der Weltgesellschaft, der World-Polity-Ansatz und der Methodologische Kosmopolitismus) soll zeigen, wie entsprechende Integrationskonzepte heute zugunsten eines *starken* Globalisierungsverständnisses in den Hintergrund treten, welches entspreche Integrations- oder Desintegrationsdynamiken, geschweige denn die ihnen zugrunde liegenden Auseinandersetzungen auf der gesellschaftlichen Meso-Ebene, außer Acht lässt.

3   Zeitgenössische makrosoziologische Globalisierungstheorien

Die Auseinandersetzung mit der Entwicklung internationaler Verflechtungen hat vor allem seit der zweiten Hälfte des 19. Jahrhunderts in den Geisteswissenschaften eine Menge von Ausprägungen angenommen, die sich im Hinblick auf verschiedene Aspekte wie Anfang (Quack 2009), Referenzrahmen und Analyseeinheit (Pries/Seeliger 2012) oder Ursachen (Altvater/Mahnkopf 1996) voneinander unterscheiden. Während unter den allermeisten Vertretern entsprechender Ansätze darin Einigkeit darüber herrscht, dass die zunehmende Interaktionsdichte im internationalen Rahmen keineswegs mit einem vollkommenen Bedeutungsverlust nationaler Grenzen einhergeht (vgl. etwa Schröer 2006), stellt die Auseinandersetzung mit der globalen Wirksamkeit grenzüberschreitender Prozesse traditionell ein wesentliches Anliegen im Feld der Internationalisierungsforschung dar. Vor allem die 1970er Jahre können hier als ein signifikanter Zeitraum für die

Entstehung weitreichender Theorien angesehen werden, welche unter dem Oberbegriff der „Weltgesellschaft" Entwicklungstendenzen erfassen sollten, die eine
raumübergreifende Wirksamkeit im weltweiten Maßstab nach sich ziehen.[11]
Während sich entsprechende Ansätze in ihrer Gesamtheit durch eine unterschiedliche Verwendung des Weltgesellschaftsbegriffs auszeichnen, findet sich eine
Gemeinsamkeit in ihrem makrosoziologischen Erklärungsanspruch.

3.1 Systemtheorie: Weltgesellschaft als umfassender Referenzrahmen von Kommunikation

Als erster Ansatz ist das von Niklas Luhmann eingeführte Konzept der Weltgesellschaft im Kontext der Systemtheorie[12] zu verstehen, wie sie in Deutschland
vor allem in Bielefeld entwickelt wurde (vgl. Luhmann 2006). Seine erste Verwendung lässt sich auf den gleichnamigen, erstmals 1971 veröffentlichten Aufsatz
(wiederabgedruckt in Luhmann 2009) zurückdatieren. Eine weitere grundbegriffliche Ausarbeitung und Aktualisierung findet sich in Luhmanns Hauptwerk ‚Die
Gesellschaft der Gesellschaft' (1997). Ausgangspunkt systemtheoretischen
Arbeitens ist die perspektivische Gliederung der Analyseeinheiten in Systeme als
geschlossene Referenzgeflechte, die nach innen wie nach außen unter Bezug auf
spezifische Medien agieren. Psychische und soziale Systeme operieren in Luhmanns Theorie mit dem Medium ‚Sinn', sind daher nicht (territorial-)räumlich
begrenzt, sondern durch ihre konkreten Operationen, die die Ausprägungen des
Systems reproduzieren.[13] Mit dem an Luhmann anschließenden Rudolf Stichweh

---

[11]Vgl. hierzu Luhmann (1971); Burton (1972); Heintz (1974); Wallerstein (1974); Meyer
(1980).

[12]Komplementär zur zeitgenössischen Diskussion um Globalisierung als (historische) Verdichtung grenzüberschreitender Interaktions- und Beeinflussungsbeziehungen lassen sich
auch unter dem systemtheoretischen „Alternativbegriff" (Stichweh 2000: 14) der Weltgesellschaft seit geraumer Zeit (und in zunehmendem Maße seit Mitte der 1990er Jahre)
eine Reihe unterschiedlicher Forschungen subsummieren. Siehe hierzu v. a. die Arbeiten
von Stichweh (2000, 2010); das Sonderheft Zeitschrift für Soziologie aus dem Jahr 2005
sowie einführend Wobbe 2000 und kritisch Kößler (1998; 2001) und Hauck (2001), sowie
den Sonderband der PERIPHERIE aus dem Jahr 2001 im Allgemeinen.

[13]Hierzu Luhmann (1987: 557) im Original: „Die Grenzen sind durch die Gesellschaft
selber konstruiert. Sie trennen Kommunikation von allen nicht-kommunikativen Sachver-
halten und Ereignissen, sind also weder territorial noch an Personengruppen fixierbar".

(2000: 31) lässt sich die Ebene der Gesellschaft als umfassendstes aller Sozial-
systeme ansehen, „das alle kommunikativ füreinander zugänglichen kommunikativen Handlungen einschließt". Wenn nun sowohl technologische als auch soziale
Rahmenbedingungen Beziehungen ermöglichen, die prinzipiell um den ganzen
Erdball herum reichen können, müssen solche Kommunikationen sowohl im
Hinblick auf ihren Ursprung als auch bzgl. möglicher Folgewirkungen innerhalb
eines globalen Referenzrahmens analysiert werden:

> „Geht man von Kommunikation als der elementaren Operation aus, deren
> Reproduktion Gesellschaft konstituiert, dann ist offensichtlich in jeder Kommunika-
> tion Weltgesellschaft impliziert, und zwar ganz unabhängig von der konkreten Thema-
> tik und der räumlichen Distanz zwischen den Teilnehmern" (Luhmann 1997: 150).[14]

Unter dem Begriff der Weltgesellschaft lässt sich in systemtheoretischer Sicht
demnach ein weltweites Sozialsystem verstehen, „das alle Kommunikationen
und Handlungen in der Welt aufeinander bezieht und sie füreinander zugäng-
lich macht" (Stichweh 2011: 423). Dieser angenommene Bedeutungsverlust
territorialräumlicher Platzierungen (oder auch ‚Spacing', vgl. Löw 2001) spiegelt sich in Luhmanns Idee einer (internationalen, und natürlich potenziell weltumspannenden) öffentlichen Meinung, als System „in das jeder mit seiner im
einzelnen unmaßgeblichen Meinung integriert werden kann, ohne daß der Ort
des Zutritts noch räumlich spezifiziert werden müßte oder dies auch nur könnte"
(Stichweh 2000: 191). Eine Integration in entsprechende Öffentlichkeit (und dezidiert nicht: Öffentlichkei*ten*!) spricht auch aus dem von Luhmann (1997: 314)
explizierten Verständnis des Begriffs: „Öffentlichkeit besagt ja nichts anderes
als: Freigabe des Zugangs für beliebige Personen, also Verzicht auf Kontrolle des
Zugangs, also strukturelle Unbestimmtheit der räumlichen Integration."
   Doch ist die Weltgesellschaft in der Systemtheorie nicht lediglich als
erweiterter Möglichkeitsraum der Gestaltung von Kommunikation zu verstehen: Gleichzeitig ergibt sich die Notwendigkeit einer entsprechenden
Ausweitung des Referenzrahmens aus der Entwicklungsdynamik einer ‚funktionalen Differenzierung' (Luhmann 1997; Schimank 2007) als zentraler

---

[14]In der Retrospektive auf die physikalische Systemtheorie findet sich der Topos einer
systeminternen Unterscheidungslosigkeit bereits in der Physik geschlossener Systeme. Da
im System keine Unterschiede mehr erzeugt werden können, kann auch keine neue Energie
mehr entstehen. Indem Luhmann (2006: 44 f.) dieses „Entropiegesetz" für die Weltgesellschaft als nicht extern beeinflussbares System postuliert, setzt er diese als umfassendsten
Referenzrahmen systemischer Kommunikation und damit auch soziologischer Analyse.

Modernisierungsentwicklung der Gesellschaft. Mit dieser entfällt nach Luhmann (1997: 149).

„die Möglichkeit, die Einheit eines Gesellschaftssystems durch territoriale Grenzen oder durch Mitglieder im Unterschied zu Nichtmitgliedern [...] zu definieren. Denn die Funktionssysteme wie Wirtschaft oder Wissenschaft, Politik oder Erziehung, Krankenbehandlung oder Recht stellen jeweils eigene Anforderungen an ihre eigenen Grenzen, die sich nicht mehr konkret in einem Raum oder im Hinblick auf eine Menschengruppe integrieren lassen."

Wenn sich also Funktionssysteme in ihrem Wirkungshorizont nicht mehr passgenau in den nationalstaatlichen Rahmen fügen und Kommunikation hierdurch als prinzipiell weltweit anschlussfähig (und anschlussnotwendig) erscheint, entsteht die Ebene der Weltgesellschaft aus Luhmanns Sicht als emergentes, d. h. nicht auf seine Einzelbestandteile – je nach funktionssystemischem Ausgangspunkt z. B. Nationalstaaten (Politik), Scientific Communities (Wissenschaft) oder auch Atome (Physik) – reduzierbares Phänomen (Greve/Schnabel 2011). Vor diesem konzeptionellen Hintergrund weltweiter Anschlussfähigkeit ergibt sich für Ansätze Luhmannianischer Provenienz die Schlussfolgerung einer Ineinssetzung von Gesellschafts- und Weltgesellschaftstheorie (Stichweh 2000: 12). Dieser makrosoziologische Ausgangs- und Zielpunkt der Weltgesellschaftstheorie wird von Luhmann (1997: 162) selbst mit dem Argument gerechtfertigt, dass gesellschaftstheoretische Erklärungen nicht „nach dem jahrtausendealte Muster ‚Völkervielfalt' gegeben werden [können], sondern [...] als Ausgangspunkt die Einheit des diese Unterschiede erzeugenden Gesellschaftssystems" erforderlich machten.

Vor dem Hintergrund dieser knappen Darstellung des systemtheoretischen Weltgesellschaftsbegriffs gelange ich schließlich zu drei Kritikpunkten. Offene Fragen ergeben sich hier *erstens* im Hinblick auf die (implizite) Operationalisierung des Raumbegriffs: So lässt sich in der Weltgesellschaftstheorie Luhmannscher Prägung ein problematisches Raumverständnis erkennen, welches auf verschiedenen Weisen zutage tritt: Zum einen komme es im Zuge der (tatsächlich?) flächendeckenden Einführung neuer Kommunikationsmedien[15] zu einer

---

[15]Ein entsprechend absolutes Verständnis der sinnstiftenden Kraft von Massenmedien, welches in seiner Totalität an den Frankfurter Verblendungszusammenhang erinnern mag, spiegelt sich auch im vielzitierten Diktum Luhmanns „Was wir über unsere Gesellschaft, ja über die Welt, in der wir leben, wissen, wissen wir durch die Massenmedien" (Luhmann 2004: 9). Dass z. B. mein Nachbar (k)einen Ersatzschlüssel für mich aufbewahrt, den ich

„Bagatellisierung des Standortes" (Luhmann 1997: 152), im Zuge derer räumliche Distanz zu einem wahrgenommenen Ereignis demnach „keinen Zweifel an
der Realität des Geschehens" (ebd.) auslöse. Ob diese Sichtweise – gemeinsam
mit dem weiter oben explizierten Verständnis weltumspannender Öffentlichkeit
durch Beteiligung an Kommunikation – der Perspektivenvielfalt weltweiter Auf-
fassungs- und Beurteilungsmodi gerecht werden kann, erscheint nun als fraglich.
Zu schwer wiegen die materiellen und institutionellen Unterschiede zwischen den
Regionen.

Ohne diesen Einwand hier weiter zu verfolgen wenden wir uns mit dem Ver-
weis auf die mangelnde datenbasierte Fundierung (und Fundierbarkeit?) des
Weltgesellschaftskonzepts einem *zweiten* Kritikpunkt zu, der in der Literatur zum
Thema verschiedentlich angeführt wird. So adressiert Kößler (2001: 19) mit dem
Verweis auf eine „Empirie-Ferne der Luhmannschen Argumentation" der Weltgesellschaftstheorie eine von verschiedenen Vertretern geteilte Kritik. Für den
Bereich der Politik konstatiert etwa Wilke, dass ein globaler Referenzrahmen kollektiver Entscheidungsfindung natürlich prinzipiell gut denkbar sei, konstatiert
aber gleichzeitig, dass eine

> „Weltgesellschaft sich als spezifische Organisierungsform des Sozialen erst dann
> formt, wenn ein kommunikativ konstituierter Kontext die Fähigkeit der Selbst-
> steuerung ausbildet, also eine „brauchbare" Form politischer Strukturbildung reali-
> siert" (Wilke 2007: 138).

Um zu einem Verständnis weltumspannender Institutionenarrangements
zu gelangen, sei es – so konstatiert neben Wilke auch der Heidelberger
Modernisierungstheoretiker Thomas Schwinn (2005) – unerlässlich, neben der
Struktur des Arrangements selbst auch die Ebene konkreter Interaktionen in den
Blick zu nehmen. So werde ihm (ebd.: 213) zu Folge „eine handlungstheoretische
Fundierung erforderlich durch den Einbezug der Trägergruppen und Eliten, die
Institutionenarrangements errichten müssen." Schwinns Plädoyer bringt uns
schließlich zu einem *dritten* Kritikpunkt am Konzept der Weltgesellschaft, den
wir unter dem Begriff des makrosoziologischen Bias fassen. Wie der Vorwurf
eines Mangels an empirischer Fundierung wurde auch der (verwandte) Einwand
gegen den (zu) weit reichenden gesellschaftstheoretischen Anspruch Luhmanns

---

mir abholen kann, wenn ich meinen beim Joggen verloren habe, ist nur ein Beispiel für
einen Wissensbestand über die Welt, der mir auf andere Weise vermittelt wurde.

von verschiedenen Seiten erhoben. Die Problematik des umfangreiche Anliegens wird von Kößler 1998: 175) auf den Punkt gebracht:

> „Der Anspruch könnte kaum größer ausfallen: Nachdem die Soziologie ein Jahrhundert lang ihren theoretischen Aufgaben und zugleich der Dynamik ihres Themas zumindest auf dem Gebiet der Gesellschaftstheorie ergebnislos hinterhergelaufen sei, gelte es nun, endlich eine Gesellschaftstheorie zu formulieren, die dem erreichten Differenzierungsgrad, aber auch dem Diskussionsstand in anderen Disziplinen gerecht werde."

Während der Rekurs auf umfassende Regelsysteme und Funktionslogiken also einerseits häufig aufgrund mangelnder empirischer Fundierung auf Grundlage von Makrodaten an Aussagekraft verliert, liegt ein weiterer aus Sicht verschiedener Autoren problematischer Aspekt in der Nichtberücksichtigung mikrosoziologischer (oder auch: „lokaler", vgl. Hauck 2012, Kap. 4) Aspekte:

> „Die Theorie der ‚Weltgesellschaft' kann zwar durch ihre erkenntniskritischen Leistungen die Globalisierung zur Stufe höchster Komplexität erklären, aber das Subjekt oder das Lokale ist dabei bewußt ausgeklammert worden, um eine lupenreine ‚Weltgesellschaft' zu konstruieren" (Song 2001: 107).

Die hier geäußerten Kritiken fasst auch Wobbe (2000: 11) in einer anschaulichen Beschreibung zusammen, indem sie Luhmanns epistemologischen Ausgangspunkt illustrativ „oberhalb der Wolkendecke ansiedelt".

In der Systemtheorie ergibt sich die Weltgesellschaft als umfassendstes Bezugssystem menschlicher Kommunikation historisch aus der funktionalen Ausdifferenzierung gesellschaftlicher Teilsysteme, erst jenseits nationaler Staatsgrenzen und schließlich im weltweiten Maßstab. Während sich die Theorie mitsamt den in ihrem Rahmen verwendeten Begrifflichkeiten einerseits durch große logische Stringenz auszeichnet, bleiben bezüglich der in ihr vorausgesetzten Grundannahmen einige offene Fragen, die hier auf die Aspekte des Raumbegriffs, der mangelnden empirischen Fundierung sowie den makrosoziologischen Bias zugespitzt wurden.

3.2   Der World-Polity Ansatz – Globalisierung als pseudo-rationale Strukturanpassung

Während die Entwicklungsdynamik der Weltgesellschaft aus Sicht der Systemtheorie gerade aus der Differenz und Wechselwirkung zwischen den unterschiedlichen

Funktionssystemen (Wirtschaft, Politik, Bildungswesen, etc.) gespeist wird, spielen solche Differenzierungen in der World-Polity (dt. Weltkultur-) Forschung wenn überhaupt nur eine untergeordnete Rolle. „Ausgehend von einem Verständnis der Weltkultur als breite kulturelle Ordnung, die explizite Ursprünge in der westlichen Gesellschaft hat," (Meyer 1987: 41) zielt das Erkenntnisinteresse hier „auf den kontra-intuitiven Sachverhalt, daß sich trotz hochgradiger Ungleichheit und sozialer Differenz Strukturähnlichkeiten auf weltgesellschaftlicher Ebene herausbilden" (Wobbe 2000: 29).

In Anlehnung an die klassischen Arbeiten Max Webers (1924; 1988) zur okzidentalen Rationalisierung[16] arbeiten empirische World Polity-Analysen mit „nahezu ausschließliche[r] quantitativer Ausrichtung" (Reisz/Stock 2007: 82) zumeist mit Regressionsmodellen länderübergreifender Längsschnittdaten. Als zentraler lokaler Ausgangspunkt kann hierbei die Forschungsgruppe um John Meyer an der kalifornischen Stanford University gelten. Untersuchungsgegenstand und Bezugspunkt der World Polity sind hierbei „die religiösen und kulturellen Bedingungen der westlichen Geschichte, aus denen die vorherrschenden institutionellen Modelle von Akteuren, Organisationsformen und rationalisiertem Handeln hervorgegangen sind" (Meyer et al. 2005a: 20). Der dem Ansatz zugrunde liegende Kernbefund richtet sich nun auf eine Entwicklung, die sich als Strukturkonvergenz von Organisationsmustern im internationalen Maßstab fassen lässt. So führen Vertreter des Ansatzes Angleichungsbewegungen im Bildungssystem, der geschlechterdemokratischen Gleichstellung, dem Regierungsapparat oder ähnlichen Organisationen auf ein global zirkulierendes Bezugssystem kultureller Orientierungen zurück, welches sich ausgehend von den westlichen Ländern im weltweiten Bezugsrahmen verbreitet. Das zentrale Kriterium, welches

---

[16]Anschließend an Weber betonen Vertreter des Forschungszweigs hier vor allem die Bedeutung formaler Organisationen für gesellschaftliche Entwicklungen die als „abhängige Variable von gesellschaftlichen Wertorientierungen" (Meyer et al.: 300) die globale Verbreitung entsprechender Strukturmuster vorantreiben. Neben Webers Arbeiten findet sich ein weiterer wichtiger Bezugspunkt im makrosoziologischen Werk Emile Durkheims, innerhalb dessen „kollektive Mythen, Sakralisierungen, Rituale und Symbole eine zentrale Rolle spielen" (ebd.). Im Verständnis von Institutionen als „kulturelle Regeln, die soziales Handeln mit allgemein verständlicher Bedeutung versehen und in strukturierter Weise steuern." (Meyer et al. 2005a: 46) findet sich weiterhin eine – bisweilen explizit gemachte – Anlehnung an die Arbeiten von Berger und Luckmann (1966). Die im Folgenden auszuführende Annahme, dass es institutionelle Arrangements sind, die strukturbildende Akteursdispositionen hervorbringen, stellt schließlich eine Parallele zu den Arbeiten Michel Foucaults (1987) dar.

die World Polity-Analyse von anderen Forschungen zu grenzüberschreitender Kulturverbreitung unterscheidet, liegt nun in in ihrem Verhältnis von Struktur und Akteur. So wird Kultur hier weniger als Kontinuum von Normen und Werten, sondern vielmehr „als zumeist implizit bleibendes Hintergrundwissen verstanden, das allen sozialen Praktiken zugrunde liegt" (Krücken 2006: 141). Anders als in hermeneutischen oder symbolisch-interaktionistischen Untersuchungen geht es hier allerdings nicht um die Rekonstruktion subjektiver Sinnhorizonte – Weber wird also strikt makrosoziologisch gelesen – sondern um „fortwährende Rationalisierungsprozesse" (Krücken 2006: 142), im Zuge derer die Gesellschaft die Konstitution der sie bevölkernden Akteure arrangiert (Meyer 2010). Die in diesem Prozess greifenden Orientierungsprinzipien reichen von einer weltweit anerkannten Autorität von Nationalstaaten über die Achtung von Individualität und Gerechtigkeit und dem Streben nach Fortschritt bis hin zur zunehmenden Bedeutung westlicher formaler Bildung (vgl. Senge 2011: 125). Diese sozial-theoretische Top-Down-Perspektive wird von (Meyer et al. 2005a: 40) folgender-maßen skizziert:

> „Es ist also theoretisch fruchtbar, die sozialen Strukturen in modernen Gesell-schaften nicht als das Ergebnis des Zusammenwirkens lokaler Interaktionsmuster zu betrachten, sondern als ideologische Gebäude aus institutionalisierten Bausteinen, die ihre Autorität aus noch universelleren Regeln und Vorstellungen beziehen."

Anstatt also auf rekonstruktive Weise die Sinnhorizonte einzelner Akteure zu fokussieren, richtet sich die Programmatik der World Polity auf die Konstitution individueller Handlungskapazitäten im Rahmen der Weltkultur – oder mit ande-ren Worten: der „Welt als Inszenierung von Kultur" (Meyer et al. 2005b: 94).

Im globalen Maßstab führt die Einnahme einer solchen strukturdominanten Perspektive nun zur Erkenntnis, dass es globale Orientierungsmodelle sind, die Ziele lokalen Handelns in allen gesellschaftlichen Bereichen prägen und legitimieren. Dieser kontraintuitive Clue dieser Position zeigt sich etwa – so Meyer et al. (ebd.: 132) – nun gerade nicht an vermeintlichen Desintegrations-tendenzen wie etwa ruraler Verwahrlosung mexikanischer Kleinbauern unter dem NAFTA-Regime oder der prekären Lebenssituation im Gaza-Streifen. Diese stellten vielmehr ein Indiz sozialen Zusammenhalts unter Bedingungen vermeint-licher globaler Pluralität dar. Ihrer Ansicht nach „deutet die wachsende Liste wahrgenommener ‚sozialer Probleme' in der Welt jedoch nicht auf die Schwäche, sondern vielmehr auf die Stärke der weltkulturellen Institutionen hin" (ebd.). Der Referenzrahmen dieser Orientierungs- und Beurteilungsmuster sei – so lässt sich schließen – unter Bedingungen fortgeschrittener Globalisierung keineswegs mehr territorial begrenzt: „Die World-Polity ist also keine territorial gedachte Einheit, sondern eine kulturelle" (Senge 2011: 127).

Mit Blick auf die kritische Würdigung des Ansatzes der Forschungsgruppe um John Meyer erscheint es nun wenig überraschend, dass wir mit der mangelnden Mikro-Fokussierung einen Aspekt in den Mittelpunkt rücken, der auch von anderen Autoren infrage gestellt worden ist. So verlaufe die Argumentation im World Polity-Approach laut Greve und Heintz 2005: 111) „trotz seines phänomenologischen Anspruchs strikt makrodeterministisch." Angesichts der Vielgestaltigkeit lokaler Lebenswelten erscheint die Idee eines allgemeinen Vereinheitlichungstrends als empirisch ungesichert. So kann etwa als zumindest fraglich gelten, inwiefern Staat, Organisation und Individuum exklusiv als „alternative Strukturformen der Moderne" (Krücken 2007: 16) beschrieben werden können, wenn die empirische Migrationsforschung nicht müde wird, die Koordinationsleistung transnationaler Familienverbünde zu betonen (Portes 2003).

Nun sollte eine Kritik an World Polity-Ansätzen sicherlich nicht so weit gehen, Strukturangleichungen wie die Einführung einheitlicher Währungssysteme, die internationale Anerkennung von Bildungszertifikaten oder Performance-Rankings zugunsten fortwirkender Ambivalenz, Vielfalt und Heterogenität als arbiträr zurückzuweisen. Was hinter der programmatischen Grundannahme, globale Institutionen seien „breiter und universeller als jeder einzelne von ihnen konstituierte Zusammenhang" (Meyer et al. 2005a: 37) zurücktritt, ist jedoch die Tatsache, dass interne und interdependente Dynamiken solcher Zusammenhänge selbst weiterhin einen wesentlichen Gegenstand soziologischer Forschung darstellen: Wie von Renate Meyer – ihres Zeichen selbst Vertreterin eines neo-institutionalistischen Forschungsansatzes – konstatiert, kann

„the existence of order – on the macro-level of society, the micro-level if interaction as well as on the individual level of identity construction –[…] not be taken for granted but is an ongoing achievement of the agents involved" (Meyer 2010: 527).

Neben der monolithischen Verbreitung einheitlicher Prinzipien (auch wenn diese in Ansätzen sicherlich verzeichnet werden kann), könnte – so die weiter unten zu vertretende These – eine differenzierte Konzeptionalisierung territorialräumlicher Bindungen sozialer Phänomene ein differenziertes Bild der gesellschaftlichen Wirklichkeit erkennen helfen.

3.3 Die Weltrisikogesellschaft in der Kosmopolitischen Moderne

Als dritte exemplarische Globalisierungstheorie ist der Ansatz der Kosmopolitisierung der Welt heute wohl am stärksten mit der Person Ulrich Becks verbunden. Während entsprechende (normative) Bezüge das westliche Denken bereits seit der Aufklärung (und hier mit Kants Idee einer Weltbürgerschaft) prägen, unterscheidet Beck philosophische Erwägungen in diese Richtung von einer zweiten soziologische Diskussionslinie, die entsprechende Tendenzen auf empirischer Basis verfolgt (Delanty 2006: 9).[17] Der – wesentlich auch in Kooperation mit Anthony Giddens und Scott Lash – entwickelte Ansatz (vgl. dies. 1996) zur Untersuchung von Phänomenen grenzüberschreitender Verflechtungen ist selbst Bestandteil in ein größeren Theorieprojektes, das Beck mit dem Oberbegriff der ‚Reflexiven Modernsisierung' bezeichnet. Die von der Industrialisierung im 18. Jahrhundert bis zu Mitte des 20. Jahrhunderts während ‚erst Moderne' fußte hierbei Strukturprinzipien nationalstaatlicher Rahmung, Vergesellschaftung im Rahmen stark inklusiver Sozialisationsinstanzen (Familie, Milieu, Religionsgemeinschaft, etc.), unter Bedingungen eines fordistischen Produktionsregimes (Vollbeschäftigung, Männliches Ernährermodell, etc.; Aglietta 1979) sowie eines auf Ausbeutung beruhenden Naturverständnisses (vgl. Beck 2007: 192). Wie sich im Zuge gesellschaftlicher Entwicklungen der letzten 50 Jahre gezeigt hat, beinhalten diese Strukturprinzpien der ‚Ersten Moderne' ein in mehrerlei Hinsicht prekäres Entwicklungspotenzial, das sich unter veränderten Bedingungen zu Anfang des 21. Jahrhunderts innerhalb vierer Risikodefinitionen (ökologisch, ökonomisch, terroristisch, kulturell-moralisch) in weltweitem Maßstab entfaltet.[18] Diese „Delokalisierung von unkalkulierbaren, miteinander verflochtenen Risiken" ereignet sich nun innerhalb von drei Dimensionen: Wie die Vorfälle von

---

[17]Wie angemerkt, reicht der Forschungsstand kosmopolitischer Theoriebildung prinzipiell hinter die Anfänge der Soziologie zurück. Nach Delanty (2006) lassen sich hier drei Strömungen des Kosmopolitismus (ethisch, politisch und kulturell) unterscheiden. Die vermutlich umfangreichste Zusammenstellung wird von Beck und Sznaider (2006a) geleistet. Die hier darzustellende Theorie des Kosmopolitismus als Strukturmerkmal der ‚Zweiten Moderne' wird von Beck grundbegrifflich in drei Monografien entwickelt: Beck (2002; 2004) sowie Beck/Grande (2007).

[18]Ähnlich wie auch in der World Polity findet sich als Beck's Theorie zugrunde liegendem Motiv ein (wenn auch nicht besonders stark explizierter) Weber-Bezug. Unterordnung unter das ökologische Risikoregime findet demnach als Rationalisierung im Zuge einer globalen, allerdings von den westlichen Ländern ausgehenden Industrialisierungsentwicklung statt.

Tschernobyl oder Fukushima zeigen, beschränken sich Folgewirkungen weder räumlich (weil überregional wirksam), noch zeitlich (lange Latenzperiode) oder sozial auf eng abgesteckte Bereiche.[19] Diese – von Beck (2007) zeitdiagnostisch unter dem Begriff der ‚Weltrisikogesellschaft' – erfasste Konstellation birgt wiederum eine doppelte Entwicklungskonsequenz. Während globale Inter-dependenzen (wie jüngst sichtbar in der Finanzkrise 2008/2009) einerseits der Ausgangspunkt weltweiter Risiken sind, liegt in der Tatsache, dass entsprechende Risiken nur kooperativ zu bewältigen sind, der Ausgangspunkt einer politischen Formationsbildung im grenzüberschreitenden Referenzzahmen: „Globale Risiken eröffnen einen moralischen und politischen Raum, aus dem eine über Grenzen und Gegensätze hinweg greifende zivile Kultur der Verantwortung hervorgehen *kann*" (ebd. 111).

Die von Beck aufgestellte Entwicklungsdiagnose einer Entstehung globaler Risiken und entsprechender politischer Gestaltungsoptionen als Folgebewegung einer „erzwungenen Kosmopolitisierung" schließt theoretisch an den (2002) von Wimmer und Glick-Schiller formulierten Begriff des „methodologischen Nationalismus" an (vgl. Beck/Grande 2010). Während sich diese prinzipielle Kritik an Nationalstaaten als unhinterfragter Referenzeinheiten soziologischer Forschung in den Ansätzen der World Polity und Systemtheorie in der Über-betonung weltumspannender Strukturen und Prozesse (i.e. Weltkultur bzw. Kommunikationsgemeinschaft) widerspiegelt, behält Beck außerdem die lokalen Fundierungen dieser Entwicklungen im Blick. Diese dezidierte Berücksichtigung von Meso- und Mikro-Ebene zeigt sich zentral im von ihm etablierten Begriff der Subpolitik, der die Entkoppelung von Politik und (supra-)nationalen Regierungs-organisationen benennt. Lokale Widerständigkeiten, wie die Weltsozialforen, das Occupy-Movement oder islamistische Fundamentalisten tragen hiermit genauso zur global und lokal wirksamen Strukturierung sozialer Wirklichkeiten bei (vgl. v. a. Beck 2002). Die Reichweite und Wirksamkeit sozialräumlicher Bezugs-rahmen ist demnach neuerdings Gegenstand „of individual and collective deci-sions and, what is more, they have to be *decided* permanently" (Grande 2006: 89). Dass sich wesentliche Gestaltungsanforderungen nun – so Becks konstruk-tivistische Grundannahme – aus der gemeinsamen Definition von Risikoverhält-nissen ergeben, bedingt darüber hinaus eine anhaltende Bedeutung nationaler Grenzen als „Wasserscheiden der Wahrnehmung" (Beck 2008: 11). Darauf, dass

---

[19]Neben der Delokalisierung zeichnen sich diese neue Risiken außerdem durch ihre Unkalkulierbarkeit und Nicht-Kompensierbarkeit aus.

entsprechend divergierende Konstruktionsleistungen auch mit unterschiedlichen Entwicklungspfaden nationaler oder makro-regionaler Referenzräume zu tun haben, verweist die in jüngster Zeit auch von Beck stark gemacht These ungleichzeitiger Modernisierungsentwicklungen im globalen Maßstab:

> „[D]ie Prozesse reflexiver Modernisierung in außereuropäischen Gesellschaften […] zeigen, dass neue Varianten einer Zweiten Moderne entstehen und die Pfade, auf denen sich Modernisierungsprozesse vollziehen, von Land zu Land sehr unterschiedlich sein können" (Beck 2007: 193; vgl. Beck/Grande 2010 sowie auch die Arbeiten von Schwinn 2009; 2010).

Unterschiedliche Rahmenbedingungen bringen demnach unterschiedliche Schemata der Beurteilung globaler Risiken als zentraler Herausforderung der ‚Zweiten Moderne' hervor. Aus dieser Pluralität unterschiedlicher Auffassungen ergibt sich damit auch für die sozialwissenschaftliche Reflexion die Aufgabe der Etablierung eines ‚kosmopolitischen Blicks', der die Vielfalt solcher Beurteilungshorizonte in Betracht ziehen kann.

Um abschließend die Kritik am Konzept der kosmopolitischen Moderne zu pointieren, lassen sich hier zwei zentrale Punkte anführen, auf die Kommentatoren sich in ihrer Auseinandersetzung immer wieder beziehen. Zum einen handelt es sich hierbei um den Verweis auf eine vermeintliche Vermischung deskriptiver und normativer Aspekte, wie sie bzgl. der Konstitution einer kosmopolitischen ‚Bewältigungsgemeinschaft' vor dem Hintergrund globaler Risiken etwa von Kößler (2001: 26) moniert wird:

> „Die gemeinsame Gefährdung ist sicherlich gesellschaftlich verursacht und hervorgebracht, ob sie über den objektiven Wirkungszusammenhang hinaus einen gesellschaftlichen, sei dies nun ein Kommunikations- oder Handlungszusammenhang konstituieren kann, ist eine ganz andere Frage."

Ähnlich bemerkt auch Peflini (2012: 229), der Kosmopolitismus bemühe sich „das ethisch-politische Pendant zur Globalisierung" zu werden:

> „Mit seinem abstrakten Universalismus und seinen normativen Ansprüchen ist er in seiner heutigen Form jedoch kaum in der Lage, der Komplexität und den Ungleichheiten der Weltgesellschaft Rechnung zu tragen." (ebd. 229).

Neben der Infragestellung der empirischen Fundamente der Becksche Theorie (wie sie des Öfteren auch im Hinblick auf seine (1986) Arbeiten zur Individualisierung geäußert werden), lässt sich, so will ich argumentieren, ein zweiter Kritikpunkt aus einer unsystematisch ausfallenden Verhältnisbestimmung des Lokalen und des Globalen ableiten. Besonders im Vergleich mit Meyer und Luhmann ist Beck zugute zu halten, dass er eine lokale Ebene in ihrer Wirkungsweise *konzeptionell* in Betracht zieht. Eine genaue Untersuchung dieses – möglicherweise mehr, (vielleicht aber auch weniger?) ambivalenten – Verhältnisses bleibt in seinen Arbeiten aber weitgehend aus.

3.4   Zwischenfazit

Wie die Rekonstruktion der drei exemplarischen Theorien zeigt, implizieren zeitgenössische Ansätze zur Analyse der Globalisierung einen sehr weitreichenden Erklärungsanspruch. Vor allem im Fall der Weltgesellschaftstheorie und des World-Polity-Ansatzes bildet sich dieser weitreichende Anspruch, dies bestätigt auch Werron (2012: 108), auch mit Blick auf die dort transportierte Konvergenzthese ab:

> „Die Differenzen zwischen den Kernthesen zuspitzend könnte man sagen: Während die World Polity-Forschung die Weltgesellschaft als vertikale, von oben nach unten wirkende Ordnung beschreibt, akzentuiert die Systemtheorie eine horizontale, weltweit einheitliche Operationsweise von Funktionssystemen, die sich im Prinzip an jeder einzelnen ihrer Operationen ablesen lässt."

Die Berücksichtigung von Handlungskapazitäten lokaler Akteure findet sich in der durch Beck und andere vorgebrachten Kosmopolitisierungs-These in weitaus stärkerem Maße, sodass man die von Greve und Heintz (2005: 113) geäußerte Kritik einer „makrodeterministische[n] Orientierung" welche, „die Autonomie und die Eigendynamik von Prozessen auf tieferer Ebene" unterschätzt, nicht in vollem Umfang anbringen kann. Während diese umfassendere Sicht auf übergreifende Zusammenhänge und Verflechtungen *und* lokale Kapazitäten auf konzeptioneller Ebene eine äußerst wünschenswerte Ergänzung darstellt, bleibt eine erschöpfende Ausarbeitung entsprechender Interaktionslogiken auf empirischer Ebene uneingelöst. Der „cosmopolitan turn" (Beck/Sznaider 2006b: 1) bleibt damit bis dato ein konzeptioneller.

Insgesamt, so scheint es, ist die Zentralstellung der integrationstheoretischen Konzepte (auch – ‚vier K's der Integrationstheorie') in den vorgestellten Globalisierungstheorien einer anderen Schwerpunktsetzung gewichen. Soziale Integration wird hier entweder im globalen Maßstab (Systemtheorie), bzw. als Top-Down-Dynamik in der Konvergenzbewegung (World Polity-Ansatz)

verstanden oder empirisch ausgespart (Methodologischer Kosmopolitismus). Um
gesellschaftliche Integrationsmuster unter Bedingungen fortschreitender Globalisierung verstehen zu können, müssen wir diese unter Bezug auf die empirischen
Entwicklungen im Verhältnis von Struktur- und Handlungsebene in Betracht
ziehen. Solche Meso-Dynamiken gesellschaftlicher Integration im Prozess der
Globalisierung untersuchen die Beiträge zur vorliegenden Qualifikationsarbeit
vor allem in Bezug auf zweierlei Instanzen – Organisationen und symbolische
Repräsentationen.

Die Aufsätze in diesem Buch behandeln den Zusammenhang von Globalisierung und Integration vom Blickpunkt unterschiedlicher soziologischer
Ansätze. Der Titel ,Verhandelte Globalisierung' bezieht sich hierbei auf
den Konstruktions- (d. h. Kooperations- und Konfliktcharakter) von Inter-
nationalisierungsphänomenen. Anschließend an die Handlungstheorie des
Pragmatismus (siehe exemplarisch Joas 1996) sowie im Sinne des (organi-
sations-)soziologischen ,Negotiated Order'-Ansatzes (Strauss 1978; 1993)
fokussieren die Beiträge des Bandes zu einem wesentlichen Teil auf Aus-
handlungsprozesse zwischen Akteuren, die als Reaktion auf sowie als Motoren von Globalisierungsprozesse wirken. Der erste Text behandelt die
forschungslogische Rahmung soziologischer Ansätze zur Analyse von Inter-
nationalisierungsphänomenen. Anschließend an die kritische Würdigung
einer Reihe etablierter Positionen widmet sich der Text der Entwicklung
einer eigenen synthetischen Position, die die Kombination komplementärer
forschungslogischer Ansätze nahelegt. Der zweite Beitrag wirft verschiedene
Grundprobleme wirtschaftlicher Integration vom Blickpunkt der politökonomischen Makrosoziologie sowie der politischen Soziologie auf. Der erste
Text stellt hierbei eine Literaturstudie dar, die den thematischen Komplex
von Kapitalismus, Ungleichheit und Demokratie anhand aktueller Veröffentlichungen aus dem Bereich der deutschen Soziologie behandelt. Indem der
Text die Raumdimensionen rekonstruiert, innerhalb derer die vier Studien den
Zusammenhang dieser Strukturprinzipien untersuchen, arbeitet er die Implikationen heraus, die die Autoren ihren Überlegungen zum Ort politischer
Mobilisierung sowie zur (deskriptiven wie normativen) Fassung von wirtschaftlichen Solidargemeinschaften zugrunde legen. Der Tatbestand einer ,Ver-
handelten Globalisierung' bezieht sich in diesem Zusammenhang also nicht
nur auf die soziale Wirklichkeit der jeweiligen Forschungsgegenstände, sondern auch – wie hier aus reflexiver Sicht nachgewiesen – auf die forschungslogische Konstitution der jeweiligen Begriffe und Konzepte. Ein empirisch
fundierter Vorschlag zur Operationalisierung von Theorien aus dem Feld der

Transnational Studies findet sich im folgenden Beitrag. Wenn wir, mit Karl Polanyi, die Globalisierung als Entbettung des Arbeitsmarktes interpretieren, stellt sich die Anschlussfrage nach einer Gegenbewegung. Eine Antwort hierauf versuchen Arbeiten aus dem Feld der Global Labour Studies im internationalen Rahmen zu suchen. Ausgehend von der Polanyi-Rezeption in diesem Bereich unterbreitet der Text einen Vorschlag zur Untersuchung internationaler Gewerkschaftspolitik auf Basis dreier theoretischer Prämissen – einer handlungstheoretischen (1) und konstruktivistischen (2) Rahmung von Forschungsanliegen, welche außerdem durch ein ungleichheitssensibles Raumverständnis (3) gerahmt ist. Mit der Ebene symbolischer Repräsentationen im Feld der Populärkultur widmen sich die beiden folgenden Beiträge der Untersuchung symbolischer Konflikte um Integration und Globalisierung in Öffentlichkeit und Kultur. Im letzten Jahrzehnt hat die deutsche Populärkultur zwei wesentliche Kontroversen hervorgebracht, die die deutsche Öffentlichkeit – der in diesem Bereich üblicherweise kurzlebigen Empörung entgegenstehend – auch über den Tag hinaus beschäftigt haben: die Debatte um Gangstarap im Zusammenhang mit der deutschen Migrationsgeschichte sowie die Auseinandersetzung um einen (vermeintlichen) Rechtsradikalismus der Gruppe Frei.Wild. Dass gerade diese beiden Themen eine derartige öffentliche Resonanz erfahren konnten, stellt nun keineswegs einen Zufall dar. Vielmehr, so möchte ich in dem geplanten Beitrag argumentieren, bilden beide die Demarkationslinien zeitgenössischer sozialer Konflikte ab. Unter Bedingungen fortschreitender Prekarisierung des Arbeitsmarkts spitzten sich in Einwanderungsgesellschaften auch die Auseinandersetzungen zwischen unterschiedlichen Bevölkerungsgruppen zu. Gangstarap und Frei.Wild, so die im Rahmen der beiden Beiträge zu vertretende These, stellen symbolisch-kulturelle Symptome einer gesellschaftlichen Verrohung im neoliberalen Kapitalismus dar. Nachdem der erste Text vier Autobiografien deutscher Gangstarapper als Zeugnisse sozialer Marginalitätserfahrungen und biografischer Kämpfe und Anerkennung interpretiert, wird der Erfolg der norditalienischen Band Frei.Wild auf die immer deutlichere Emergenz einer neuen gesellschaftlichen Konfliktlinie zwischen Kommunitaristen und Kosmopoliten zurückgeführt, welcher Integration und Zusammenhalt unter Bedingungen fortschreitender Globalisierung gefährdet. Der abschließende Aufsatz zum Strukturwandel der Öffentlichkeit behandelt Muster politischer Kommunikation unter Bedingungen umfassenden institutionellen Wandels. Die aktuelle Krise der liberalen Demokratie wird hier als Krise politischer Öffentlichkeit verstanden (Habermas 1990). Als Ausgangspunkt des Textes dient die gleichnamige Studie von Jürgen Habermas, der hier die Entstehung der bürgerlichen Öffentlichkeit in ihrem historischen Prozess rekonstruiert.

Im Spannungsfeld dreier institutioneller Entwicklungspfade (Globalisierung, Ökonomisierung, Digitalisierung), so die dort vertretene These, entsteht für die Diagnose Habermas ein Bedarf der theoretischen wie empirischen Weiterentwicklung. Hierfür unterbreitet der Text einen konzeptionellen Vorschlag.

Literatur

Aglietta, M. (1979). *A theory of capitalist regulation*. London: Verso.

Altvater, E. (2012). *Marx neu entdecken*. Hamburg: VSA.

Altvater, E., & Mahnkopf, B. (1996). *Grenzen der Globalisierung*. Münster: Westfälisches Dampfboot.

Anderson, E. (2019). *Private Regierung: Wie Arbeitgeber über unser Leben herrschen (und warum wir nicht darüber reden)*. Berlin: Suhrkamp.

Beck, U. (2002). *Macht und Gegenmacht im globalen Zeitalter*. Frankfurt a. M.: Suhrkamp.

Beck, U. (2004). *Der kosmopolitische Blick*. Frankfurt a. M.: Suhrkamp.

Beck, U. (2007). *Weltrisikogesellschaft*. Frankfurt a. M.: Suhrkamp.

Beck, U. (2008). *Die Neuvermessung der Ungleichheit unter den Menschen*. Frankfurt a. M.: Suhrkamp.

Beck, U., & Grande, E. (2007). *Das kosmopolitische Europa*. Frankfurt a. M.: Suhrkamp.

Beck, U., & Grande, E. (2010). Jenseits des methodologisches Nationalismus. *Soziale Welt, 61*(3–4), 187–216.

Beck, U., & Sznaider, N. (2006a). A literature on cosmopolitanism: An overview. *The British Journal of Sociology, 57*(1), 153–164.

Beck, U., & Sznaider, N. (2006b). Unpacking cosmopolitanism for the social sciences: A research agenda. *The British Journal of Sociology, 57*(1), 1–23.

Beckert, J. (1997). *Grenzen des Marktes. Die sozialen Grundlagen wirtschaftlicher Effizienz*. Frankfurt a. M.: Campus.

Berger, P., & Luckmann, T. (1966). *The Social construction of reality*. Garden City: Anchor Books.

Burawoy, M. (1979). *Manufacturing consent. Changes in the labor process under monopoly capitalism*. Chicago: Chicago University Press.

Burton, J. (1972). *World society*. Cambridge: University Press.

Butler, J. (1991). *Das Unbehagen der Geschlechter*. Frankfurt a. M.: Suhrkamp.

Crouch, C. (2011). *Das befremdliche Überleben des Neoliberalismus*. Berlin: Suhrkamp.

Delanty, G. (2006). The cosmopolitan imagination: Critical cosmopolitanism and social theory. *The British Journal of Sociology, 57*(1), 25–47.

Durkheim, E. (1966). *The division of labor in society*. New York: Free Press.

Durkheim, E. (1984). *Die Regeln der soziologischen Methode*. Frankfurt a. M.: Suhrkamp.

Foucault, M. (1987). *Sexualität und Wahrheit*. Frankfurt a. M.: Suhrkamp.

Giddens, A. (1990). *The consequences of modernity*. Cambridge: Stanford University Press.

Grande, E. (2006). Cosmopolitan political science. *The British Journal of Sociology, 57*(1), 87–111.

Greve, J., & Heintz, B. (2005). Die „Entdeckung" der Weltgesellschaft. Entstehung und Grenzen der Weltgesellschaftstheorie. *Zeitschrift für Soziologie*. 89–119.

Habermas, J. (1990). *Strukturwandel der Öffentlichkeit: Untersuchungen zu einer Kategorie der bürgerlichen Gesellschaft.* Frankfurt a. M.: Suhrkamp.

Hauck, G. (2001). Anti-evolutionistischer evolutionismus – Niklas Luhmann als Entwicklungstheoretiker. *Peripherie, 80,*85–97.

Hauck, G. (2012). *Globale Vergesellschaftung und koloniale Differenz.* Münster: Westfälisches Dampfboot.

Heintz, P. (1974). Der heutige Strukturwandel der Weltgesellschaft in der Sicht der Soziologie. *Universitas, 29,*449–556.

Herder, J. G. (1887). *Ideen zur Philosophie der Geschichte.* Berlin: Weidmansche Buchhandlung.

Herder, J. G. (1891). Auch eine Philosophie der Geschichte zur Bildung der Menschheit. In J. G. Herder (Hrsg.), *Sämtliche Werke* (Vol. V, S. 475–586). Berlin: Weidmann.

Hobsbawm, E. (2017). *Das lange 19. Jahrhundert.* Berlin: Theiss.

Hofstede, G. (1980). *Culture's consequences – International differences in work related values.* London: SAGE.

Höpner, M., & Schäfer, A. (2012). Embeddedness and Regional Integration. Waiting for Polanyi in a Hayekian Setting. *International Organization, 66*(3), 429–455.

Huntington, S. P. (1998). *The clash of civilizations and the remaking of world order.* New York: Simon & Schuster.

Imbusch, P., & Rucht, D. (2005). Integration und Desintegration in modernen Gesellschaften. In W. Heitmeyer & P. Imbusch (Hrsg.), *Integrationspotenziale einer modernen Gesellschaften* (S. 13–74). Wiesbaden: VS.

Joas, H. (1996). *Die Kreativität des Handelns.* Frankfurt a. M.: Suhrkamp.

Kößler, R. (1998). Weltgesellschaft? Oder Grenzen der Luhmannschen Gesellschaftstheorie. *Soziologische Revue, 21,*175–183.

Kößler, R. (2001). Grenzen in der Weltgesellschaft. Zu den Problemen der Homogenität und der Exklusion. *Peripherie, 83,*7–35.

Krücken, G. (2006). World Polity Forschung. In K. Senge & K.-U. Hellmann (Hrsg.), *Einführung in den Neo-Institutionalismus* (S. 139–149). Wiesbaden: VS.

Lessenich, S. (2016). *Neben uns die Sintflut.* München: Hanser.

Löw, M. (2001). *Raumsoziologie.* Frankfurt a. M.: Suhrkamp.

Luhmann, N. (1987). *Soziale Systeme.* Frankfurt a. M.: Suhrkamp.

Luhmann, N. (1997). *Die Gesellschaft der Gesellschaft.* Frankfurt a. M.: Suhrkamp.

Luhmann, N. (2004). *Die Realität der Massenmedien.* Wiesbaden: VS.

Luhmann, N. (2006). *Einführung in die Systemtheorie.* Heidelberg: Carl-Auer.

Luhmann, N. (2009). *Soziologische Aufklärung 2.* Wiesbaden: VS.

Luxemburg, R. (1966). *Die Akkumulation des Kapitals.* Berlin: Neue Kritik.

Marx, K. (1972). Der achtzehnte Brumaire des Louis Bonaparte. In F. Engels & K. Marx, *Ausgewählte Schriften* (Bd. 1 S. 226). Berlin: Dietz.

Merkel, W. (2016). Kosmopolitismus versus Kommunitarismus: Ein neuer Konflikt in der Demokratie. In P. Harfst, et al. (Hrsg.), *Parties, Governments and Elites. The Comparative Study of Democracy* (S. 9–23). Wiesbaden: Springer VS.

Meyer, J. (1987). Self and life course: Institutionalization and its effects. In G.-M. Thomas, et al. (Hrsg.), *Institutional structure: constituting state, society, and the individual* (S. 242–260). Newbury Park: Sage.

Meyer, J. (2010). World Society, Institutional Theories, and the Actor. *Annual Review of Sociology, 36*,1–20.

Meyer, J., et al. (2005a). Ontologie und Rationalisierung im Zurechnungssystem der westlichen Kultur. In J. Meyer, et al. (Hrsg.), *Weltkultur* (S. 17–46). Frankfurt a. M.: Suhrkamp.

Meyer, J., et al. (2005b). Die Weltgesellschaft und der Nationalstaat. In J. Meyer, et al. (Hrsg.), *Weltkultur* (S. 85–132). Frankfurt a. M.: Suhrkamp.

Pelfini, A. (2012). Konturen der Weltgesellschaft. Die Emerging Powers und die Grenzen des Kosmopolitismus. In P. Birle, et al. (Hrsg.), *Durch Luhmanns Brille* (S. 229–243). Wiesbaden: VS.

Piketty, T. (2014). *Das Kapital im 21. Jahrhundert.* München: Beck.

Portes, A. (2003). Conclusion: Theoretical convergencies and empirical evidence in the study of immigrant transnationalism. *International Migration Review, 37*,874–892.

Pries, L., & Seeliger, M. (2012). Transnational social spaces between methodological nationalism and ‚Cosmo-Globalism‘. In N. Glick-Schiller, et al. (Hrsg.), *Beyond methodological nationalism: Social science research methodologies in transition.* London: Routledge.

Quack, S. (2009). „Global" markets in theory and history: Towards a comparative analysis. *Kölner Zeitschrift für Soziologie und Sozialpsychologie, Sonderheft, 49*,126–142.

Reisz, R. D., & Stock, M. (2007). Theorie der Weltgesellschaft und statistische Modelle im soziologischen Neoinstitutionalismus. *Zeitschrift für Soziologie, 36*,82–99.

Rosanvallon, P. (2013). *Die Gesellschaft der Gleichen.* Hamburg: Hamburger Edition.

Said, E. W. (2003). *Orientalism: Western conceptions of the orient.* London: Penguin.

Scharpf, F. W. (2012). Rettet Europa vor dem Euro! *Berliner Republik, 2*,52–61.

Schimank, U. (2007). *Theorien gesellschaftlicher Differenzierung.* Wiesbaden: VS.

Schroer, M. (2006). *Räume, Orte, Grenzen.* Frankfurt a. M.: Suhrkamp.

Schwinn, T. (2005). Weltgesellschaft, multiple Moderne und die Herausforderungen für die soziologische Theorie. *Zeitschrift für Soziologie, 34*,205–222.

Schwinn, T. (2009). Multiple Modernities: Konkurrierende Thesen und offene Fragen. Ein Literaturbericht in konstruktiver Absicht. *Zeitschrift für Soziologie, 38*(6), 454–476.

Schwinn, T. (2010). Gibt es eine multiple Moderne? In M. Boatca & W. Spohn (Hrsg.), *Globale, multiple und postkoloniale Modernen* (S. 105–131). München: Hampp.

Senge, K. (2011). *Das Neue am Neo-Institutionalismus.* Wiesbaden: VS.

Simmel, G. (1908). Der Streit. In G. Simmel (Hrsg.), *Soziologische Untersuchungen über die Formen der Vergesellschaftung* (S. 186–255). Berlin: Duncker & Humblot.

Sinclair, U. (1993). *Der Dschungel.* Berlin: Rowohlt.

Smith, A. (1904). *An inquiry into the nature and causes of the wealth of nations.* London: Methuen & Co.

Song, D. Y. (2001). Vom Nutzen und Nachteil der „Weltgesellschaft" für die Entwicklungssoziologie. *Peripherie, Sonderheft Weltgesellschaft* (S. 98–108).

Spencer, H. (2003). *The Principles of Sociology.* New Brunswick: Transaction Publishers.

Stichweh, R. (2000). *Die Weltgesellschaft.* Frankfurt a. M.: Suhrkamp.

Stichweh, R. (2010). *Der Fremde.* Berlin: Suhrkamp.

Stichweh, R. (2011). Weltgesellschaft. In F. Kreff, et al. (Hrsg.), *Lexikon der Globalisierung* (S. 423–427). Bielefeld: Transcript.

Strauss, A. (1978). *Negotiations Varieties, contexts, processes, and social order*. San Francisco: Jossey-Bass Publishers.

Strauss, A. (1993). *Continual permutation of action*. New York: Aldine de Gruyter.

Streeck, W. (2004). *Globalisierung: Mythos und Wirklichkeit*. Köln: MPIfG Working Paper 04/4.

Streeck, W. (2013). *Gekaufte Zeit. Die vertagte Krise des demokratischen Kapitalismus*. Berlin: Suhrkamp.

Streminger, G. (2017). *Adam Smith. Wohlstand und Moral*. München: Beck.

Thompson, E. P. (1987). *Die Entstehung der englischen Arbeiterklasse*. Frankfurt a. M.: Suhrkamp.

Werron, T. (2012). Schlüsselprobleme der Globalisierungs- und Weltgesellschaftstheorie. *Soziologische Revue, 35*(1), 99–118.

Wallerstein, I. (1974). *The modern world-system*. New York: Academic Press.

Wallerstein, I. (2004). *World-system analysis. An introduction*. London: Duke University Press.

Wilke, H. (2007). Politische Strukturbildung der Weltgesellschaft. Symbolordnung und Eigenlogik lateraler Weltsysteme. In A. Mathias & S. Rudolf (Hrsg.), *Weltstaat und Weltstaatlichkeit* (S. 133–156). Wiesbaden: Springer.

Wimmer, A. (2005). *Kultur als Prozess: Zur Dynamik des Aushandelns von Bedeutungen*. Wiesbaden: VS.

Wimmer, A., & Glick-Schiller, N. (2002). Methodological nationalism and beyond: Nation-state building, migration and the social sciences. *Global Networks, 2,*301–334.

Wobbe, T. (2000). *Weltgesellschaft*. Bielefeld: Transcript.

Kapitalismus, Ungleichheit, Demokratie – Eine Literaturstudie

1 Einleitung

Seit der Finanzkrise 2008 ff. sind der Kapitalismus und seine Entwicklungs-perspektiven nicht nur erneut ins Zentrum der gesellschaftspolitischen Diskussion, sondern auch in den Mittelpunkt soziologischen Interesses gerückt. Vor diesem Hintergrund widmet sich die vorliegende Studie dem Ziel, den Inhalt ausgewählter soziologischer Literatur zum Themenfeld ‚Kapitalismus, Ungleichheit, Demokratie' der letzten fünf Jahre zu rekonstruieren. Einen besonderen Vergleichsmaßstab der Studie stellt der Raumbezug der vorzustellenden Ansätze dar, mit dessen Hilfe sie das Verhältnis von Kapitalismus, Ungleichheit und Demokratie bestimmen. Mit ‚Gekaufte Zeit' von Wolfgang Streeck (2013), der ‚Abstiegsgesellschaft' von Oliver Nachtwey (2016), ‚Autoritärer Kapitalismus' von Frank Deppe (2013) sowie ‚Neben uns die Sintflut' von Stephan Lessenich (2016) entstammen alle diese Bücher in erster Linie einem deutschsprachigen Diskussionszusammenhang.[1]

Als kleinster gemeinsamer Nenner eines soziologischen Verständnisses soll die Kategorie ‚Kapitalismus' im Folgenden eine Wirtschaftsform bezeichnen, in welcher Produktion und Verteilung von Waren über Märkte sowie unter Bedingungen von Kapitalkonzentration in Privateigentum und formal freier Lohnarbeit organisiert sind. Während prinzipiell auch praxeologische (Brandes/Zierenberg 2017), subjekttheoretische (Bröckling 2006) oder auch global-historische (Beckert 2015) Theorieperspektiven, und mit der fortschreitenden

---

[1]Mit Ausnahme des Textes von Deppe liegen für alle drei anderen aber englischsprachige Übersetzungen vor.

© Springer Fachmedien Wiesbaden GmbH, ein Teil von Springer Nature 2019
M. Seeliger, *Verhandelte Globalisierung*,
https://doi.org/10.1007/978-3-658-26372-0_2

Digitalisierung, der Zuspitzung ökologischer Problemlagen (Backhouse 2015), den spezifischen Entwicklungen in den BRIC-Ländern oder der Postwachstums-Debatte (AK Postwachstum 2016) empirische Schwerpunkte die Darstellung hätten leiten können, fokussiert der vorliegende Text dezidiert nicht auf Kapitalismus als Lebensform, Leitbild oder kulturelle Ordnung (siehe hierzu etwa auch Neckel 2008, Boltanski/Chiapello 2003 oder jüngst auch Mau 2017). Aufgrund ihrer oftmals recht spezifischen Schwerpunktsetzung auf die Funktionsweise bestimmter Märkte sowie die starke Koordinations- und geringe Konfliktorientierung (vgl. kritisch: Sparsam 2015) stehen auch Arbeiten aus dem Bereich der Neuen Wirtschaftssoziologie nicht im Zentrum der hier dargestellten Beiträge. Gemessen an ihrer Präsenz im soziologischen Fachdiskurs sollen schließlich auch die Frage nach einer zunehmenden Finanzialisierung der Ökonomie (Krippner 2012) oder die Befunde der soziologischen Wohlfahrtsstaatenforschung (Lessenich 2012) nur am Rande behandelt werden.[2]

Marktwirtschaften weisen eine strukturelle Neigung auf, Stratifikation sowohl in Bezug auf soziale Positionen als auch Einkommensverteilung (d. h. Status und Konsummöglichkeiten) hervorzubringen. Hierzu vermittelt die Demokratie eine institutionelle Komplementärlogik: Indem sie den Zugang aller (mündigen) Bürger zur öffentlichen Entscheidungsfindung gewährleisten soll, sichert sie nicht nur die formale Beteiligung (fast) aller, sondern gewährt ihnen weiterhin eine (durch die Macht des kollektiven Willens begrenzte) Entscheidungsgewalt über die gesellschaftlichen Ressourcen (Marshall 1992). Vor dem Hintergrund rezenter Liberalisierungsentwicklungen rückt anschließend an eine Epoche des institutionellen Kompromisses zwischen Kapitalismus und Demokratie (zumindest in den hochindustrialisierten Ländern des Globalen Nordens) der Zusammenhang beider Strukturlogiken angesichts zunehmender sozialer Ungleichheit (in Bezug auf Status, Verteilung und Beteiligung) in den Fokus soziologischer Arbeiten. Eine offene Frage gilt hierbei dem traditionellen Referenzrahmen beider Logiken: Der „demokratische Nationalstaat", proklamiert Deutschmann (2005: 327) vor über anderthalb Jahrzehnten, gerät angesichts der Globalisierung „wie nie zuvor in eine Zange konträrer Ansprüche und Forderungen."

Eine besondere methodologische Brisanz, so zeigt der Vergleich der vorzustellenden Beiträge, ergibt sich hierbei aus der Frage nach dem Raumbezug der jeweiligen Ansätze. Denn während marktwirtschaftliche Prozesse zwar prinzipiell einer global wirksamen Dynamik folgen, sprechen einerseits die Spezifizität

---

[2]All diese platzbedingten Einschränkungen erscheinen natürlich als sehr bedauerlich, denn eigentlich hängt ja mal wieder alles miteinander zusammen.

bestimmter *lokaler* Folgeerscheinungen (wie z. B. der Rückbau wohlfahrtsstaatlicher Institutionen in Deutschland unter der rot-grünen Regierung der Jahrtausendwende) und andererseits der forschungslog(ist)ische Aufwand gegen die
Berücksichtigung *globaler* Analysedimensionen. Gleichzeitig stellt die epistemologische Verengung auf bestimmte nationale (makro-)regionale Gegebenheiten
eine für zahlreiche Forschungsanliegen eine unzulässige Verengung dar. Wie der
„Macht des Lokalen in einer Welt ohne Grenzen" (Berking 2006) aus Sicht der
Soziologie von Kapitalismus, Ungleichheit und Demokratie angemessen Rechnung zu tragen ist, stellt damit eine offene Frage dar, zu deren Klärung der vorliegende Text einen Beitrag leisten möchte.

Gemäß dem Fokus auf den Zusammenhang von Kapitalismus, Ungleichheit
und Demokratie entstammt die hier rezipierte Literatur dem Themenfeld politökonomisch orientierter Makrosoziologie. Als Ausgangspunkt einer neuen Phase
der Kapitalismusanalyse beginnen wir mit einer Reihe von Studien, die die sta-
tische Vorstellung einer an nationalen Unterschieden orientierten Vergleichenden
Politischen Ökonomie zugunsten einer dynamischen Perspektive auf deren historische Entwicklungspfade erweitert (Abschn. 2). Der darauffolgende (Abschn. 3)
diskutiert Literatur zur Darstellung makrosozialen Wandels als Transformation
im Verhältnis der Strukturprinzipien ‚Kapitalismus' und ‚Demokratie'. Die Frage
nach sozialer Ungleichheit stellt hierbei gleichermaßen einen Streitpunkt, wie
auch einen Entwicklungsmotor dar. Ein abschließendes Fazit (Abschn. 4) fasst
die Erkenntnisse mit Blick auf Gemeinsamkeiten, Unterschiede und zukünftige
Perspektiven und Desiderate zusammen.

2   Zum Wandel des westlichen Sozialkapitalismus

Der Niedergang der Sowjetunion spiegelte sich im Feld der sozialwissenschaftlichen Kapitalismusforschung der 1990er Jahre durch eine neue Schwerpunktsetzung: War die Marktwirtschaft vorher als ein mögliches Wirtschaftsmodell
untersucht worden, rückten nun vom Blickpunkt einer Vergleichenden Politischen
Ökonomie meist national gerahmte *Varianten des Kapitalismus* (Hall/Soskice
2001) in den Fokus. Ob ‚Rheinischer Kapitalismus' (Albert 1992), ‚Stakeholder
Capitalism' (Morgan/Quack 2000: 4) oder die „liebenswerte Variante der real
existierenden Marktwirtschaften" (Hassel 2006: 200) – die nationalen Spezifika
des (west-)deutschen Wirtschaftsmodells haben Wissenschaftler seitdem immer
wieder mit Blick auf ihren partnerschaftlichen Charakter zusammengefasst. Als
Beispiel für einen allgemeinen Liberalisierungstrend kapitalistischer Wirtschaftsräume der OECD-Länder (vgl. Baccaro/Howell 2011) diente hierbei eine Reihe

soziologischer Untersuchungen des Wandels des deutschen Modells. Dieser Bezugsrahmen prägte damit auch die kapitalismustheoretische Diskussion in der deutschen Soziologie.

Anders als kulturalistische (Sennet 1998), finanzmarktorientierte (Bischoff/ Müller 2015: 58) oder auf die zunehmende Bedeutung von Standortkonkurrenz durch industrielle Parallelproduktion oder Steuerwettbewerb (Altvater/Mahnkopf 1997) abhebende Erklärungsmuster lässt sich die schwindende Bedeutung nationaler Institutionen zur Einhegung kapitalistischer Märkte wirklichkeitsadäquat nur als Zusammenspiel der genannten Einflussfaktoren erklären. Einen der eindrucksvollsten Ansätze der letzten Jahre präsentiert hierzu Wolfgang Streeck (2013) mit seinem Werk ‚Gekaufte Zeit'.

Als Direktor des Kölner Max-Planck-Instituts für Gesellschaftsforschung wandte sich Streeck mit Beginn der Jahrtausendwende verstärkt der Analyse institutionellen Wandels in kapitalistischen Gesellschaften zu. Unter Bedingungen von Finanzialisierung, Standortwettbewerb und neoliberaler Ideologiediffusion erkennt er (2009) hierin einen genuinen Liberalisierungstrend, den er anhand des institutionellen Wandels im deutschen Wirtschaftsmodell nachzeichnet. Indem er die gesellschaftliche Entwicklung unter Bedingungen der Finanz- und Fiskalkrise untersucht, widmet sich Streeck (2015: 8) dem Verhältnis von Kapitalismus und Demokratie unter Bedingungen fortschreitender Liberalisierung. Zeit zu kaufen, so führt Streeck im Rahmen seiner historisch-institutionalistischen Betrachtung aus, bedeutete die Gewährleistung von Konsummöglichkeiten für breite gesellschaftliche Schichten im Wege einer drei-schrittigen Sequenz der Geld- und Verteilungspolitik westlicher Länder – die Inflationierung der Geldmenge, die Erhöhung der Staatsverschuldung sowie die lockere Kreditvergabe an Privathaushalte. Vor diesem Hintergrund speiste die Krise des Kapitalismus sich in den reichen demokratischen Gesellschaften des Globalen Nordens aus einer Krise der Banken (zu viel Kreditvergabe bei zu wenig Bonität), einer Krise der Staatsfinanzen (Defizite der öffentlichen Haushalte) sowie einer Krise der Realökonomie (stagnierende Wirtschaftsleistung durch Verringerung der Massenkaufkraft).

Für die Erschöpfung der institutionellen Arrangements des Sozialkapitalismus der Nachkriegszeit will Streeck (2015: 17 f.) der „Public-Choice-Erzählung von den übermütigen Massen" eine „realistischere Rekonstruktion der Ereignisse gegenüberstellen". Der diskursiven Konstruktion eines Überanspruches der Lohnabhängigen (in Form tariflicher Forderungen wie auch einer Erwartungshaltung gegenüber dem Wohlfahrtsstaat) begegnet er mit der These einer Aufkündigung des Klassenkompromisses durch das Kapital, welches in der Verlagerung der Produktion in andere Länder zwar nicht immer eine Exit-Option, doch aber zumindest ein beständig abrufbares Drohpotenzial zur Verfügung hatte.

Die von Streeck dargestellten Entwicklungen des deutschen Kapitalismus waren in den letzten Jahren Gegenstand zahlreicher Untersuchungen. Während etwa Deppe (2012) die Rolle der deutschen Gewerkschaften mit Blick auf ihre Rolle in der Transformation des deutschen Wirtschaftsmodells äußerst kritisch beurteilt, erkennt Krüger (2013) – ebenfalls aus marxistischer Perspektive – einen „Wandel des deutschen Kapitalismus", dessen Arbeitsmarktarrangements unter Bedingungen beschäftigungspolitischer Deregulierung, Produktionsverlagerung und aktivierender Sozialpolitik das ökonomische Fundament einer „prekären Vollerwerbsgesellschaft" (Dörre 2016) bilden.

Eine Synthese dieser Entwicklungen lieferte zuletzt Oliver Nachtwey (2016) mit seiner Zeitdiagnose der „Abstiegsgesellschaft". Mit der Verbindung von Soziologie und Politischer Ökonomie sowie dem Fokus auf der Entwicklung des deutschen Modells seit den 1960er Jahren teilt der Autor wesentliche Ansätze von Streeck (2013). Diese Schwerpunktsetzung ist nicht zuletzt auf die Entstehung der Arbeit im Kontext des Jenaer Kollegs Postwachstumsgesellschaften sowie des Frankfurter Instituts für Sozialforschung zurückzuführen. „Aus der Gesellschaft des Aufstiegs und der sozialen Integration", sei, so die Hauptthese Nachtweys (2016: 7 f.), „eine Gesellschaft des sozialen Abstiegs, der Prekarität und Polarisierung" geworden.

Zur Einordnung seiner ausführlichen Rekonstruktion der sozioökonomischen Empirie setzt Nachtwey sich mit der Verabschiedung des Klassenkonfliktes in der ‚Zweiten Moderne' durch Ulrich Beck (1986) auseinander. Anstatt der ökologischen Nebeneffekte der Industrialisierung oder der Pluralisierung der Lebensstile betont der marxistisch inspirierte Autor (2016: 32) eine „weiterhin bestehende Relevanz von Klassenstrukturen" für die Aushandlung gesellschaftlicher Ordnungsmuster. Mit der Institutionalisierung von Prekarität als grundlegendem Funktionsprinzip des Arbeitsmarktes, so Nachtwey, kehren längst überwunden geglaubte Probleme zurück auf die politische Agenda.

Anschließend an die Klassiker der Politischen Ökonomie (und v. a. unter Bezug auf das von Marx vermutete Gesetz des tendenziellen Falls der Profitrate) begründet Nachtwey nachfolgend die Annahme, dass sinkende Erträge langfristig eine Verlangsamung der Kapitalakkumulation bedingen würden. Ähnlich wie Streeck (2013) gelangt auch er hier zu dem Ergebnis, dass ein ausbleibendes Wachstum (der westlichen Ökonomien) hierbei vor allem auf das gedrosselte Investitionsverhalten des Kapitals sowie die rigide Konsolidierungspolitik gegenüber den vormals expandierenden Staatshaushalten zurückzuführen ist.

Ausgehend vom komparativen Paradigma der Vergleichenden Politischen Ökonomie zeichnet sich die Diskussion damit durch eine Betonung institutioneller Verlaufsmuster aus. An die Stelle einer (implizit stabilitätstheoretischen)

Modellierung nationaler Settings tritt somit vermehrt ein historisch-institutionalistisch gerahmter Forschungsansatz (vgl. auch Streeck/Thelen 2005). Der Rekonstruktion entsprechend krisenhafter Entwicklungen widmet sich der folgende Abschnitt.

3   Zum Nexus von Kapitalismus, Ungleichheit und Demokratie

Einen wesentlichen Ausgangspunkt nimmt die soziologische Debatte um den Zusammenhang von Kapitalismus, Ungleichheit und Demokratie in der (allerdings nicht genuin soziologischen, sondern in erster Linie politökonomisch orientierten) Veröffentlichung von Thomas Piketty's (2016) ‚Das Kapital im 21. Jahrhundert'.[3] Anhand einer Untersuchung der Einkommens- und Vermögensentwicklung vom 19. Jahrhundert bis zur Wirtschaftskrise der letzten Jahre zeigt die Studie, wie die Kapitalrendite (zwar epochenabhängig, aber insgesamt langfristig) das Wirtschaftswachstum übersteigt. Auf einem politökonomischen Fundament arbeitet der Autor so den ideologischen „Widerspruch einer ökonomischen Moderne" heraus, „die aber gerade nicht notwendig in eine demokratische Moderne und in eine Demokratisierung des Vermögens und der Macht mündet" (Piketty 2014: 45). Im Wege einer „Revolutionierung unserer Auffassungen von den langfristigen Trends in Sachen Ungleichheit" (Krugman 2014: 71) befeuert Piketty so eine Debatte um oligarchische Tendenzen moderner Gesellschaften, die in den letzten Jahren über den Zusammenhang der Prägekraft dreier Strukturmuster geführt wurde – Kapitalismus, Ungleichheit und Demokratie.

Vor dem Hintergrund des von Piketty vor allem in der verteilungspolitischen Dimension diskutierten Sachverhaltes formuliert Streeck in ‚Gekaufte Zeit' seine Überlegungen zum Verhältnis von zwei dieser Strukturprinzipien – ‚Kapitalismus' und ‚Demokratie'. Mit dem Anspruch, hierdurch an diejenigen Krisentheorien anzuknüpfen, die seine eigenen Lehrer Jürgen Habermas (1973) und Claus Offe (2006) in den 1970er Jahren zu den Dysfunktionen des ‚Spätkapitalismus' erarbeitet haben, verbindet Streeck in seinem Buch zwei Linien der Kritik, die

---

[3]Verschiedene Analysen und Zeitdiagnosen fanden sich zuletzt auch bei Marchart (2013), Bude und Staab (2016), Aulenbacher et al. (2017) sowie in den neuen Beiträgen bei Dörre et al. (2016).

sein langjähriger Kooperationspartner Colin Crouch (2004; 2011) auf die Konzepte des ‚Neoliberalismus‘ sowie der ‚Postdemokratie‘ hat zulaufen lassen.
Innerhalb der Konstellation einer ‚shotgun marriage‘ (Streeck 2014: 65)
zwischen Kapitalismus und Demokratie wirkten Exportüberschüsse und ausgeglichene Kräfteverhältnisse zwischen Kapital und gewerkschaftlich legiti-
mierter Sozialdemokratie im Rahmen verteilungs- und partizipationspolitischer
Institutionen wie dem Wohlfahrtsstaat, der Tarifautonomie oder des dualen Systems der Mitbestimmung auf einen sozialen Ausgleich hin. Die theoretische
Grundidee der fragilen Einhegung eines prinzipiell unregulierbaren Konflik-
tes zweier Strukturprinzipien (Akkumulations- und Umverteilungslogik) bringt
Streeck in seinen weiteren Erwägungen auf den Begriff eines „Gesellschaftsver-
trages“ (2013: 50), „in dem die legitimen gegenseitigen Erwartungen von Kapital
und Arbeit, von Profit- und Lohnabhängigen mehr oder weniger explizit, als formale oder informelle Wirtschaftsverfassung, festgelegt sind.“
Diese theoretische Heuristik überträgt der Autor im Buch anschließend auf die
Europäische Union. Mit dem Eintritt in den Euro hat die EU als Projekt regionaler wirtschaftlicher Integration ein neues Stadium erreicht: Wurden die nationalen
Sozial- und Tarifpolitiken vormals durch den freien Verkehr von Waren, Kapital,
Personen und Dienstleistungen geprägt, tritt im neuen Währungsregime eine
vertikal-hierarchische Steuerungslogik in Kraft, welche die direkte Über-
wachung mitgliedstaatlicher Wirtschafts-, Sozial- und Arbeitsmarktpolitik durch
eine ‚European Economic Governance‘ vorsieht. Während man sich von der
Erleichterung grenzüberschreitender Transaktionen im festen Wechselkursregime
besonders zu Anfang eine verstärkte Kohäsion der Mitgliedsländer erhofft, ist der
Euro-Raum als „die vermutlich wichtigste und fragilste wirtschaftliche Konstruktion der Welt“ (Mason 2016: 32) seit dem Jahr 2009 von einer anhaltenden
Krise geprägt, die – so der skeptische Tenor – nicht nur den Fortbestand des
gemeinsamen Währungsraumes, sondern auch die Zukunft der Union insgesamt
zur Disposition stellt.[4]
Indem er die Krise des gemeinsamen Währungsregimes weiterhin auf die
Neuausrichtung staatlicher Haushaltspolitik zurückführt, interpretiert Streeck die
Eurokrise als Teil einer allgemeinen Krisenentwicklung des globalen Kapitalismus *in toto*. Der Wandel vom keynesianischen Interventions- zum neoliberalen
Konsolidierungsstaat wirke sich, so Streeck (2013: 166 ff.), in dreifacher Weise
auf die Konstellationen innerhalb der Mitgliedsländer aus: Ein Ausgleich der

---

[4] „Wenn der Euro scheitert, dann scheitert Europa“ (Angela Merkel).

Staatshaushalte werde nicht nur durch höhere Einnahmen, sondern geringere Ausgaben erzielt (1), Kürzungen beträfen vornehmlich die von öffentlichen Dienstleistungen abhängig Beschäftigten (2), sowie eine Verwendung der Ausgaben für bestehende (Schuldner-)Verpflichtungen (3). Ihre diskursive Legitimation erfahren die genannten Maßnahmen im Zuge einer „Rhetorik der internationalen Schuldenpolitik" (Streeck 2013: 114), im Rahmen derer „konzipierte Nationen als ganzheitliche moralische Akteure mit gemeinschaftlicher Haftung" erscheinen. Dass interne Klassen- und Herrschaftsrelationen, gemäß einer ideologischen Verkürzung, hierbei außer Acht bleiben, bietet den ideologischen Nährboden für Verteilungskonflikte zwischen den Euro-Ländern.

Angesichts der Liberalisierungsentwicklungen der letzten Jahrzehnte diagnostiziert Streeck vor diesem Hintergrund einen Formwandel staatlicher Steuerungskapazität und -interessen, deren Implikationen er in ein „stilisiertes Modell" vom Staats- und Marktvolk überträgt (2015: 26). Im „demokratischen Schuldenstaat" (2013: 119) hängt die politische Subsistenz des Nationalstaates nicht mehr von der Partizipation seiner nationalen Citoyens, sondern vor allem vom Vertrauen seiner internationalen Gläubiger ab. Anstelle der Daseinsvorsorge tritt für die Bürger die Schuldenbedienung; periodische Wahlen ersetzen kontinuierliche Auktionen, anstelle der öffentlichen Meinung werde das politische Geschehen diktiert durch die Zinssätze internationaler Märkte.

Diese von Borchert und Lessenich (2016: 112) als vereinfacht kritisierte Gegenüberstellung wird von Streeck (2015: 26) im Vorwort zur Neuauflage als „Provokation für die Demokratietheorie" relativiert. Seine Einschätzung (2013: 28), der zu Folge „es sich heute um eine Spätzeit der *Demokratie* insofern handelt, als die Demokratie, wie wir sie kennen, auf dem Weg ist, als redistributive Massendemokratie sterilisiert und auf eine Kombination von Rechtsstaat und öffentlicher Unterhaltung reduziert zu werden", stellt angesichts der empirisch abgesicherten Darstellung in ‚Gekaufte Zeit' jedoch mehr dar als einen politisch-normativen Denkanstoß – sie zeigt, wie sich der Kapitalismus als grundsätzlich fragile, in sich widersprüchliche Ordnung auf seinem historischen Pfad politisch und wirtschaftlich entwickelt.

Eine fundamentale Kritik öffentlicher Entscheidungsfindung erarbeitet auch Nachtwey (2016: 94), wenn er einen „grundlegenden Strukturwandel der Politik" vom *„genitivus objectivus zum genitivus subjectivus"* in der „Formulierung Regierung *der* Märkte" diagnostiziert. Wie Streeck kritisiert Nachtwey hier die austeritätspolitische Wende, die die Chancen sozialer Teilhabe für untere Schichten institutionell verknappe und Wirtschaftswachstum per ökonomischer Doktrin erschwere (ebd. 70). Flankiert von einem kulturellen Wandel, der das Prinzip der Eigenverantwortlichkeit zur Legitimation sozialer Positionierung stark macht, wirkt diese „moderne Form der Klassenpolitik" (ebd. 79) zumindest kurzfristig im Sinne der Kapitalbesitzer. Dass jedoch der gemeinhin als Liberalisierung bezeichnete Wandel des gesellschaftlichen Arrangements für breite Bevölkerungsteile einen Rückfall hinter die Errungenschaften des Sozialkapitalismus bedeutet, führt Nachtwey zu seiner Diagnose der ‚Regressiven Moderne', welche „den zuvor latenten Grundkonflikt der Demokratie wieder zutage" (ebd. 228) treten ließe.[5]

Mit seiner klug gewählten Metapher des Heraufsteigens einer nach unten fahrenden Rolltreppe illustriert der Autor den sozioökonomischen Nährboden „anomischer Konstellationen", (ebd.: 165), welche sich wiederum in Form neuer sozialer Konflikte zu entladen drohten. „Prekarität und Abstiege", proklamiert er (2016: 179), führten „zu Akten des Aufbegehrens", im Zuge derer „sich womöglich die Zukunft unserer Demokratie" (ebd.: 15) entscheide. Als Protagonisten dieser Auseinandersetzungen an jeweils verschiedenen Enden des politischen Spektrums untersucht der Autor Occupy und PEGIDA. Die Einsichten der Studie zum institutionellen Wandel des deutschen Wirtschaftsmodells dienen hierbei als solide Grundlage seiner klassenpolitischen Interpretation der Konflikte. So deutet Nachtwey (ebd.: 222) sowohl die sozial-emanzipatorischen Anstrengungen von Occupy als auch die autoritären Orientierungen PEGIDA's als „Ergebnis der Sozialisation der Individuen, des kulturellen und politischen Umfeldes" und damit auch als Reaktion auf die künstliche Verknappung von Lebenschancen und sozialer Teilhabe.

Mit Blick auf die politischen Perspektiven des Aufbegehrens äußert sich der Autor zum Ende seiner Studie vorsichtig. Zwar konstituiere sich in ihrem eigenen „Aufbegehren" eine „rebellierende Demokratie" (ebd.: 228), deren Impulse sich aus einem Drang auf sozialen Ausgleich zugunsten der unteren sozialen Schichten speise. Nicht zuletzt in Folge einer „Krise der linken Imagination" (ebd.: 232) bestehe aber die Gefahr einer autoritären Vereinnahmung dieser Tendenzen durch rechte oder auch religiös-identitäre Ressentiments.

Gewissermaßen komplementär zur ‚Abstiegsgesellschaft' veröffentlichten Brinkmann und Nachtwey (2017) ihre Studie zum Wandel der Mitbestimmung unter Bedingungen einer zunehmenden Prekarität der Erwerbsarbeit. Aus marxistisch inspirierter Sicht rahmen die Autoren den Einfluss von Betriebsräten „im Kontext des Widerspruchs von Kapital und Arbeit" (ebd.: 11). Ihr Ziel einer

---

[5]Ähnlich interpretierte zuletzt auch der französische Soziologie Pierre Rosanvallon (2017: 251) eine „massive Binnenerosion der Solidarinstitutionen" im Zuge als „dramatischen Rückfall in die Vergangenheit" (ebd.: 249).

„demokratietheoretisch fundierten Mitbestimmungsforschung" (ebd.) verfolgen die beiden hierbei – ähnlich Nachtwey's (2016) Argumentationsgang in der Abstiegsgesellschaft – unter Bezug auf Marshall's (1992) Konzept der ‚Industrial Citizenship'.

Unter Bedingungen von Marktwirtschaft und hierarchisch organisierter Produktion stelle die betriebliche Mitbestimmung historisch betrachtet ein Relais zwischen den Strukturprinzipien ‚Kapitalismus' und ‚Demokratie' dar. Auf Basis von vier Fallstudien arbeiten die Autoren heraus, wie eine fortschreitende Prekarisierung des Arbeitsmarktes sowie eine strategische Neuorientierung der Kapitalseite eine graduelle Erosion der Mitbestimmung als Quelle der „Legitimation demokratischer Herrschaft" bedingten. Anders als Marshall in seiner historischen Rekonstruktion einer Steigerung von Gehalt und Reichweite der Staatsbürgerrechte dargestellt hat, handele es sich, so das Fazit der Autoren, gegenwärtig keineswegs mehr um eine Evolutions-, sondern eine Devolutionsdynamik, wie sie auch von den anderen dargestellten Beiträgen beschrieben wird.

Ins Zentrum seiner Erwägungen zum Verhältnis von Kapitalismus und Demokratie rückt, ähnlich wie Streeck (2013), auch Frank Deppe (2013) die Folgen der Austeritätspolitik. Wie Streeck erkennt auch er zwischen beiden Prinzipien ein strukturelles Spannungsverhältnis und teilt ebenfalls dessen (normative wie funktionale) Kritik an der Sparpolitik der EU. Eine grundsätzliche Kritik der Kompatibilität beider Strukturprinzipien begründet der Autor weiterhin vor dem Hintergrund der Krisenbewältigung in vier Ländern – den USA, Russland, China und Indien. An der Tatsache, dass wirtschaftliche Entwicklung hier durch „autoritäre Formen von Staatlichkeit" gesteuert wird, kritisiert Deppe (2013: 63) die Vorstellung eines notwendigen Zusammenhangs von Staat und Kapitalismus. Die „grundlegenden Antinomien zwischen Kapitalismus und Demokratie" (Deppe 2013: 94) als Ursache einer „Möglichkeit der Wende zum autoritären Kapitalismus" (ebd. 95) ergeben sich, so das Kernargument, vor diesem Hintergrund aus den Prinzipien der Kapitalverwertung und Wettbewerbslogik.

Während mit Streeck, Nachtwey und Deppe zwar alle drei Autoren ideologische Legitimationsmuster neoliberaler Politik thematisieren, findet sich in Deppe's Neo-Gramscianischem Ansatz die stärkste theoretische Referenz an ein umfassendes Konzept von ‚Ideologie' als soziokulturellem Kitt instabiler gesellschaftlicher Verhältnisse. Mit dem Hegemonie-Begriff führt Deppe (2013: 124 f.) als einziger ein systematisches Konzept zur Erfassung derjenigen Mechanismen ein, die politische Programme für die demokratisch regierten Massen auch dann als plausibel erscheinen lassen, wenn sie ihren (zumindest augenscheinlichen) Interessen entgegenstehen.

Eine alternative Sichtweise auf die hier erörterten Themen wurde zuletzt unter raumsoziologischen Aspekten aus dem Bereich der Transnationalisierungsforschung sowie der Dependenz- und Weltsystemtheorie etabliert. Indem sie die Verbreitung einer methodologisch-nationalistischen[6] Sichtweise beklagt, formuliert hier zum einen Anja Weiß eine programmatische Kritik der soziologischen Ungleichheitsforschung. Diese habe sich, so Weiß (2017: 11), „mit wenigen Ausnahmen" von der Berücksichtigung grenzüberschreitender Bezüge „abgeschottet", bleibe häufig „im Rahmen des Nationalstaats gefangen" (ebd.: 19) und habe daher „an dieser Stelle versagt" (ebd.: 12).

Als Grundlage ihrer Argumentation erarbeitet Weiß eine solide Kritik der Kategorien zeitgenössischer Ungleichheitsforschung. Angesichts einer Fokussierung des Nationalstaats (entweder als Grundgesamtheit oder Vergleichsgegenstand), einem Fokus auf die formelle Ökonomie sowie einer Verallgemeinerung empirisch vollkommen unterschiedlicher Ausprägungen staatlicher Handlungsmacht im internationalen Vergleich (ebd.: 63 ff.) sei, so Weiß (ebd.: 67 f.), „eine empirische Analyse weltweiter Ungleichheiten nur möglich, wenn man willens ist, kontrafaktische Unterstellungen von erheblichem Ausmaß hinzunehmen."

Auf hohem theoretischen Reflexionsniveau versucht sich Weiß – bemerkenswerter Weise an den Schnittstellen von (Welt-)Systemtheorie, den Arbeiten Bourdieus sowie der Perspektive des methodologischen Individualismus – im zweiten Teil des Buches an einer sensibleren Systematisierung derjenigen Kontextrelationen, welche soziale Lagen unter Bedingungen einer fortschreitenden Fragmentierung des Raumes im Zuge der Globalisierung bedingen.

Von einem ähnlichen Ausgangspunkt, jedoch mit einer stärkeren empirischen und normativen Orientierung etabliert zweitens Stephan Lessenich (2016) – ebenfalls im Umfeld des Jenaer Postwachstumskollegs – eine kritische Perspektive

---

[6]Unter ‚methodologischem Nationalismus' ist die (oftmals fraglose) Setzung des Nationalstaats als forschungslogischem Referenzrahmen zu verstehen (Wimmer/Glick-Schiller 2002). Während diese Setzung es einerseits ermöglicht, für Datenerhebung und Theorieanwendung einen klaren Raum von Bezugseinheiten abzugrenzen, entstehen für den Forschungsprozess mindestens drei Probleme: Einerseits werden Interaktionseffekte *zwischen* Nationalstaaten (wie z. B. Handelsüberschüsse und/oder -defizite) genau so wenig in Betracht gezogen wie etwaige transnationale Bezüge (wie z. B. saisonarbeitsbedingte Migrationssysteme), die vom einen in den anderen Nationalstaat hineinreichen. Schließlich geht mit dieser Perspektive auch eine analytische Homogenisierung nach innen einher: Wenn der Nationalstaat als Bezugsrahmen verabsolutiert wird, ist es nicht mehr nötig, zwischen Binnenregionen (wie z. B. der deutschen Hauptstadt Berlin und dem Sachsen-Anhalter Landkreis Mannsfeld-Südharz) zu unterscheiden.

auf die lebensweltlichen Voraussetzungen und Folgen des globalen Kapitalismus. Maßgeblich erscheint hierbei nicht zuletzt die Bezugnahme auf den ‚methodologischen Kosmopolitismus' Ulrich Becks (2003), dessen Nachfolge an der Münchener Ludwig-Maximilian-Universität Lessenich seit 2014 innehat. Den Zusammenhang von Kapitalismus, Ungleichheit und Demokratie rekonstruiert er hierbei als Kritik am nationalen Referenzrahmen verteilungspolitischer Entscheidungen und soziologischer Analysen.

Unter Bezug auf konzeptionelle Elemente aus dem Bereich der Weltsystem- und Landnahmetheorie arbeitet Lessenich (2016: 64) das „Leben über die Verhältnisse *anderer*" als grundlegendes Merkmal des globalisierten Kapitalismus heraus. Der Wohlstand vieler Länder des Globalen Nordens beruht auf dieser Perspektive nicht nur auf dem Ausschluss weiter Teile des Globalen Südens. Während die Produkte globaler Wertschöpfungsketten zumindest einem großen Teil der Bewohner der Ersten Welt vorbehalten blieben, würden die negativen Folgen dieser privilegierten Lebensweise in immer höherem Maße in Peripherieregionen ausgelagert. Diese Dynamik erfasst der Autor unter dem Begriff der ‚Externalisierung'.

Die systematische Bedeutung dieser institutionell abgesicherten „Abwälzung der Kosten auf unbeteiligte Dritte" (ebd.: 24) begründet Lessenich durch eine Kritik voluntaristischer Wirtschaftstheorien. Zur Erklärung der Persistenz und funktionalen Notwendigkeit globaler Ungleichheiten greift er weiterhin auf Elemente der Dependenz- und Landnahme-Theorie (ebd. 41 ff.) zurück. Aktuelle Entwicklungen wie die des Klimawandels oder des stetigen Anstieges globaler Fluchtmigration deutet der Autor (ebd.: 75) hierbei als Vorzeichen eines „weltgesellschaftlichen Bumerang-Effekts."

Die Tatsache, dass die Bewohner des Globalen Nordens trotz des stetig ansteigenden Problemdrucks „über die Verhältnisse ‚da unten' gern souverän hinweg" (ebd.: 20) sähen, führt der Autor erstens auf wachsende Ungleichheiten innerhalb der Kernländer und zweitens auf eine Neigung zur Abwehr moralisch bedingten Handlungsdrucks zurück. Unter Einwirkung einer „historisch gewachsenen Machtstruktur" (ebd.: 186) sei die Externalisierung den Externalisierenden „zu einer nicht mehr weiter hinterfragten, durch und durch ‚normalen' Handlungsweise geworden, zu ihrer zweiten Natur gewissermaßen" (ebd.).

Dass Lessenich im Laufe des Textes immer wieder betont, nicht die Absicht einer „Moralisierung" zu verfolgen, sondern mit seinem Buch auf „strukturelle Bedingungen" und „die Selbstverständlichkeit von Alltagspraktiken" (ebd.) verweisen möchte, erscheint teilweise als irreführend. Denn die Maxime, Leid, das im Globalen Süden zugunsten des Globalen Nordens verursacht wird, sichtbar zu machen, um es perspektivisch verhindern zu können, ermöglicht ihm ja erst die forschungslogische Rahmung seines Gegenstandes. Genau hierin, und – ihrer tagesaktuellen Dringlichkeit zum Trotz – nicht in der kapitalismustheoretischen Rahmung besteht dann schließlich auch der wesentliche Beitrag des Buches zur hier skizzierten soziologischen Diskussion. Denn während sowohl Streeck (2013) als auch Nachtwey (2016) mit ihren Analysen der Abwicklung des Sozialkapitalismus der Nachkriegszeit eine nicht nur räumlich, sondern auch zeitlich stark begrenzte Perspektive etablieren, bricht die „Rede von der Externalisierungsgesellschaft", so ließe sich mit Lessenich (2016: 192) eine Kritik am Forschungsdesign von Nachtwey und Streeck formulieren, mit „der Schweigespirale des Wohlstandskapitalismus", welche auch in den Untersuchungsdesigns angelegt ist: Wer den Kapitalismus in Gänze verstehen will, muss die Postulate des Historischen Institutionalismus in zeitlicher Hinsicht genauso ernst nehmen wie die Setzung der Weltsystemtheorie unter räumlichen Aspekten.[7]

Es stellt sich hier allerdings die Frage, ob Studien wie ‚Die Abstiegsgesellschaft' nicht auch selbst an den Rändern anschlussfähig an eine globale oder transnationale Sichtweise sind – schließlich thematisiert Nachtwey mit den Prekarisierungsentwicklungen im Erwerbssystem die arbeitsmarktpolitischen Voraussetzungen des Exportüberschusses, dessen Folgen Streeck für die politischen Ökonomien der Eurozone analysiert. Ob perspektivische Rahmungen dieser Art notwendigerweise eine verzerrende Form der Unvollständigkeit mit sich bringen, erscheint demnach zumindest als fragwürdig und soll nun abschließend noch weiter erörtert werden.

4 Fazit

Was also lässt sich aus den dargestellten Debatten und Befunden über die Thematisierung des Komplexes ‚Kapitalismus, Ungleichheit, Demokratie' in der (vorwiegend) deutschsprachigen Soziologie der letzten fünf Jahre verallgemeinern? Wenn wir mit Adam Smith's Wohlstand der Nationen und Karl Marx' Idee einer Ursprünglichen Akkumulation ein effizienz- und ein konflikttheoretisches Paradigma der Kapitalismusforschung unterscheiden, lässt sich angesichts der dargestellten Beiträge eine eindeutige Tendenz zur zweiten Sichtweise erkennen.

---

[7]Ganz in diesem Sinne bezeichnet Lessenich (2016a) Nachtwey's Darstellung in einer Rezension auch kritisch als ein „auf irritierende Weise deutsches Buch".

Die Abwesenheit marktliberal argumentierender Beiträge mag nun zum einen an der allgemeinen Neigung der Sozialwissenschaft hin zu einem institutionalistischen Ansatz (Polanyi 1973) liegen, der anstelle des Marktes diejenigen gesellschaftlichen Prägekräfte fokussiert, welche Märkte erst ermöglichen.[8] Doch auch jenseits dieser inhaltlichen Schwerpunktsetzung scheinen angesichts der Krise vor allem Dysfunktionen und Konflikte ins Zentrum des soziologischen Interesses geraten zu sein. Verstehen wir den Anspruch einer kritischen (Krisen-) Theorie des Kapitalismus dahin gehend, Möglichkeit und Notwendigkeit einer Korrektur und/oder sogar Überwindung desselben empirisch und normativ zu begründen, lassen sich entsprechende Grundmotive bei allen Autoren finden: Alle ausgewählten Beiträge folgen einer klar normativen, weil kapitalismuskritischen Stoßrichtung.[9]

Wie gezeigt, haben liberalisierungskritische Arbeiten gegenüber den Paradigmen der Vergleichenden Politischen Ökonomie zu Beginn des 21. Jahrhunderts eine historisch-institutionalistische Forschungsperspektive auf den hier dargestellten Zusammenhang etablieren können. Die hier vorgestellten Ansätze zeigen, so kristallisiert sich heraus – anschließend an die Zeitlichkeitsdimension –, aktuell eine Auseinandersetzung um die Raumbezüge der soziologischen Analyse des Zusammenhangs von Kapitalismus, Ungleichheit und Demokratie heraus. Ein auffälliger Berührungspunkt der unterschiedlichen Studien liegt in der jeweiligen methodologischen Rahmung von Nationalstaatlichkeit. Wenn nationale Regierungen das Potenzial verlieren (oder freiwillig preisgeben), Kapitalinteressen zugunsten nationaler Bürgerrechte etwa im Rahmen steuer- oder

---

[8]Allgemein lässt sich mit Burawoy (2017: 100) „die Ablehnung einer Überausdehnung des Marktes" als „roter Faden" nicht nur im Marxismus, sondern durch alle Traditionslinien der Soziologie verfolgen. Hinsichtlich Parsons Kritik am Ökonomismus, Webers Auseinandersetzung mit der Rationalisierung oder Durkheims Warnung vor der anomischen Arbeitsteilung erscheint dies sicherlich nachvollziehbar. Inwiefern jedoch etwa eine symbolisch-interaktionistische Perspektive auf Kritik am Kapitalismus beruhen sollte, erscheint hier zumindest als fraglich. Eine entsprechende Tendenz lässt sich daher wohl höchstens für den Bereich makrosoziologischer Forschung konstatieren, wie sie auch hier dargestellt wird.

[9]Nicht zu unterschätzen bleibt in diesem Zusammenhang wohl die politische Absicht dahinter – denn während politische Projekte nicht unwesentlich durch einen pragmatischen Zweckoptimismus getragen werden, erscheint ebenso klar, dass eine Debatte über den Zusammenbruch des Kapitalismus „an einer Überdosis von sich selbst", wie Streeck (2016) dies verschiedentlich formuliert, die Machthaber und Steuerungseliten einer Gesellschaft warnen könnte, deren Ökonomisierung und Entdemokratisierung ‚zu weit' zu treiben.

tarifpolitischer Maßnahmen zu schützen, stellt sich aus soziologischer Sicht die Frage, auf welcher Ebene sowohl die Sozial- als auch die Systemintegration zu bewältigen ist.

Epistemologische Konsequenzen gegen die Privilegierung des National-staates als forschungslogischem Referenzrahmen zieht Lessenich (2016) mit ihrer Betonung weltgesellschaftlicher Ungleichheiten. In die Tradition Ulrich Becks (2007) stellt er sich hierbei nicht nur mit der (impliziten) Proklamation eines methodologischen Kosmopolitismus. Auch die klassenpolitische Leerstelle, die im Vergleich mit Nachtwey oder Streeck in seinem Buch – trotz aller Innovations-kraft bezüglich Zeit- und Raumhorizont – klafft, erinnert hier an Becks Arbei-ten zur (Welt-)Risikogesellschaft. Während man Nachtwey und Streeck – wie zuweilen geschehen – einen kryptonormativen Nationalismus unterstellen könnte, ließe sich Lessenichs neo-dependenztheoretisches Plädoyer auch als Kritik (fehl-) interpretieren, die den Unterschichtsangehörigen der Kernländer das übermäßige Konsumieren auf Kosten der Dritten Welt untersagen will. Beides erschiene über-trieben.

Mit Blick auf die Auswahl von Raumbezügen lassen sich in der sozio-logischen Auseinandersetzung mit dem Zusammenhang von Kapitalismus, Ungleichheit und Demokratie anschließend an Pries und Seeliger (2012) vier Referenzrahmen unterscheiden – ein nationaler (Nachtwey, Nachtwey/Brink-mann), ein international vergleichender (Deppe), ein weltsystemischer (Lesse-nich) und ein trans-, bzw. supranationaler (Streeck) (vgl. Tab. 1).

Der Fokus auf die Gegebenheiten in Deutschland bei Nachtwey (2016) sowie Nachtwey und Brinkmann (2017) ergibt sich hierbei zum einen aus der Anwendung von Marshalls (1992) Evolutionstheorie, die die Herausbildung von Bürgerrechten im Rahmen moderner Nationalstaaten zum Gegenstand hat. Der methodologische Nationalismus folgt hier also aus der Selektion des National-staats als Analysegegenstand.[10] Einen ähnlichen Ansatz wählt Deppe, jedoch nicht in Bezug auf ein einzelnes Land, sondern hinsichtlich des Strukturkonflikts zwischen Kapitalismus und Demokratie aus ländervergleichender Perspektive. Indem er die Eurokrise aus den Zentralisierungsdynamiken der EU und in der Folge aus den politökonomischen Wechselwirkungen der Euroländer erklärt,

---

[10]Wie zuletzt vor allem die Entwicklung der EU vom Staatenbund zum eigenständigen Superstaat gezeigt hat, erscheint die Übertragung dieser Theorie auf eine supranationale Ebene keineswegs so abwegig wie die Kritik an der methodologisch-nationalistischen Rah-men nationalstaatlicher Politik. Nachtwey, bzw. Nachtwey und Brinkmann untersuchen die Entwicklung nationalstaatlich gerahmter Politik unter solider theoretischer Anleitung. Daran ist nichts auszusetzen.

Tab. 1 Typen forschungslogischer Rahmung in der soziologischen Analyse von Kapitalismus, Ungleichheit und Demokratie

	Nachtwey; Nachtwey/Brinkmann	Deppe	Streeck	Lessenich
Methodologie	Nationale Fallstudie	Interrationaler Vergleich	Trans-/supranationale Rahmung	Weltsystemanalyse
Referenzeinheit	Nationalstaat	Nationalstaaten	Grenzüberschreitende Dynamiken und übergeordnete Regierungsebene	Weltsystem im globalen Rahmen
Dominante Analyseeinheit	Klassen, Institutionen, Identitäten, Konstellationen im politischen System	Klassen, Institutionen, Identitäten, Konstellationen im politischen System	Wechselwirkungen zwischen Nationalstaaten, Praktiken in Regierungsorganisationen	Zentrum-Peripherie-Struktur der Weltwirtschaft, Identitäten

überschreitet Streeck den methodologisch-nationalistischen Rahmen in zwei-
facher Weise. Der Fokus auf die Dynamiken im Mehrebenensystem lässt sich
hierbei als supra- und die Berücksichtigung der grenzüberschreitenden Interaktionseffekte nationaler Wirtschaftsräume als transnationale Forschungslogik
beschreiben.[11] Eine noch weiterreichende Rahmung findet sich schließlich bei
Lessenich, der mit den globalen Zentrum-Peripherieverhältnissen an die Arbeiten
der Weltsystem- und Dependenztheorie anschließt.[12]

Während wohl keine der genannten Positionen kategorisch auf einem prinzipiellen Ausschluss der jeweils anderen beruht, stellt sich die Frage nach der
Signifikanz der jeweiligen Perspektiven erstens unter empirischen Gesichtspunkten. Eine anhaltende Bedeutung des Nationalstaats erkennt Streeck
(2013; 2016) auf einer institutionellen Ebene in erster Linie im Potenzial einer
Bewahrung steuer-, sozial- und tarifpolitischer Standards auf der einen, und einer
(verglichen mit dem EU-weiten oder sogar globalen Rahmen) belastbaren politischen Öffentlichkeit auf der anderen Seite. Eine strategische Bedeutung identifizieren auch Nachtwey (2016) und Dörre (2016), allerdings ohne dabei klar zu
verdeutlichen, inwiefern dieser Umstand politische Mobilisierung eher von der
rechten oder von der linken Seite erleichtert. Eine kosmopolitische Soziologie
sozialer Ungleichheiten müsste sich also die kritische Nachfrage gefallen lassen,
wie sie die weiterhin vorwiegend im nationalen Rahmen stattfindenden Klassenkämpfe, Wahlen, etc. auf angemessene Weise in ihre Heuristiken integrieren will.

Aber auch auf epistemologischer Ebene stellt der Abschied vom methodologischen Nationalismus nicht unbedingt ein genuin progressives Theorieprojekt
dar. So erfordert etwa die international komparative Forschung (und damit auch
die auf verschiedene nationale Kontexte rekurrierende Transnationalisierungsforschung), Forschungsdesigns, die parallele Entwicklungen auf eine Reihe
systematisch vergleichbarer Variablen herunterbrechen. Ob sich ein den wissenschaftlichen Diskurs ohne Frage weiterführendes Buch wie Nachtweys Abstiegsgesellschaft unter diesen Bedingungen aber überhaupt schreiben ließe, lässt sich
zumindest bezweifeln.

Welche perspektivischen Fragen ergeben sich hieraus für eine zukünftige
Soziologie des Kapitalismus? Ist die Demokratie also tatsächlich nicht mehr die

---

[11]Eine ähnliche, wenn auch weniger elaborierte Darstellung findet sich auch bei Deppe
(2013).
[12]Auch hier ließe sich jedoch anmerken, dass Streeck mit seiner Interpretation der
Eurokrise ebenfalls Zentrum-Peripherie-Motive innerhalb der Europäischen Union in
Betracht zieht.

optimale Regierungsform, in der sich der (westliche) Kapitalismus weiter entfalten und entwickeln kann? Oder ist, wenn im 19. Jahrhundert Reformen wie
die progressive Einkommenssteuer, der Aufbau von Versicherungsmechanis-
men oder die Institutionalisierung einer Industrial Citizenship den Kapitalismus
gezähmt haben, eine Umkehrung rezenter Liberalisierungstrends dann nicht auch
für das 21. Jahrhundert denkbar? Wird eine Gegenbewegung gegen den krisenhaften Kapitalismus von nationaler oder internationaler Ebene aus entstehen und
fortwirken? Lassen sich Kapitalismus und Demokratie überhaupt re-nationa-
lisieren? Und, falls ja, ist dies wirklich nur zum Preis einer „negativen Gleichheit nach außen" möglich, die Rosanvallon (2017: 174) als notwendige Wurzel
einer national-identitären Selbstüberhöhung zu erkennen glaubt? Eng verbunden
mit der Frage nach der methodologischen Bedeutung des Nationalstaats für die
Rahmung des Forschungsgegenstandes ist hier sicherlich der neue Autoritarismus, wie er infolge der Krise und im Rahmen von Bewegungen wie PEGIDA
oder Parteien wie der ‚Alternative für Deutschland' zutage tritt (Ganselberger
2017). Ein weiteres Desiderat einer Soziologie des Kapitalismus lässt sich –
zumindest aus Sicht der hier vor allem makrosoziologisch-politökonomisch verfolgten Schwerpunktsetzung – in einer stärkeren Berücksichtigung kultursozio-
logisch-konstruktivistischer Ansätze erkennen, die die symbolische Legitimation
der Liberalisierungspolitiken transparent zu machen hilft (exemplarisch siehe
Blyth 2013).

Schließlich, so lässt sich folgern, stoßen die Soziologie, bzw. ihre fach-
lichen Vertreter_innen mit der Frage, wie sie es denn mit dem Kapitalismus, der
Ungleichheit und der Demokratie halten, an die identitäre (und damit auch identi-
tätspolitische) Herausforderung, festzulegen, wer sie eigentlich ist und sein will.
Nicht zuletzt die klare normative Stoßrichtung, welcher die soziologische Analyse und Kritik seit der (Finanz-, Euro- und Flüchtlingskrise) der Jahre 2008 ff.
(siehe exemplarisch und wegweisend Dörre et al. 2009) gefolgt ist, haben im
Rahmen der Fachöffentlichkeit einigen Diskussionsbedarf begründet (exemplarisch Mikl-Horke et al. 2011). Im Sinne der konstruktiven Pluralität und Widersprüchlichkeit der verschiedenen Ansätze und Perspektiven bleibt zu hoffen, dass
dieser auch in Zukunft nicht vollständig gedeckt wird.

Literatur

Albert, M. (1992). *Kapitalismus contra Kapitalismus*. Frankfurt a. M.: Campus.
Altvater, E., & Mahnkopf, B. (1997). *Grenzen der Globalisierung. Ökonomie, Ökologie und Politik in der Weltgesellschaft*. Münster: Westfälisches Dampfboot.

Aulenbacher, B., et al. (2017). *Leistung und Gerechtigkeit: Das umstrittene Versprechen des Kapitalismus*. München: Juventa.

Baccaro, L., & Howell, C. (2011). A common neoliberal trajectory the transformation of industrial relations in advanced capitalism. *Politics & Society, 39*(4), 521–563.

Backhouse, M. (2015). *Grüne Landnahme*. Münster: Westfälisches Dampfboot.

Beck, U. (1986). *Risikogesellschaft. Auf dem Weg in eine andere Moderne*. Frankfurt a. M.: Suhrkamp.

Beck, U. (2003). Verwurzelter Kosmopolitismus: Entwicklung eines Konzepts aus rivalisierenden Begriffsoppositionen. In R. Winter (Hrsg.), *Globales Amerika? Die kulturellen Folgen der Globalisierung* (S. 25–43). Bielefeld: Transcript.

Beck, U. (2007). *Weltrisikogesellschaft*. Frankfurt a. M.: Suhrkamp.

Beckert, S. (2015). *King Cotton: Eine Globalgeschichte des Kapitalismus*. Frankfurt a. M.: Campus.

Berking, H. (Hrsg.). (2006). *Die Macht des Lokalen. In einer Welt ohne Grenzen*. Frankfurt a. M.: Campus.

Bischoff, J., & Müller, B. (2015). *Piketty kurz & kritisch*. Hamburg: VSA.

Boltanski, L., & Chiapello, É. (2003). *Der neue Geist des Kapitalismus*. Konstanz: UVK.

Borchert, J., & Lessenich, S. (Hrsg.). (2016). *Claus offe and the critical theory of the capitalist state*. London: Routledge.

Brandes, S., & Zierenberg, M. (2017). *Praktiken des Kapitalismus*. Hamburg: HIS.

Brinkmann, U., & Nachtwey, O. (2017). *Postdemokratie und Industrial Citizenship. Erosionsprozesse von Demokratie und Mitbestimmung*. München: Juventa.

Bröckling, U. (2006). *Das unternehmerische Selbst. Soziologie einer Subjektivierungsform*. Frankfurt a. M.: Suhrkamp.

Bude, H., & Staab, P. (Hrsg.). (2016). *Kapitalismus und Ungleichheit*. Frankfurt a. M.: Campus.

Burawoy, M. (2017). Die Zukunft der Soziologie. In B. Aulenbacher, et al. (Hrsg.), *Öffentliche Soziologie* (S. 99–112). Frankfurt a. M.: Campus.

Crouch, C. (2004). *Postdemokratie*. Frankfurt a. M.: Suhrkamp.

Crouch, C. (2011). *Das befremdliche Überleben des Neoliberalismus*. Berlin: Suhrkamp.

Deppe, F. (2012). *Gewerkschaften in der Großen Transformation. Von den 1970er Jahren bis heute*. Köln: PapyRossa.

Deppe, F. (2013). *Autoritärer Kapitalismus*. Hamburg: VSA.

Deutschmann, C. (2005). Ist globaler Kapitalismus mit politischer Demokratie vereinbar? Ein Kommentar zu dem Aufsatz von Dirk Meyer. *Leviathan, 33*(3), 325–336.

Dörre, K. (2016). Die neue Unterklasse. Armut, Ausbeutung und soziale Reproduktion in der prekären Vollerwerbsgesellschaft. In M. Häusl et al. (Hrsg.), *Armut. Gender-Perspektiven ihrer Bewältigung in Geschichte und Gegenwart* (S. 41–68). Leipzig: Leipziger Universitätsverlag.

Dörre, K. et al. (2009). *Soziologie, Kapitalismus, Kritik*. Frankfurt a. M.: Suhrkamp.

Geiselberger, H. (2017). *Die große Regression: Eine internationale Debatte über die geistige Situation der Zeit*. Berlin: Suhrkamp.

Habermas, J. (1973). *Legitimationsprobleme im Spätkapitalismus*. Frankfurt a. M.: Suhrkamp.

Hall, P., & Soskice, D. (Hrsg.). (2001). *Varieties of capitalism*. Oxford: Cambridge.

Hassel, A. (2006). Die Schwächen des deutschen Kapitalismus. In V. R. Berghahn & S. Vitols (Hrsg.), *Gibt es einen deutschen Kapitalismus? Tradition und globale Perspektiven der sozialen Marktwirtschaft* (S. 200–214). Frankfurt a. M.: Campus.

Krippner, G. (2012). *Capitalizing on crisis: The political origins of the rise of finance.* Oxford: Cambridge.

Krüger, S. (2013). *Entwicklung des deutschen Kapitalismus 1950–2013.* Hamburg: VSA.

Krugman, P. (2014). Thomas Piketty oder die Vermessung der Ungleichheit. *Blätter für deutsche und internationale Politik, 6,* 71–81.

Lessenich, S. (2012). *Theorien des Sozialstaats.* Hamburg: Junius.

Lessenich, S. (2016a). *Neben uns die Sintflut.* München: Hanser.

Lessenich, S. (2016b). Aufstand der Eingebildeten. *Frankfurter Allgemeine Zeitung, 8*(9), 2016.

Marchart, O. (2013). *Prekarisierungsgesellschaft.* Bielefeld: Transcript.

Marshall, T. H. (1992). *Bürgerrechte und soziale Klassen. Zur Soziologie des Wohlfahrtsstaats.* Frankfurt a. M.: Campus.

Mason, P. (2016). *Postkapitalismus: Grundrisse einer kommenden Ökonomie.* Berlin: Suhrkamp.

Mau, S. (2017). *Das metrische Wir: Über die Quantifizierung des Sozialen.* Berlin: Suhrkamp.

Mikl-Horke, G. et al. (2011). Kapitalismus und soziologische Kritik, Symposium zu: Klaus Dörre; Stephan Lessenich; Hartmut Rosa: Soziologie – Kapitalismus – Kritik, Frankfurt 2009. *Soziologische Revue, 34*(2), 129–152.

Nachtwey, O. (2016). *Abstiegsgesellschaft.* Berlin: Suhrkamp.

Neckel, S. (2008). *Flucht nach vorn: Die Erfolgskultur der Marktgesellschaft.* Frankfurt a. M.: Campus.

Offe, C. (2006). *Strukturprobleme des kapitalistischen Staates.* Frankfurt a. M.: Campus.

Piketty, T. (2014). Das Ende des Kapitalismus im 21. Jahrhundert? *Blätter für deutsche und internationale Politik, 12,* 41–52.

Piketty, T. (2016). *Das Kapital im 21. Jahrhundert.* München: Beck.

Polanyi, K. (1973). *The Great Transformation. Politische und ökonomische Ursprünge von Gesellschaften und Wirtschaftssystemen.* Frankfurt a. M.: Suhrkamp.

Postwachstums, A. K. (Hrsg.). (2016). *Wachstum – Krise und Kritik. Die Grenzen der kapitalistisch-industriellen Lebensweise.* Frankfurt a. M.: Campus.

Pries, L., & Seeliger, M. (2012). Transnational social spaces between methodological nationalism and ‚cosmo-globalism'. In N. Glick Schiller et al. (Hrsg.), *Beyond Methodological Nationalism: Social Science Research Methodologies in Transition* (S. 219–239). London: Routledge.

Quack, S., & Morgan, G. (2000). National capitalisms, global competition and economic performance. An introduction. In S. Quack et al. (Hrsg.), *National Capitalisms, Global Competition and Economic Performance* (S. 3–24). Amsterdam: John Benjamins Publishing Company.

Rosanvallon, P. (2017). *Die Gesellschaft der Gleichen.* Berlin: Suhrkamp.

Sennett, R. (1998). *Der flexible Mensch.* Berlin: Berlin.

Sparsam, J. (2015). *Wirtschaft in der New Economic Sociology. Eine Systematisierung und Kritik.* Wiesbaden: Springer VS.

Streeck, W. (2009). *Re-forming capitalism. Institutional change in the german political economy.* Oxford: Oxford University Press.

Streeck, W. (2013). *Gekaufte Zeit. Die vertagte Krise des demokratischen Kapitalismus.* Berlin: Suhrkamp.

Streeck, W. (2014). Taking crisis seriously: Capitalism on its way out. *State e Mercato, 100*(1), 45–67.

Streeck, W. (2015). Vorwort zur Taschenbuchausgabe. In W. Streeck (Hrsg.), *Gekaufte Zeit. Die vertagte Krise des demokratischen Kapitalismus* (S. 7–47). Berlin: Suhrkamp.

Streeck, W. (2016). *How will capitalism end? essays on a failing system.* London: Verso.

Streeck, W., & Thelen, K. (2005). *Beyond continuity. Institutional change in advanced political economies.* Oxford: Oxford University Press.

Weiß, A. (2017). *Soziologie globaler Ungleichheiten.* Berlin: Suhrkamp.

Wimmer, A., & Glick Schiller, N. (2002). Methodological nationalism and beyond: Nation-state building, migration and the social sciences. *Global Networks, 2*(4), 301–334.

Transnationale Sozialräume. Zwischen Methodologischem Nationalismus und Kosmo-Globalismus

1   Einleitung

Referenzen an den ‚Spatial Turn' des Sozialen finden sich nicht nur unter Soziologinnen und Soziologen (Warf und Arias 2008). Vor dem Hintergrund der
wachsenden Bedeutung grenzüberschreitender Verflechtungen dreht sich die
sozialwissenschaftliche Debatte in zunehmendem Maße um die Frage nach der
Transnationalisierung des Sozialen (Pries 2008). Im Zuge solcher Entwicklungen
nimmt die Rekonfiguration sozialer Prozesse und Strukturen im Verhältnis
zu räumlichen Ordnungen eine besondere Form an. Der zentrale Beitrag der
‚Transnational Studies' stellt hierbei die Etablierung einer Forschungsperspektive
dar, die Raum nicht notwendig als ein Kontinuum im Container des Nationalstaats konzipiert. Während die Kritik des methodologischen Nationalismus
(Wimmer/Glick-Schiller 2002) für die Erforschung grenzüberschreitender Phänomene als grundlegend betrachtet werden kann, dürfen wir auch die Beharrungs-
kräfte und neuen Relevanzen nationaler Ordnungen nicht unterschätzen.

Indem wir eine Differenzierung zwischen drei Literatursträngen vorschlagen,
die jeweils eine spezifische Perspektive auf den Nationalstaat im Prozess der
Globalisierung transportieren, verfolgen wir das Ziel einer Systematisierung des
Forschungsstandes. Eine adäquatere Forschungsperspektive überbrückt hierbei
den Gegensatz zwischen methodologischem Nationalismus und Kosmo-Globalismus aus dezidiert transnationaler Perspektive. Im folgenden Abschnitt
geben wir einen Überblick über die zeitgenössischen Ansätze zur Erforschung
grenzüberschreitender Phänomene. Anschließend entwickeln wir unser spezifisches Verständnis von Raum für die Analyse von Strukturen und Prozessen

---

Dieser Beitrag wurde von Ludger Pries und Martin Seeliger verfasst.

© Springer Fachmedien Wiesbaden GmbH, ein Teil von Springer Nature 2019   55
M. Seeliger, *Verhandelte Globalisierung*,
https://doi.org/10.1007/978-3-658-26372-0_3

gesellschaftlicher Internationalisierung. Vor diesem Hintergrund etablieren wir
schließlich unser eigenes Verständnis dreier Formen von Internationalisierungsforschung mit drei zugehörigen epistemologischen Dimensionen.

1.1 Globalisierung, Methodologischer Nationalismus und seine Kritik

Von den Wurzeln des Homo Sapiens lässt sich der Entwicklungspfad der Menschheit bis zu den nomadischen Lebensformen zurückverfolgen, die heute den Großteil ihrer 400.000 Jahre währenden Existenz ausmachen. Als zweitlängste Epoche
lassen sich ersten Etappen der Sesshaftigkeit lediglich 30.000 Jahre zurückdatieren.
Ziehen wir vor diesem Hintergrund die relativ kurze Geschichte des Nationalstaats
in Betracht, welche lediglich zurück ins 18. Jahrhundert reicht, zeigt sich, dass
dem Nationalstaat – zumindest unter Zeitlichkeitsaspekten – (zumindest bislang)
eine relativ untergeordnete Rolle in der Menschheitsgeschichte zukommt. Wie sich
jedoch in der aktuellen Diskussion herauskristallisiert, steht auch die gegenwärtige
Bedeutung des Nationalstaates zunehmend infrage.

1.2 Die Gesellschaft und der Nationalstaat

Der Begriff der Gesellschaft hat seine wissenschaftliche Bedeutung im Laufe
des 20. Jahrhunderts als Analyseeinheit für Phänomene wie soziale Ungleichheit, demografischen Wandel oder soziale Integration gewonnen. Dem Begriff
inhärent war hierbei stets ein spezifisches Verständnis seines territorialen Bezugsrahmens. Das wohl am weitesten verbreitete Verständnis dieses Bezugsrahmens
stellt hierbei der Nationalstaat dar (Aunderson 1983). Aus sozialwissenschaftlicher Perspektive zeichnen sich Nationalstaaten durch vier idealtypische Aspekte
aus. Erstens umfassen sie ein festes Territorium, beherrscht durch einen Souverän (d. h. mit einem legitimen Gewaltmonopol ausgestatteten) Staat. Ein zweiter Aspekt stellt eine gemeinsame (oder zumindest dominante) Sprache dar.
Nationalstaaten werden drittens integriert durch ein gemeinsames Geschichtsver-
ständnis, welches oft eng verbunden ist mit einer (imaginierten) Gemeinsamkeit
des ethnischen Hintergrundes (oder der ethnischen Hintergründe). Schließlich
lässt sich als vierter Aspekt eine nationale Kultur im Sinne geteilter Werte, Traditionen und signifikanter Symbole benennen.
 Aus historischer Perspektive wurzelt die Entstehung des Nationalstaates in
zwei politischen Abkommen – dem Augsburger Religionsfrieden von 1555 und

dem Westfälischen Frieden von 1648. Das hier festgelegte Prinzip des cuius region eius religio besagte, dass die Bevölkerung eines bestimmten Gebietes die vom Landesherren bevorzugte Religion auszuüben hatte. Dieses Prinzip sozialer Strukturierung bedingt eine exklusive und gegenseitige Verschachtelung von Sozial- und Territorialraum.

Ausgehend vom Zentrum Europas verbreitete sich die politische Form des Nationalstaats als Form sozialer Ordnung im globalen Rahmen (Sassen 2006). Als Höhepunkt dieser Westphalian Order, beschreibt Hobsbawm (1996) die gesellschaftliche Ordnung des „Kurzen 20. Jahrhundert" als Konglomerat tendenziell homogener Gesellschaften innerhalb national gebundener Container. Im Sinne dieses Verständnisses bietet ein geografisches Territorium lediglich Platz für nur einen sozialen Raum. Im Ansatz des methodologischen Nationalismus „coexistence amongst people and processes of socialization became more and more tied, in reciprocal exclusiveness, to more or less clearly definable and known geographic spheres. A defined space extending over a geographic area (a ‚territory' or ‚locale') corresponded to one and only one socially compressed space (for example, a community or a national society). Conversely, every social space ‚occupied' precisely one geographically specific space" (Pries 2001b: 15).

Die Bedeutung gesellschaftlicher Internationalisierung wird in der Sozialwissenschaft spätestens seit Mitte des 20. Jahrhunderts allgemein anerkannt. Unter Globalisierung verstehen wir mit Giddens (1990: 64) „a worldwide social relationship which links distinct localities in such a way that local happenings are shaped by events occurring miles away and vice versa." Doch auch schon vor der Globalisierungsdebatte der 1980er und 1990er Jahre lassen sich (mindestens) drei Perspektiven auf grenzüberschreitende Phänomene unterscheiden. Während eine erste Gruppe von Zivilisationstheoretikern wie Toynbee (1934–1954) oder Lewis und Wigen (1997) das Projekt einer globalen Geschichtsschreibung verfolgten, befasste sich ein zweiter Literaturstrang mit der (post-)kolonialen Ordnung des Weltsystems (Wallerstein 1979). Unter dem Begriff der Weltgesellschaftstheorie widmet sich schließlich eine dritte Gruppe von Beiträgen der Etablierung einer abstrakten theoretischen Perspektive, die die Entkoppelung sozialer Beziehungen von lokalen Räumen als Resultat der Anwendung neuer Kommunikations- und Transporttechnologien versteht (Luhman 1984; Gregory/Urry 1985).

Die Auseinandersetzung mit dem Raum hat in der sozialwissenschaftlichen Debatte zum Ende des 20. Jahrhunderts erneut an Fahrt aufgenommen. Ohne hier weiter ins Detail zu gehen, lassen sich erneut drei Diskussionsstränge unterscheiden. Während eine erste Gruppe von Beiträgen die Position vertritt, dass soziale Beziehungen sich im Zuge der Globalisierung massiv ausweiten, wird diese Argumentation in einem zweiten Literaturstrang noch weiter zugespitzt.

Der geografische Raum wird dem sozialen Raum untergeordnet: „Globalisation refers both to the compression of the world and the intensification of consciousness of the world as a whole" (Robertson 1992: 8). Es ist dem Pioniercharakter dieser Arbeiten geschuldet, dass sie womöglich die Notwendigkeit einer weiteren Differenzierung zwischen unterschiedlichen Ausprägungen gesellschaftlicher Internationalisierung unterschätzt haben. Im folgenden Abschnitt wollen wir einen Ansatz zur weiteren Systematisierung der bisherigen Diskussion vorstellen. Hierzu setzen wir uns zuerst mit einer problematischen Grundannahme auseinander, die sich in weiten Teilen der Internationalisierungsforschung weiterhin findet – dem Axiom des Methodologischen Nationalismus.

2   Epistemologische Herausforderungen – Methodologischer Nationalismus und seine Überschreitung

In ihrer Reflexion der Grundannahmen sozialwissenschaftlicher Internationalisierungsforschung entwickelten Wimmer und Glick-Schiller ihre Kritik am Methodologischen Nationalismus „understood as the assumption that the nation/state/society is the natural social and political form of the modern world" (2002: 301). Unter besonderer Berücksichtigung der Migrationsforschung arbeiten die beiden die Zentralstellung des Nationalstaats als analytischer Grundkategorie heraus. Aus der Perspektive des Methodologischen Nationalismus erscheinen Nationalstaaten und Nationalgesellschaften als (häufig) unhinterfragte Referenzeinheiten der Sozialforschung. Gleichzeitig, so die Kritik der beiden, würden soziale Prozesse jenseits des Nationalstaats in relativer Unabhängigkeit betrachtet: „The social sciences have become obsessed with describing processes within nation-state boundaries as contrasted with those outside, and have correspondingly lost sight of the connections between such nationally defined territories" (Wimmer/Glick Schiller 2002: 307).

Um diesen Mangel an Bewusstsein (oder auch: Bereitschaft) der Soziologie, eine reflexive Haltung gegenüber ihren eigenen (häufig impliziten) Prämissen einzunehmen nachvollziehen zu können, ist es wichtig, die Entstehungsgeschichte des Faches in Betracht zu ziehen. Im Verlauf gesellschaftlicher Modernisierung (sowohl durch industrielle Entwicklung als auch philosophische und kulturelle Aufklärung) ist die Entstehung der Soziologie im Kontext der Nationalstaatenbildung zu verstehen. Hiermit einher ging die Herausbildung spezifisch nationaler

Wissenschaftskulturen.[1] Als epistemologische Basis diente diesen die wechselseitige Exklusivität von Flächen- und Sozialraum.[2] Aus dieser Perspektive deckt sich jeder Sozialraum mit einem eindeutig segmentierten Flächenraum. Nähmen wir diesen Punkt ernst, könnten sich soziale Figurationen (Elias 2004) wie Familien, das Alltagsleben in Gemeinden, Unternehmen oder Fußballfanclubs nicht über verschiedene geografische Grenzen hinweg ereignen – sie alle müssten sich in kohärenten, klar abgegrenzten (z. B. lokalen) Kontexten abspielen. In jedem Flächenraum wäre nur Platz für einen Sozialraum. Die enge Verbindung der sozialen Realität der modernen Gesellschaft und ihrer ideellen Reflexion in der Sozialwissenschaft kulminierte also im Paradigma des Methodologischen Nationalismus als dominanter Denkweise des Sozialen. Demgegenüber entwickeln wir im nächsten Schritt unsere eigene Perspektive zum Verständnis der widersprüchlichen Sequenzen gesellschaftlicher Internationalisierung.

2.1 Kritik des Methodologischen Nationalismus

Mit den Strömungen des Transnationalismus und des Kosmo-Globalismus lassen sich zwei Grundlinien der Kritik am Methodologischen Nationalismus unterscheiden. Aus Sicht der Vertreter einer kosmo-globalistischen Perspektive führt eine fortschreitende globale Vereinigung nationaler und lokaler Räume zu einem globalen Ganzen, zur Notwendigkeit kosmopolitischer Haltungen – sowohl unter WissenschaftlerInnen als auch unter StaatsbürgerInnen. Aus dieser Sicht stellt die fortschreitende Globalisierung eine gesellschaftliche Ordnung infrage, in der Nationalstaaten als selbstverständliche Referenzrahmen sozialer Ungleichheit dienen. Die Kant'sche Idee einer Weltbürgerschaft aufnehmend betont diese Forschungsrichtung die Emergenz neuer kollektiver Identitäten im Globalisierungsprozess (Beck 2004, 2008).

---

[1]Zwar zeigte beispielsweise Claus Offe (2005) in seiner Arbeit über die USA-Aufenthalte von Tocqueville, Weber und Adorno, dass seine grenzüberschreitende Forschungspraxis auch in der Geschichte des Faches nicht vollkommen unüblich war. Den Normalfall stellten sie aber sicherlich nicht dar.

[2]Für den Großteil der soziologischen Klassiker erkennt Harvey (1990: 428) eine systematische Privilegierung der Zeitdimension gegenüber räumlichen Phänomenen: „Social theory of the sort constructed in the diverse traditions of Adam Smith, Marx, or Weber tends to privilege time over space in its formulations, reflecting and legitimizing those who view the world through the lenses of spaceless doctrines of progress and revolution."

Zahlreichen Anzeichen für die Erosion der nationalstaatlichen Ordnung zum Trotz können wir sowohl in der sozialstrukturellen Ordnung als auch im alltäglichen Leben eine Menge lokaler Bezüge erkennen. Sogar angesichts weltreisender Wissenschaftler, Intellektueller oder Manager (vgl. Calhoun 2003) erscheint es immer noch übertrieben, einen allgemeinen Bedeutungsverlust nationaler (oder anderweitig lokal rückgebundener) Bezugsrahmen zu konstatieren. Während der Methodologische Nationalismus als (zumindest ehemalige) Grundlage der soziologischen Analyse die Anforderungen einer komplexen Gesellschaftsanalyse nicht mehr (allein) erfüllen kann, erscheint es gleichzeitig wichtig, nicht ins andere Extrem zu kippen. Einen Brückenschlag zwischen kosmopolitischer Weltgesellschaftsanalyse und methodologischem Nationalismus könnte eine dezidiert *transnationale* Forschungsagenda ermöglichen.

Eine Möglichkeit, den Methodologischen Nationalismus zu überwinden, liegt in der Fokussierung von Städten sowie die (Re-)Konfiguration von Machtstrukturen innerhalb derer und zwischen ihnen (Glick-Schiller 2012; sowie Sassen 1991). In prinzipiell ähnlicher Weise hat Marcus (1995) eine Methodologie entwickelt, die die Rekonstruktion grenzüberschreitender Phänomene unter Bezug auf Menschen, Dinge, Metaphern, Geschichte, Biografien und Konflikte ermöglicht. In der Politikwissenschaft haben Kohler-Koch und Eising (1999) einen Mehrebenenansatz entwickelt, der das Zusammenwirken lokaler, nationaler und supranationaler Kontexte in Betracht zieht (siehe auch Kohler-Koch/Larat 2009). Ähnlich integrative Ansätze finden sich derzeit außerdem im Feld der Internationalen Beziehungen (Faist/Ette 2007; Quack/Djelic 2010).

Ein weiterer Zweig der Transnational Studies befasst sich mit der Rolle multinationaler Unternehmen. Die Logiken transnationaler Wertschöpfungsketten und Kapitalstrategien sind komplex und beziehen sich auf Organisationskulturen genauso wie auf nationale institutionelle Settings, Weltmarktentwicklungen, Devisenschwankungen und Arbeitspolitik (vgl. Seeliger 2012).

Ein wesentlicher Schwerpunkt neuerer Transnationalisierungsforschung bezieht sich auf den Aspekt von Machtphänomenen. Die kritische Auseinandersetzung mit Dominanz- und Ungleichheitsverhältnissen stand von Beginn an im Zentrum dieses Forschungszweiges (siehe z. B. Goldring 1997). Als Beispiel hierfür kann etwa die Debatte um transnationale Reproduktionsarbeit, deren Auswirkungen nicht nur die Haushalte betrifft, in denen sie ausgeführt wird, sondern auch die Familien in den Herkunftsländern der (meist weiblichen) Beschäftigten (Ehrenreich/Hochschild 2002; Lutz 2008). Ein weiterer Literaturstrang widmet sich der Auseinandersetzung mit Arbeitsverhältnissen und -regulierung im Rahmen international operierender Unternehmen. Hier zeigen neuere Befunde, dass die Vertretungsarbeit europäischer Betriebsräte in der Automobilindustrie transnationale Charakteristika aufweist (Hertwig *et al.* 2009; Hauser-Ditz *et al.* 2010). Und schließlich haben die letzten Jahre eine Weiterentwicklung theoretischer und empirischer Perspektiven auf transnationale Ungleichheiten mit sich gebracht (Berger/Weiß 2008; Bayer et al. 2008). Doch obwohl der Spatial Turn und die Mehrebenenmodelle der Transnational Studies in den letzten zwei Jahrzehnten zunehmend an Präsenz gewonnen haben, finden sich in diesem Bereich wenig explizit konzeptionelle Auseinandersetzungen mit dem zugrunde liegenden Raumverständnis. Der (Weiter-)Entwicklung eines solchen widmet sich der folgende Abschnitt.

3 Das Konzept des Raumes in der Sozialwissenschaft

In der (Sozial-)Wissenschaft wie auch im alltäglichen Leben menschlicher Akteure wird das Konzept des Raumes verwendet, um die soziale und materielle Umwelt subjektiv wahrzunehmen und zu strukturieren. Nicht nur bringt jede Gesellschaft spezifische Raumkonzepte hervor, die ihren zeitgemäßen Glaubenssystemen, (Re-)Produktionsbedingungen und Alltagspraktiken entsprechen – dieselben Vorgänge finden sich auch auf individueller Ebene, durch Akteure, die ihre Umgebung verstehen und gestalten. In seinem frühen, jedoch bereits sehr umfassenden Verständnis definierte Georg Simmel (1903) die sozialen Charakteristika des geografischen Raumes über fünf Charakteristika:

1. Während geografische Räume einerseits einen (zumindest tendenziell) exklusiven Charakter für einige soziale Beziehungen aufweisen, sind sie gleichzeitig offen für alternative Formen; so sollte in einer Universität zwar keine Militärausbildung, kein Gebrauchtwagenhandel und auch keine religiöse Missionierung stattfinden. Es können sich dort aber durchaus Studierende verlieben.
2. Gleichzeitig ist der geografische Raum auch markiert durch bestimmte Beschränkungen und Grenzen; dies zeigt sich zurzeit etwa im klimabedingten Ansteigen des Meeresspiegels.
3. Häufig bedingt der geografische Raum weiterhin eine Fixierung und damit auch eine Lokalisierung sozialer Beziehungen, welche außerhalb keinerlei Bestand behalten würden; ein enträumlichtes Gefängnis wäre beispielsweise genau so wenig denkbar, wie eine Liebesbeziehung, die sich ausschließlich im Cyberspace abspielen würde (und selbst dann wäre sie ja immer noch fixiert in Form von Kabeln, Monitoren, Tastaturen und so weiter).

4. Der geografische Raum entfaltet also einen Einfluss auf die Qualität sozialer Beziehungen; in der Kirche lässt es sich beispielsweise leichter beten als auf der Achterbahn.

5. Schließlich ermöglicht und begrenzt der geografische Raum Formen territorialer Mobilität; eine von Mauern und Elektrozäunen umgebene Gated Community markiert die Exklusion von Außenstehenden nicht nur symbolisch, sondern verwirklicht sie auch materiell.

Vor dem Hintergrund von Simmels breitem und umfassendem Verständnis des Raumes als physisches und soziales Phänomen lassen sich die verschiedenen (sozial-)wissenschaftlichen Raumkonzepte auf zwei Grundverständnisse zurückführen (Gosztonyi 1976) – ein substanzialistisches und ein relationales. Das physikalisch-mathematische Konzept des Raumes als ein absoluter, unendlich großer, homogener Container, der leer und unabhängig von Gegenständen existiert, war eine wesentliche Voraussetzung der klassischen Mechanik, wie sie Isaac Newton entwickelt hat. Aus dieser substanzialistischen Perspektive erscheint der Raum als unabhängig existierender Container, der seine Eigenschaften unabhängig von anderen Objekten behält. Vertreter eines solchen Verständnisses sind etwa Galileo, Copernicus, Kepler, Newton and Ptolemäus. Demgegenüber entwickelte Gottfried Wilhelm von Leibniz eine Theorie in Abgrenzung zu Newtons Raumkonzept, in der er proklamierte, dass der Raum über keinerlei existenzielle Charakteristika verfüge. Stattdessen, so Leibniz, stelle er lediglich eine relationale Konfiguration materieller Objekte dar. Diese Gegenüberstellung substanzialistischer (Raum als absolute Einheit mit eigenen Charakteristika und Qualitäten) und relationaler (Raum als Konfiguration von Dichte, Entfernung und Konstellation von Objekten) Räume hat die gesamte weitere Auseinandersetzung im Feld der Sozialwissenschaft beeinflusst (Gregory und Urry 1985).

Im Feld der Physik richteten sich Einsteins Relativitätstheorie und sein relationales Raum-Zeit-Konzept unmittelbar gegen Newtons Modell. Einstein (1960: XIII) kritisierte das absolutistische Container-Konzept des Raumes als „eine gewissermaßen der Körperwelt übergeordnete Realität."

Ähnlich wie in der Physik muss eine allgemeine sozialwissenschaftliche Theorie des Raumes das Verhältnis von Raum, Zeit und Gegenständen in Betracht ziehen. Der Literaturstand zum Thema umfasst hierbei Verständnisse relationaler wie auch substanzialistischer Couleur. Da beide unter bestimmten Aspekten nützlich sein können, sollten sie nicht exklusiv, sondern komplementär betrachtet werden. Den Begriff des sozialen Raumes wollen wir hierbei als Komplex von sozialen Praktiken, Symbolen und Artefakten verstehen. Die Position des methodologischen Nationalismus ließe sich in diesem Zusammenhang wie folgt skizzieren:

Die Vorstellung, der zu Folge ein geografischer Raum erstens einen (und nur einen!) Sozialraum umfasst, und jeder Sozialraum genau einen geografischen Raum benötigt, basiert auf einem passivistischen Verständnis, in dem Raum keinen Gegenstand von Konstruktionen und Aushandlungen darstellt. Gegen so eine substanzialistische Idee des sozialen Raums (welche sich empirisch in kozentrischen Kreisen vom Haushalt über die lokale und nationale Gemeinschaft bis hin zum Weltsystem abbilden müsste), finden wir eine relationale Perspektive etwa in den Arbeiten von Bourdieu (1985), bei dem er die Wechselverhältnisse von Individuen und sozialen Klassen im Rahmen eines multidimensionalen Sozialraums abzubilden sucht. Aus so einer relationalen Sicht erscheint der Raum als ein Set von Relationen zwischen sozialen Positionen, das zur Strukturierung ihrer Verhaltensweise dient. Charakteristisch für solche Raumkonzepte ist die Idee, dass soziale Beziehungen nicht innerhalb eines bestimmten territorialen Containers gerahmt werden. Stattdessen wird der soziale Raum selbst als Rahmen betrachtet, in dem materielle und soziale Ressourcen, aber auch Bedeutungen und Praktiken angeordnet sind. Im Allgemeinen haben solche relationalen Ansätze über den Verlauf der letzten zwei Jahrzehnte gegenüber substanzialistischen Perspektiven an Bedeutung gewonnen.

Unser zentrales Argument besagt, dass für ein umfassendes Raumverständnis weder substanzialistische, noch relationale Ansätze allein ausreichende analytische Kapazität entfalten können. Um zu einem solchen zu gelangen, wird es stattdessen nötig sein, Perspektiven auf Sozial- und Territorialräume zu verbinden. Früh auf diese Notwendigkeit verwiesen haben Gregory und Urry (1985) mit ihrer Kritik an einer irreführenden Arbeitsteilung zwischen SoziologInnen und GeografInnen: Ihnen zu Folge sollte die räumliche Struktur nicht verstanden werden „as an arena in which social life unfolds, but rather as a medium through which social relations are produced and reproduced" (ebd.: 3).

3.1 Substanzialistische und Relationale Raumverständnisse

Basierend auf einem allgemeinen Verständnis des Raumes als strukturierte Lagerelation von Elementen (Pries 2001a), wählen wir die Unterscheidung zwischen substanzialistischen und relationalen Verständnissen des Sozial- und Flächenraumes als Ausgangspunkt der Entwicklung eines integrativen Ansatzes (Tab. 1). Soziale Räume lassen sich hierbei als Verflechtungszusammenhänge mit drei

Tab. 1 Eine integrative Typologie der sozial-geografischen Zugänge. (Quelle: Eigene Darstellung)

Sozialer Raum	Geografischer Raum	
	Substanzialistisch	Relational
Substanzialistisch	Nationale Gesellschaft in nationalen Territorien/Weltgesellschaft auf dem Globus	Diaspora
Relational	Multikulturelle Gesellschaft/Soziale Diversität in einem Raum	Transnationale soziale Räume

Dimensionen verstehen. Zum einen verstehen wir *soziale Praktiken* als die tätige Auseinandersetzung von Akteuren mit anderen Akteuren, mit der Natur und mit sich selbst. Zweitens verstehen wir *signifikante Symbole* als komplexe und plastische Zeichen(systeme) innerhalb eines spezifischen Zusammenhangs (Blumer 1969). Die dritte Komponente sozialer Räume ergibt sich aus der Existenz und dem Gebrauch von Artefakten.

Es erscheint wichtig, dass die Unterscheideung zwischen Sozial- und Flächenraum eine analytische ist. Da Gesellschaft und Territorium in einer genuin dialektischen Beziehung verbunden sind, können soziale Phänomene nicht ohne räumliche Dimension, und umgekehrt räumliche Phänomene für den Menschen nicht ohne soziale Dimension existieren.[3] Ihre analytische Unterscheidung illustriert die folgende Tab. 1.

Indem relationale und substanzialistische Raumkonzepte kontrastiert werden, können wir verschiedene Typen von Sozialräumen unterscheiden. In diesem Sinne reflektiert das Modell einer Nationalgesellschaft innerhalb eines Nationalstaats ein substanzialistisches Verständnis von Sozial- und Flächenraum: Eine spezifische soziale Einheit entspricht hier einem homogenen Sozialraum, der sich eindeutig in einen territorialen Kontext einpasst.[4]

---

[3]Die weitreichenden Implikationen dieser Perspektive zeigen sich beispielhaft an der traditionellen Unterscheidung zwischen Natur und Kultur, wie sie in einer Reihe zeitgenössischer Forschungszweige – Gender Studies (Butler 1993), Human-Animal-Studies (Arluke/Sanders 2009) oder Lebenswissenschaften (Harraway 1991) – als Heuristik dient. Selbst wenn wir die Natur schlicht als ‚die Umwelt' verstehen, nehmen wir sie unter Aspekten wahr, welche wir im Wege der Sozialisation erlernt haben. Folglich entspräche die situierte Phänomenologie des Himalaja nicht als „Ding an sich", sondern als Grenzregion zwischen Indien und Tibet, der Heimat des Yeti oder einem Ort, an dem man Reinhold Messners Kletterrekorde brechen kann.

[4]Konzepte einer Weltgesellschaft basieren häufig auf substanzialistischen Konstruktionen, wie denen eines ‚Globalen Humanismus' oder einem ‚Menschlichen Kosmopolitismus' (kritisch hierzu: Barnett/Weiss 2011; Pries 2011).

Eine *Diaspora* existiert im Rahmen eines gemeinschaftlichen Sozialraums (beispielsweise in Form einer Religion oder Abstammungsgemeinschaft), welcher sich als relationaler Flächenraum wiederum über verschiedene Orte erstreckt. Die analytische Verknüpfung beider Konzepte ermöglicht hier ein Verständnis der multikulturellen Gesellschaft als Ort kultureller Diversität am selben Ort. Schließlich ermöglicht es die Verbindung relationaler Konzepte von Sozial- und Flächenraum, transnationale Sozialräume als vielschichtige und fluide soziale Praktiken, Symbole und Artefakte in plurilokalen Kontexten zu begreifen. Dies führt uns zu einer Typologie unterschiedlicher Formen gesellschaftlicher Internationalisierung, die wir im folgenden Abschnitt vorstellen.

3.2 Idealtypen von Sozialräumen

Wie weiter oben ausgeführt, birgt der Begriff *Globalisierung* häufig die Gefahr, eines (überkohärenten) Bezugs auf verschiedene, inkongruente oder sogar widersprüchliche Entwicklungen. Um diesem dynamischen Charakter der sozialen Realität Rechnung zu tragen, wollen wir eine Typologie verschiedener Internationalisierungsformen vorschlagen, die die wichtigsten Kombinationen von Sozial- und Flächenraum im Globalisierungsprozess abzubilden vermag. Auf der allgemeinsten Ebene lässt sich Internationalisierung mit Blick auf ihre wirtschaftliche, soziale, kulturelle, technologische und ökologische Dimension verstehen. Die Form grenzüberschreitender Aktivitäten kann verschiedene Formen annehmen. In Anlehnung an Pries (2008), lassen sich diese in einer Heuristik von sieben Internationalisierungstypen erfassen. Vier dieser im Folgenden vorzustellenden Idealtypen basieren hierbei auf einem substanzialistischen und die anderen drei auf einem relationalen Raumverständnis.

3.3 Vier Muster gesellschaftlicher Internationalisierung aus relationaler Perspektive

Zuerst, und in Abgrenzung von dem allgemeinen Verständnis, das alle grenzüberschreitenden Phänomene bezeichnet, möchten wir den Begriff der Inter-Nationalisierung vorstellen, um Verhältnisse und Interaktionen zwischen Nationalstaaten und Nationalgesellschaften zu bezeichnen. Dieses Verständnis von Inter-Nationalisierung basiert offenkundig auf einem substanzialistischen Raummodell, wie es im Methodologischen Nationalismus üblich ist. Nationalstaaten sind die grundlegenden Referenzeinheiten und Inter-Nationalisierung bezieht sich auf die Intensivierung der Beziehungen zwischen ihnen. Zweitens beschreibt der Begriff der Supranationalisierung die Entstehung politischer Governance-Strukturen (wie etwa der Europäischen Union) – jenseits der nationalstaatlichen Ebene. Indem er sich auf der Vorstellung einer imaginierten Gemeinschaft innerhalb eines spezifischen geografischen Territoriums bedient, transferiert dieser Ansatz die Logik des Methodologischen Nationalismus von der nationalen auf die makroregionale Ebene. Verstehen wir den Begriff auf diese Weise, bewirkt die Supranationalisierung die Entstehung klar definierter Einheiten staatlicher Souveränität (wie etwa den Schengen-Raum oder die Eurozone).

Drittens bezieht sich der Begriff der Globalisierung zur weltweiten Verflechtung grenzüberschreitender Transaktionen, Kommunikationen, sozialer Praktiken und Symbole wie auch ein weltweites (Problem-)Bewusstsein in Bezug auf politische, soziale und ökologische Risiken und Krisen. Auch das Konzept der Globalisierung bleibt den Prämissen des Methodologischen Nationalismus verhaftet, dehnt es allerdings auf eine weltumspannende Ebene aus: Während die beschriebenen Prozesse Phänomene umfassen, die jenseits des nationalstaatlichen Containers angesiedelt sind, bleibt die substanzialistische Grundannahme, der zu Folge ein Sozialraum einem Flächenraum entspricht, insgesamt unangetastet.

Eine vierte typische Reaktion auf ein Anwachsen grenzüberschreitender Aktivitäten manifestiert sich in Prozessen der Renationalisierung als Gegenbewegungen zu den eben dargestellten Internationalisierungsentwicklungen. Die Stärkung nationaler Grenzziehungen (z. B. in der Migrations- und Zollpolitik) oder der Rückbau übergeordneter Staatskonstrukte (wie der Sowjetunion oder des ehemaligen Jugoslawien) können hierfür genauso als Inidizen gelten, wie Europas zurzeit erstarkende Rechte mit ihren Forderungen nach kultureller Homogenisierung.

3.4   Drei Muster der Internationalisierung auf Basis eines relationalen Raumkonzeptes

Anders als im Fall der eben dargestellten Muster, basieren die folgenden drei Idealtypen auf einem relationalen Raumverständnis. Die Asynchronität grenzüberschreitender Phänomene wird zum einen sichtbar in Entwicklungen der Glokalisierung. Globale Prozesse institutionellen Wandels vollziehen sich in Zusammenhang mit lokalen Figurationen von Macht, Wissen, Technologie und anderen Ressourcen. Umgekehrt lassen sich andererseits globale Entwicklungstrends (wie der Klimawandel) auf lokale Praktiken (wie das gehäufte Fahren von

Autos mit Sechs- oder Acht-Zylinder-Motoren), Symbole (wie die Werbe-Beleuchtung in Las Vegas oder Tokyo) und Artefakte (Klimaanlagen) zurückführen. Eine sechste Form der Internationalisierung ergibt sich aus der Ausdehnung eines Sozialraums über verschiedene Territorialräume mit einem eindeutigen Zentrum, welches für den Sozialraum als gemeinsames ‚Mutterland' eine integrationsstiftende Wirkung erfüllt. Beispielhaft für ein solches Arrangement lassen sich etwa das Judentum und Israel nennen. Entsprechende Konstellationen wollen wir als Formen einer Diaspora-Internationalisierung bezeichnen.

Mit der Transnationalisierung wenden wir uns nun abschließend dem womöglich populärsten Phänomen aus dem Feld gesellschaftlicher Entwicklungen zu, die im Laufe der letzten 20 Jahre unter dem Oberbegriff der Internationalisierung diskutiert worden sind. Im Grunde bezieht sich die Debatte um transnationale Phänomene auf die qualitativ wie quantitativ zunehmende Bedeutung plurilokaler Sozialbeziehungen, Netzwerke und Praktiken. In diesem Sinne verweist die Transnationalisierung auf die Emergenz plurilokaler Sozialräume, die sich über und zwischen den traditionellen Containergesellschaften in konzentrischen Kreisen lokaler, regionaler, nationaler, supranationaler und globaler Phänomene aufspannen. Das Konzept der Transnationalisierung basiert damit auf einem relationalen Raumverständnis mit einer wechselseitigen und exklusiven Verschachtelung von Sozial- und Flächenraum. Vor diesem Hintergrund können wir transnationale Sozialräume als plurilokale Bezugsrahmen definieren, die Alltagspraktiken, soziale Positionierung, (erwerbs-)biografische Projekte und menschliche Identitäten im Allgemeinen jenseits der sozialen Kontexte nationaler Gesellschaften strukturieren.

Ausgehend von dieser Definition lassen sich transnationale Phänomene entsprechend ihrer Dichte und Dauerhaftigkeit untergliedern in transnationale Beziehungen, transnationale Felder und transnationale Räume. Transnationale Räume sind dann plurilokale, staatenübergreifende soziale Konfigurationen, die aus sozialen Praktiken, signifikanten Symbolen und Artefakten bestehen und verglichen mit einfachen transnationalen Beziehungen (wie einer Urlaubsbekanntschaft) oder einem transnationalen Feld (wie einem grenzüberschreitenden Kooperationszusammenhang innerhalb einer internationalen Wertschöpfungskette) eine relativ hohe Dichte und Stabilität aufweisen. Den multidimensionalen Zusammenhang, in dem die drei Komponenten (soziale Praktiken, Symbole und Artefakte) ihre spezifische Bedeutung gewinnen, beschreiben Basch et al. (1994: 28) am Beispiel eines Kulturtransfers zwischen Haiti und den Vereinigten Staaten:

„If someone sends a barbecue grill home to Port-au-Prince, the grill does not stand in and of itself as an item of material culture reflecting and producing hybrid cultural constructions. The grill is a statement about social success in the United States and an effort to build and advance social position in Haiti."

Genau wie transnationale Sozialräume sind auch transnationale Beziehungen und transnationale Felder mit Blick auf die sozialen und geografischen Bezugssysteme zu betrachten, innerhalb derer sie sich bewegen. Im nächsten Abschnitt werden wir die bis hierhin bearbeiteten Befunde zusammenfassen und mit Blick auf eine weiterführende Forschungsagenda zusammenfassen.

3.5   Vergleichende, weltsystemische und transnationale Forschungsperspektiven

Wie bereits oben unter Bezug auf Sassen (2001: 189) herausgearbeitet, erfordert die Analyse grenzüberschreitender Phänomene „multi-sited research rather than simply comparative studies." Aber verliert vergleichende Forschung somit dann seine Bedeutung? Sollte und könnte Transnationalisierungsforschung damit schlicht in Weltsystemanalyse oder Weltgesellschaftstheorie aufgehen? Ist eine kosmopolitische Perspektive auf internationale Forschungsgegenstände ausreichend? Wie im Verhältnis von Sozial- und Flächenräumen, bzw. relationalen und substanzialistischen Ansätzen, müssen wir auch hier die (komplementären) Stärken und Schwächen der jeweiligen Perspektiven anerkennen. Diese werden sichtbar, wenn wir die jeweilige Analyseeinheit (diejenige Entität, über die eine Aussage getroffen wird), den jeweiligen Bezugsrahmen (der zeitlich-sozialräumliche Kontext, auf den sich Forschung und Aussagen beziehen) und die jeweiligen Maßeinheiten (die Einheit, der die empirischen Daten oder die theoretischen Erwägungen zuzurechnen sind) in Betracht ziehen.

In der weiter oben diskutierten Literatur lassen sich mindestens drei allgemeine Orientierungen finden (Kohn 1987). Ein erster Literaturstrang zielt auf den Vergleich spezifischer nationaler Settings ab. Untersuchungen der Vergleichenden Politischen Ökonomie (Hall/Soskice 2001) oder der Vergleichenden Wohlfahrtsstaatenforschung (Esping-Andersen 2002) etablieren hierbei Perspektiven, aus denen bestimmte nationale Eigenheiten zueinander in Bezug gesetzt werden. Diese Forschungslogik birgt drei spezifische Probleme:

1. Eine kleine Fallzahl erschwert oder verbietet die Anwendung der großen Anzahl von Variablen, die nötig sind, um eine komplexe Funktionslogik zu modellieren (Goldthorpe 1997).
2. Es folgt mit einer gewissen Wahrscheinlichkeit ein forschungslogischer Bias aus der spezifischen Sichtweise der Forscher, abhängig von ihrem kulturellen Hintergrund (kritisch: Webster et al. 2008).
3. Es werden nationale Settings als kohärente, klar unterscheidbare Analyseeinheiten behandelt.

Ein zweiter Literaturstrang verläuft unter dem Oberbegriff der Weltsystemanalyse (Wallerstein 1979). Hier liegt der Fokus auf der Interdependenz makroregionaler Herrschaftsbeziehungen auf Basis ökonomischer und politischer Macht, die in die Ordnung des globalen Kapitalismus eingeschrieben sind. Das Weltsystem ordnet sich hierbei in zentrale und periphere Gebiete, die in funktionaler Abhängigkeit zueinanderstehen. Ein ähnlicher Ansatz findet sich in den Arbeiten von Manuel Castells (1996, 1998). In Bezug auf Beiträge dieser Art lassen sich wiederum zwei Kritikpunkte formulieren. Die analytische Homogenisierung der länderspezifischen Bedingungen im Weltsystem lässt Beiträge aus diesem Spektrum der Forschungslogik des Methodologischen Nationalismus unterliegen. Die Unterschiede zwischen Ost- und Westdeutschland, die auch drei Jahrzehnte nach der Wiedervereinigung bestehen, illustrieren dies in deutlicher Form. Eine zweite populäre Kritik an der Weltsystemanalyse bezieht sich auf ihren funktionalistisch-ökonomistischen Bias. Das Verständnis der Welt als eine vollständig integrierte Ordnung impliziert hier häufig eine überhierarchisierte Vorstellung der internationalen Staatengemeinschaft.

Vor diesem Hintergrund lassen sich die Transnational Studies als dritter distinktiver Zweig der sozialwissenschaftlichen Auseinandersetzung mit Internationalisierungsentwicklungen verstehen. Die Transnationalisierungsforschung beschäftigt sich mit grenzüberschreitenden Phänomenen, die sich durch ihren plurilokalen Charakter auszeichnen, d. h. – anders als im Falle einer Diaspora – ohne klares Zentrum existieren. Während sich ein Großteil der Arbeiten aus diesem Bereich mit Migrationsfragen beschäftigt, werden entsprechende Ansätze auch auf soziale Bewegungen, Unternehmen, Umweltrisiken oder auch die Populärkultur angewandt. Wie die folgende Tabelle zeigt, unterscheiden sich vergleichende Forschung, Weltsystemanalyse und Transnational Studies hauptsächlich in Bezug auf ihre jeweilige Referenzeinheit. Gleichzeitig sind Analyse- und Maßeinheiten im Prinzip sehr ähnlich.

In der sozialwissenschaftlichen Forschungspraxis lässt sich für die Analyse grenzüberschreitender Phänomene ein grundsätzlicher Bedarf an einer Kombination der drei Ansätze erkennen. Eine Integration der drei Strömungen in einer umfassenden Perspektive erscheint daher weder notwendig, noch vielversprechend. Die Stärke internationaler Vergleiche liegt in ihrer Sensibilität für nationale institutionelle Settings. Die Stärke der Weltsystem- und Weltgesellschaftstheorie liegt in ihrer holistischen Sicht auf die historische Gewordenheit makroregionaler institutioneller Zusammenhänge. Und die Transnationalisierungsforschung sensibilisiert uns für Neukonfigurationen lokaler Bezugssysteme im Internationalisierungsprozess.

Um soziale Ungleichheitsverhältnisse, Machtrelationen und die Dispositionen kollektiver Akteure besser in Betracht ziehen zu können, erscheint es erstens wichtig, die analytischen Kategorien transnationaler Forschung weiter zu spezifizieren. Das Verständnis von Raum als Zusammenwirken von Symbolen, Artefakten und sozialen Praktiken kann genauso als Schritt in diese Richtung betrachtet werden, wie die Unterscheidung zwischen Referenz-, Analyse- und Maßeinheiten. Eine zweite Herausforderung liegt in der weiteren empirisch basierten Auseinandersetzung mit Transnationalisierungsentwicklungen im Einklang mit dem hier entwickelten Begriffsverständnis. Eine dritte Aufgabe zukünftiger Forschung findet sich in der Etablierung eines systematischen Verständnisses interner Strukturen und Prozesse transnationaler Bezugseinheiten und ihrem Verhältnis zu nicht-transnationalen Bezugseinheiten. Und schließlich bedürften auch die Forschungsmethoden der Transnational Studies einer Weiterentwicklung, die sie für diese spezifischen Herausforderungen (weiter-)qualifiziert (vgl. Tab. 2).

Es erscheint wichtig zu bemerken, dass die internationale Konstellation sich durch die Etablierung von immer mehr grenzüberschreitenden Bezügen fortwährend weiter verdichtet. Wie etwa Quack (2006: 65) betont, vernachlässigt der Vergleich unverbundener Entwicklungspfade die Bedeutung von Transfers und Interaktionen innerhalb grenzüberschreitender Konstellationen. Gleichzeitig erschiene es aber ebenfalls fatal, die Bedeutung des Nationalstaats auf die einer „nützlichen Illusion" (Schroer 2006: 179) zu reduzieren. Die zahlreichen Beispiele explizit national gerahmter Politik (wie z. B. Wohlfahrtsstaaten, Zölle oder Einwanderungsgesetze) zeigen, dass Nationalstaaten als politische Akteure

Tab. 2 Drei Typen internationaler Forschung. (Quelle: Eigene Darstellung)

	International vergleichend	Welt System Forschung	Transnationale Forschung
Referenzeinheit	Nationalstaaten/ National-gesell-schaften	Weltsystem, ganzer Globus	Grenzübergreifende pluri- locale Sozial-räume
Dominante Analyseeinheit	Soziale Klassen, Werte, Zentrum- Peripherie		Biografien, Familien, Organisationen, Institu-tionen, Indetität
	Institutionen, Identität	Strukturen sozialer Klassen, Werte, etc.	
Dominante Maßeinheit	Individuen, Haushalte, Rituale, Texte, Praktiken	Waren- und Informationsflüsse, Organisationen	Individuen, Haushalte, Rituale, Warenflüsse, etc.

innerhalb eines spezifischen Territoriums heute mehr sind als eine imaginierte Handlungsgrundlage. Eine Fundamentalkritik des Methodologischen Nationalismus erscheint uns daher als stark übertrieben. Vor dem Hintergrund anhaltender Ungleichheiten, die die Beziehungen zwischen den Ländern des Globalen Nordens und des Globalen Südens weiterhin prägen, können auch Beiträge aus dem Bereich der Weltsystemanalyse helfen, eine reflexive Forschungsagenda zu entwickeln.

4   Fazit

Anschließend an eine Übersicht zeitgenössischer Ansätze zur Untersuchung internationaler Phänomene haben wir die spezifischen epistemologischen Differenzen zwischen Methodologischem Nationalismus und Kosmo-Globalismus untersucht. Wir haben festgestellt, dass eine Kritik des Methodologischen Nationalismus allein die anstehenden Herausforderungen einer Agenda zur Erforschung internationaler Phänomene nicht erfassen kann. Statt als eine unidirektionale Globalisierungsentwicklung stellt sich die soziale Wirklichkeit vielmehr als Ausdifferenzierung lokaler, regionaler, nationaler, supra- und transnationaler *sowie* globaler Bezüge dar. Solange nationale Prägekraft auf Staatenebene fortwirkt, besteht also auch eine Notwendigkeit nationaler und international vergleichend ausgerichteter Forschungsdesigns. Ein *Aufgeklärter Methodologischer Nationalismus,* der den Nationalstaat als eine Referenzeinheit unter verschiedenen versteht, könnte hierbei als epistemologische Basis dienen.

Mit Blick auf die Weiterentwicklung der Transnational Studies erkennen wir vier perspektivische Herausforderungen:

Zuerst erscheint es essenziell für die Entwicklung transnationaler Forschung die Rahmung zu schärfen und angemessene Untersuchungseinheiten der Analyse transnationaler Phänomene zu spezifizieren (wobei die Themenfelder soziale Ungleichheit, Machtbeziehungen und kollektive Akteure von besonderer Bedeutung sind). Es erscheint dazu angebracht hervorzuheben, dass nicht eine Fokussierung auf transnationale Beziehungen im Allgemeinen, sondern auf transnationale soziale Einheiten als relativ dichte und beständige Konfigurationen von transnationalen sozialen Praktiken, Symbolen und Artefakten notwendig ist. Die Unterscheidung zwischen Analyseeinheiten, Referenzeinheiten und Forschungseinheiten kann als Beitrag zu diesem Thema betrachtet werden.

Eine zweite Sicht auf transnationale Forschung ist das Vorhaben der empirisch basierten Untersuchung aktueller Entwicklungen der Transnationalisierung in Bezug auf eine enge Definition, wie in diesem Kapitel erläutert wurde.

Eine dritte zukünftige Aufgabe der Transnational Studies kann in der systematischen Betrachtung der internen Strukturen und Prozesse transnationaler sozialer Einheiten, genauso wie des Zusammenhangs transnationaler und nicht-transnationaler Formen der Analyseeinheiten, identifiziert werden. Besondere Bedeutung bekommt dies in Bezug auf die Reflexion der sich verändernden Rolle des Nationalstaates.

Literatur

Anderson, B. (1983). *Imagined communities*. New York: Verso.

Arluke, A., & Sanders, C. (Hrsg.). (2009). *Between the species: A reader in human-animal relationships*. Boston: Pearson Education.

Barnett, M., & Weiss, T. G. (2011). *Humanitarianism contested*. London: Routledge.

Basch, L., Schiller, N. G., & Blanc, C. S. (1994). *Nations unbound. transnational projects, postcolonial predicaments, and deterritorialized nation-states*. Amsterdam: Gordon & Breach.

Bayer, M., Mordt, G., Terpe, S., & Winter, M. (Hrsg.). (2008). *Transnationale Ungleichheitsforschung. Eine neue Herausforderung für die Soziologie*. Frankfurt a. M.: Campus.

Beck, U. (2004). *Der kosmopolitische Blick*. Frankfurt a. M.: Suhrkamp.

Beck, U. (2008). *Die Neuvermessung der Ungleichheit unter den Menschen*. Frankfurt a. M.: Suhrkamp.

Berger, P., & Weiß, A. (Hrsg.). (2008). *Die Transnationalisierung sozialer Ungleichheit*. Wiesbaden: VS Verlag.

Blumer, H. (1969). *Symbolic Interactionism*. New Jersey: Prentice-Hall.

Bourdieu, P. (1985). *Sozialer Raum und „Klassen"*. Frankfurt a. M.: Suhrkamp.

Butler, J. (1993). *Bodies that matter*. London: Routledge.

Calhoun, C. (2003). The class consciousness of frequent travellers. In D. Archibugi (Hrsg.), *Debating cosmopolitics*. London: Verso.

Castells, M. (1996). *The rise of the network society*. Cambridge: Blackwell.

Castells, M. (1998). *The information age*. Cambridge: Blackwell.

Ehrenreich, B., & Hochschild, A. (Hrsg.). (2002). *Global woman*. London: Granta Publications.

Einstein, A. (1960). Vorwort. In M. Jammer (Hrsg.), *Das Problem des Raumes. Die Entwicklung der Raumtheorien* (S. xii–xvii). Darmstadt: Wissenschaftliche Buchgesellschaft.

Elias, N. (2004). *Was ist Soziologie?*. München: Juventa.

Esping-Andersen, G. (2002). *Why we need a new welfare state*. New York: Oxford University Press.

Faist, T., & Ette, A. (2007). *The Europeanization of national policies and politics of immigration: Between autonomy and the European union*. Houndmills: Palgrave Macmillan.

Giddens, A. (1990). *The consequences of modernity*. Cambridge: Stanford University Press.

Goldring, L. (1997). Power and status in transnational social spaces. In L. Pries (Hrsg.), *Soziale Welt* (S. 179–196, Sonderband 12, „Transnationale Migration"). Baden-Baden: Nomos.

Goldthorpe, J. (1997). Current issues in comparative macro-sociology. *Comparative Social Research, 16*, 1–26.

Gosztonyi, A. (1976). *Der Raum: Geschichte seiner Probleme in Philosophie und Wissenschaft* (Bd. 2). Freiburg: Alber.

Gregory, D., & Urry, J. (Hrsg.). (1985). *Social relations and spatial structures*. Basingstoke: Macmillan.

Hall, P. A., & Soskice, D. (2001). *Varieties of capitalism*. Oxford: Oxford University Press.

Harraway, D. (1991). *Simians, cyborgs and women*. New York: Routledge.

Harvey, D. (1990). Between space and time. *Annals of the Association of American Geographers, 80,* 418–434.

Hauser-Ditz, A., Hertwig, M., Pries, L., & Rampeltshammer, L. (2010). *Transnationale Mitbestimmung? Zur Praxis Europäischer Betriebsräte in der Automobilindustrie.* Frankfurt a. M.: Campus.

Hertwig, M., Pries, L., & Rampeltshammer, L. (Hrsg.). (2009). *European works councils in complementary perspectives*. Brussels: Etui.

Hobsbawm, E. H. (1996). *The age of extremes*. New York: Vintage Books.

Kohler-Koch, B., & Eising, R. (Hrsg.). (1999). *The transformation of governance in the European union*. London: Routledge.

Kohler-Koch, B., & Larat, F. (Hrsg.). (2009). *European multi-level governance*. Cheltenham: Elgar.

Kohn, M. (1987). Cross national research as an analytic strategy. *American Sociological Review, 52,* 713–731.

Lewis, M. W., & Wigen, K. E. (1997). *The myth of continents*. Berkeley: University of California Press.

Luhmann, N. (1984). *Soziale Systeme*. Frankfurt a. M.: Suhrkamp.

Lutz, H. (Hrsg.). (2008). *Migration and domestic work*. London: Ashgate.

Marcus, G. E. (1995). Ethnography in/of the world system. *Annual Review of Anthropology, 24,* 95–117.

Offe, C. (2005). *Reflections on America* Cambridge: University Press.

Pries, L. (2001a). The disruption of social and geographic space. *International Sociology, 16,* 55–74.

Pries, L. (Hrsg.). (2001b). *New transnational social spaces*. London: Routledge.

Pries, L. (2008). *Die Transnationalisierung der sozialen Welt*. Frankfurt a. M.: Suhrkamp.

Pries, L. (2011). Ambiguities of global and transnational collective identities. *Global Networks, 11*(4), 22–40.

Quack, S. (2006). Die transnationalen Ursprünge des deutschen Kapitalismus. In V. Berghahn & S. Vitols (Hrsg.), *Gibt es einen deutschen Kapitalismus?*. Frankfurt a M.: Campus.

Quack, S., & Djelic, M. (Hrsg.). (2010). *Transnational communities*. Cambridge: University Press.

Robertson, R. (1992). *Globalization: Social theory and global culture*. London: Sage.

Sassen, S. (1991). *The global city: New York, London, Tokyo*. Princeton: Princeton University Press.

Sassen, S. (2001). Cracked casings. Notes towards an analytics for studying transnational processes. In L. Pries (Hrsg.), *New transnational social spaces*. London: Routledge.

Sassen, S. (2006). *Territory, authority, rights*. Princeton: Princeton University Press.

Schiller, N. G. (2012). Transnationality, migrants and cities: A comparative approach. In N. G. Schiller et al. (Hrsg.), *Beyond methodological nationalism: Research methodologies for cross-border studies* (S. 23–40). London: Routledge.

Schroer, M. (2006). *Räume, Orte, Grenzen*. Frankfurt a. M.: Suhrkamp.

Seeliger, M. (2012). *Mitbestimmung zwischen Klassenkampf und Sozialpartnerschaft. Erwerbsregulierung im Volkswagenkonzern zwischen Südafrika und Deutschland*. Münster: Westfälisches Dampfboot.

Simmel, G. (1983). *Soziologie des Raumes*. Reprinted In H. J. Dahme & O. Rammstedt (Hrsg), *Simmel, Schriften zur Soziologie*. Frankfurt a. M.: Suhrkamp. (Erstveröffentlichung 1903).

Toynbee, A. J. (1934–1954). *A study of* history. Vols. *I–X*. Edited in two shortened and authorized volumes by D. C. Somervell (1947 and 1957), reprint 1987, London: Oxford University Press.

Wallerstein, I. (1979). *The capitalist world-economy*. Cambridge: Cambridge University Press.

Warf, B., & Arias, S. (2008). *The spatial turn*. London: Routledge.

Webster, E., Lambert, R., & Beziudenhout, A. (2008). *Grounding globalization*. Oxford: Blackwell.

Wimmer, A., & Glick Schiller, N. (2002). Methodological nationalism and beyond. *Global Networks, 2*, 301–334.

Ambivalenzen der Gegenbewegung. Internationale Erwerbsregulierung zwischen Einbettung und Kommodifizierung

1 Einleitung

Seit den 1970er Jahren ist die Globalisierung den Gewerkschaften zur unhintergehbaren Rahmenbedingung geworden. Ihrer strategischen Neuorientierung widmet sich seit einigen Jahren das Forschungsfeld der Global Labor Studies (GLS), dessen Vertreter Möglichkeit und Notwendigkeit eines neuen Arbeiterinternationalismus zu begründen suchen. Als wichtiges Bezugselement dient hierbei unter anderem der Ansatz des ungarisch-österreichischen Historikers Karl Polanyi.

Als Klassiker der Politischen Ökonomie hat Polanyi (2001) in seinem Hauptwerk ‚The Great Transformation' (TGT) beide Dimensionen wirtschaftlichen Handelns, seine materielle Basis sowie seine ideologische Inspiration, vom Beginn des 19. Jahrhunderts bis zum zweiten Weltkrieg in ihrer spezifischen Wechselwirkung untersucht. Die sozioökonomische Entwicklung der Gesellschaft erfolgt aus seiner Sicht als historisches Wechselspiel zwischen der Loslösung des Marktes aus seiner institutionellen Einbettung sowie der Reaktion einer Gegenbewegung, die zum Schutze der Gesellschaft vor den zerstörerischen Kräften des Marktes neue Regeln etabliert.

Bezogen auf die Gegenwart erscheint die Globalisierung von Wirtschaft und Gesellschaft vor allem seit den 1970er Jahren als erneute Welle der Marktentbettung (Munck 2004). Aus Sicht der GLS geht es für die Gewerkschaften daher um Erhalt und Ausbau von Gestaltungsmacht in einer zunehmend entgrenzten Ökonomie. Zum Ausgangspunkt nimmt der vorliegende Aufsatz eine Beobachtung von Cotton und Gumbrell-McCormick (2012: 1), die in der Literatur zu grenzüberschreitender Gewerkschaftsarbeit eine „Untertheoretisierung" erkennen. Aus Sicht der GLS stellt Polanyis Konzept der Gegenbewegung eine geeignete Heuristik dar,

M. Seeliger, *Verhandelte Globalisierung,*
https://doi.org/10.1007/978-3-658-26372-0_4

gewerkschaftliche Internationalisierung als historisch-systematische Reaktion der Gesellschaft auf die neoliberale Globalisierung nationaler Arbeitsmärkte zu verstehen (Webster et al. 2008).

Der folgende Text befasst sich mit der Frage, inwiefern die Rezeption im Feld der GLS als Grundlage eines tragfähigen Konzeptes zum Verständnis gewerkschaftlicher Internationalisierung dienen kann. Am Beispiel zweier internationaler Initiativen zur De-Kommodifizierung von Arbeit – der Charta der Arbeitsbeziehungen im Volkswagenkonzern sowie der Diskussion um einen Europäischen Mindestlohn – begründe ich meinen Vorschlag dreier Prämissen für die zukünftige Untersuchung grenzüberschreitender Gewerkschaftspolitik: einen handlungstheoretischen Fokus, eine wissenssoziologische Rahmung und einen mehrdimensionalen Raumbezug. Die Hinzuziehung komplementärer Theorieelemente soll so ein besseres Neben einem besseren Verständnis internationaler Gewerkschaftsarbeit Verständnis transnationaler Gewerkschaftspolitik ermöglichen.

2   Konzeptionelle Rahmung – Polanyi und die arbeitspolitischen Implikationen der Globalisierung

2.1   Polanyis „The Great Transformation"

„Some books refuse to go away. They get shot out of the water by critics but surface again and remain afloat." In seiner Besprechung von TGT hat Charles Kindlberger (1974: 45) dessen Entwicklungsgeschichte bereits vor über vier Jahrzehnten antizipiert. Denn die Einsichten, die Polanyi unter dem Eindruck des Zweiten Weltkriegs über den zerstörerischen Charakter kapitalistischer Märkte gewann, lassen sich auch auf zeitgenössische Entwicklungen wirtschaftlicher Globalisierung beziehen (Block/Somers 2014). An der Schnittstelle von Sozialanthropologie, Wirtschaftsgeschichte und Politischer Ökonomie bearbeitet Polanyi die vorher vor allem von Émile Durkheim und Max Weber aufgeworfene Frage nach der gesellschaftlichen Einbettung kapitalistischer Märkte.

Ausgehend von der Kritik eines ‚ökonomistischen Fehlschlusses' neoliberaler Wirtschaftstheorien zeigt Polanyi, wie Leistungserstellung und Güterverteilung nicht allein über den Markt, sondern unter vielfältigeren institutionellen Bedingungen organisiert sind. Kapitalistische Modernisierung vollzieht sich dabei als Wechselspiel einer Privilegierung des Marktes als dominanter Institution (Entbettung) und einer anschließenden Relativierung (Wiedereinbettung). Als Gegenstand dieser Entwicklung identifiziert Polanyi den Umgang mit drei

Objekten, die er als fiktive Waren bezeichnet: Arbeit, Land und Geld. Diese würden nicht originär nicht für den Verkauf auf dem Markt produziert, sondern ihren Warencharakter erst im Wege einer sozialen Zuschreibung gewännen. Dass Menschen Arbeit als sinnstiftende Daseinsvorsorge in stofflicher wie sozialer Auseinandersetzung mit ihrer Umgebung betreiben, stellt, so Polanyi, eine historische Konstante dar. Und mehr noch, wie Rosa (2016: 394) herausstellt, bedeutet Arbeit subjektiv eine „primäre Form der menschlichen Weltbeziehung" und somit einen „Konstitutionsgrund für die Sozialität und Gesellschaftlichkeit des Menschen". Beginnen die Menschen jedoch damit, Arbeit als Ware auf einem Markt zu (be) handeln, droht diese Arbeit ihren Gebrauchswert zu verlieren. Die zunehmend vermarktlichte Gesellschaft unterhöhlt die Fundamente ihrer eigenen Sozialität.

Aus diesem Grund ruft die *Kommodifizierung* der fiktiven Waren historisch immer wieder Gegenkräfte auf den Plan. Aus seiner holistischen Perspektive auf Wirtschaft und Gesellschaft erscheint soziale Ordnung unter kapitalistischen Bedingungen für Polanyi als genuin prekäres Resultat sozialer und politischer Kämpfe. Seit dem 19. Jahrhundert sind zwei Wellen der Entbettung des Marktes durch die Entfaltung sozialer Schutzmechanismen komplementiert, d. h. de-kommodifiziert, worden. Diese Sequenz institutionellen Wandels bezeichnet Polanyi als Gegenbewegung *(Countermovement)*.

Die Reform der Armengesetze, die die Kopplung des Mindesteinkommens an den Brotpreis aufhob, sowie die Privatisierung ruraler Gebiete trieben die englischen Arbeiter ab Ende des 18. Jahrhunderts zur Migration in die Städte. Unter dem politischen Druck der industrialisierten Arbeiterklasse vor allem im Anschluss an die Wirtschaftskrise der frühen 1870er gelang es dort, Gesetze zur Regulierung des Arbeitsmarktes zu erwirken. Die Kommodifizierung der fiktiven Ware Arbeit rief hierbei eine Gegenbewegung hervor, deren Emergenz Polanyi als regional gebunden erscheint. So erfolgt die ursprüngliche Gründung von Gewerkschaften zu dieser Zeit aus den Erfahrungszusammenhängen lokaler Arbeitermilieus (Kocka 2015).

Eine zweite Entbettungsbewegung vollzog sich durch die Auflösung des Goldstandards. Die ökonomischen Folgen volatiler Wechselkurse erhöhten den Druck auf die Arbeiterklasse nach dem ersten Weltkrieg. Anders als im Fall der ersten Wiedereinbettung formiert sich die politische Reaktion auf die Kommodifizierung des Geldes zunächst auf der nationalen Ebene. Resultate der Gegenbewegung erkennt Polanyi in Roosevelts New Deal-Politik, aber auch im Stalinismus und Faschismus. Mit der Etablierung des Bretton Woods-Systems im Anschluss an den zweiten Weltkrieg lassen sich jedoch auch erste Anzeichen einer internationalen Gegenbewegung erkennen. Aus den fatalen Folgen des Faschismus als Resultat der Umsetzung liberaler Ideologie zog er als Resümee seiner

Untersuchung den Schluss, dass diese die selbstzerstörerischen Kräfte der Gesellschaft nie wieder in größerem Ausmaß würde mobilisieren können.

Doch hier irrte Polanyi. Denn seit den wirtschaftlichen Turbulenzen der Ölkrise zu Beginn der 1970er Jahre hat die (Re-)Kommodifizierung von Arbeit, Land und Geld im internationalen und (im Rahmen der Finanzkrise 2008 ff. sogar globalen) Maßstab neue Ausmaße angenommen. In Bezug auf den Arbeitsmarkt schlägt sich diese Entwicklung nicht nur, aber vor allem in den hochindustrialisierten Ländern in einem mehrfachen Unterbietungswettbewerb nieder, in dem nicht nur Individuen, Betriebe und Unternehmen, sondern sogar ganze Regionen, Länder und Kontinente in Wettbewerb miteinander gesetzt werden. Entsprechende Ideologien schlagen sich unter neoliberalen Bedingungen neben der subjektiven Ebene eines „unternehmerischen Selbst" (Bröckling 2007) auch in der politischen Alltagskultur einer „Marktsozialdemokratie" (Nachtwey 2009) oder gesamtgesellschaftlich in Form eines „Neuen Geist des Kapitalismus" (Boltanski/Chiapello 2006) nieder. Eine zusätzliche Schwächung erfährt die gewerkschaftliche Linke in diesem arbeitspolitischen Rückzugsgefecht durch eine graduelle Unterhöhlung demokratischer Steuerungsformen (Seccarecia 2012). Diese zeigt sich etwa im Bereich der industriellen Beziehungen auf nationaler Ebene (Brinkmann/Nachtwey 2014) und in der Austeritätspolitik des IWF in Lateinamerika sowie der Troika in der EU (Schulten/Müller 2013).

Der folgende Abschnitt rekonstruiert, wie die Frage nach der Emergenz einer Gegenbewegung im Bereich der GLS aufgenommen und erörtert worden ist.

2.2   Zur Rezeption Polanyis im Feld der GLS

Internationale Gewerkschaftsarbeit stellt eine Reaktion auf die Globalisierung der Wirtschaft dar. Ausgehend von einem Verständnis von Gewerkschaften als Interessenorganisationen abhängig Beschäftigter, lässt sich deren Aufgabe als Organisierung aller Lohnabhängigen auf einem bestimmten Arbeitsmarkt begreifen. Wenn die Grenzen dieses Marktes nun (etwa durch Outsourcing oder Arbeitsmigration) einen größeren Umfang gewinnt, wächst damit auch der gewerkschaftliche Organisationsbereich. Während sich die Etablierung internationaler Arbeitsmarktinstitutionen (wie etwa in der EU) bislang als wenig effektiv erweist (vgl. Schäfer/Streeck 2008), findet die Untersuchung der Potenziale internationalen Gewerkschaftshandelns seit einigen Jahren im sich neu formierenden Feld der GLS statt (Bieler et al. 2015). Die folgende Darstellung legt den Schwerpunkt auf einer Rekonstruktion von Beiträgen aus dem Feld, welche sich direkt und in umfassender Form auf Polanyi beziehen.

Statt, so die Kritik dieser Ansätze, das Ausbleiben einer Replikation korporatistischer Muster auf internationaler Ebene zu kritisieren, richtet die weiter oben als programmatischer Optimismus vorgestellte Forschungsperspektive der GLS einen „focus on agency, on labour as an active maker of spatial fixes', rather than simply a passive victim of the logic of capital" (Webster 2010: 384).

Die spezifische Herausforderung internationaler Gewerkschaftsarbeit erkennen Fairbrother et al. (2013: 3) hierbei in ihrem Mehrebenencharakter und der sich hieraus ergebenden Heterogenität der beteiligten Organisationen und ihren nationalen und sektoralen Hintergründen:

> „While ,spatial extension' appears to be a defining feature of transnational trade unionism, it is also a place for cooperation between trade unions as well as a site of potential conflict and competition."

Mit Müller et al. (2004: 287) stellt sich aus sozialwissenschaftlicher Sicht also die Frage „nach den strukturellen und akteursbezogenen Voraussetzungen einer arbeitspolitischen Regulierung ,jenseits des Nationalstaats'." Die von Ulrich Beck (2000) „auf programmatische Weise formulierte Handlungsaufforderung, sich transnational [zu] erfinden", bedeutet vor diesem Hintergrund, sich auf die Suche nach „konkrete[n] Utopien einer transnationalen Solidarität" zu begeben, „die über den am nationalen Handlungskontext orientierten momentanen Pragmatismus der Gewerkschaften hinaus gehen" (Müller et al. 2004: 29).

Dass die Internationalisierung der Wirtschaft durch eine Entbettungsbewegung im Polanyi'schen Sinne komplementiert wird, ist prinzipiell keine ganz neue Idee. Aus Sicht einer politischen Soziologie internationalen Wirtschaftens stellt sich demnach die Frage, wie genau eine solche Gegenbewegung aussehen könnte (Dale 2010: 208). Hierzu ließ sich im Verlauf der letzten Jahre eine Reihe von Positionen vernehmen. So erkennt etwa Nobelpreisträger Joseph Stiglitz (2001: VII) Im Vorwort zur englischen Ausgabe von TGT entsprechende Ansätze in den Riots von Seattle und Prag um die Jahrtausendwende. Als Gegenstand ähnlicher Interpretationen rückte im Laufe der letzten Jahre auch die Europäische Union in den Fokus verschiedener Arbeiten (allerdings mit widersprüchlichen Befunden): Während Caporaso und Tarrow (2009) Anzeichen einer kommenden Wiedereinbettung des EU-Arbeitsmarktes in der Rechtsprechung des europäischen Gerichtshofes erkennen, identifiziert etwa della Porta (2015) die Proteste gegen die Austeritätspolitik der Troika als Bestandteile einer neu entstehenden Gegenbewegung.

Vor dem Hintergrund globalisierter Arbeitsmärkte verfolgen die GLS eine Forschungsagenda, an deren erster Stelle die Begründung einer Möglichkeit und Notwendigkeit internationaler Gewerkschaftspolitik steht. Während Vertreter der Vergleichenden Politischen Ökonomie (Höpner/Schäfer 2012) vor allem die nationalen Differenzen betonen, die grenzüberschreitende Kooperation gewerkschaftlicher Interessenorganisationen verhindern, fokussieren Arbeiten aus dem Feld der GLS Prozesse grenzüberschreitender Organisierung mit besonderem Augenmerk auf gewerkschaftliche Handlungskapazitäten (Borrmann et al. 2015).[1]

In ihrer Bestandsaufnahme zur wissenschaftlichen Perspektive erkennt Caspersz (2010: 395) einen „unconsicous bias toward the positive in GLS". Da Studien aus diesem Bereich häufig Fälle zum Gegenstand haben, in den internationale gewerkschaftliche Zusammenarbeit als gelungen gerahmt wird (vgl. Pries/Seeliger 2013), lässt diese Tendenz auch als Resultat einer bestimmten forschungslogischen Rahmung interpretieren: Wer die Voraussetzungen von Handlungsfähigkeit nachweisen möchte, tut dies mit hoher Wahrscheinlichkeit anhand von Fällen, in denen diese gegeben war.[2] Vor diesem Hintergrund lässt sich die Epistemologie der GLS mit dem Begriff eines *programmatischen Optimismus* charakterisieren.

Die Resonanz, die der Ansatz Polanyis im Feld der GLS ausgelöst hat, speist sich, ganz im Sinne dieses programmatischen Optimismus, aus dem historischen Motiv der Gegenbewegung, die in seiner Rekonstruktion auf Wellen der Entbettung des Marktes gefolgt ist. Dies lässt anhand einiger Beispiele illustrieren:

Aus einer Perspektive auf die Entwicklung von Arbeit in der Automobilindustrie zeigt Silver (2005), wie geografische Verlagerungen der Produktion zwar kurzfristigen Lohndruck ausüben, aber mittelfristig eine „Transformation des Kräftegleichgewichts der Klassen" (ebd.: 211) in den jeweiligen Ländern bedingen konnten. Diese Entwicklung im Sinne von TGT interpretierend schließt Silver (2005: 36): „Wenn wir die heutigen Globalisierungsprozesse durch Polanyis analytische Brille betrachten, so ist ein neuer Schwung des Pendels zu erwarten." Ähnlich erkennen auch Webster et al. (2008: VII). Ihrer vergleichenden Betrachtung dreier Fälle lokalen Widerstands von Belegschaften gegen den internationalen Standortwettbewerb eine Tendenz zur Entstehung einer Gegenbewegung im Polanyi'schen Sinne:

---

[1]Besonders optimistische Erwägungen finden sich hierzu bei Evans (2010: 354) und Gumbrell-McCormick/Hyman (2013), aus deren Sicht sich gerade die interne Diversität internationaler gewerkschaftlicher Zusammenhänge diesen ein besonders breites Handlungsrepertoire eröffnet.

[2]Siehe hierzu die Bände von Fairbrother et al. (2013), Bieler und Lindberg (2010), Bieler et al. (2015) sowie Papadakis (2011) oder Bormann et al. (2015). Erkenntnisfortschritt im Feld der GLS wird häufig in Form von Herausgeberschaften dokumentiert, die zu einem Großteil aus der Bündelung solcher Positiv-Befunde bestehen.

„But, just as Polanyi anticipated that the Pendulum would swing against unregulated markets, our findings detect a similar shift from market fundamentalism towards the need to protect society and the environment against an unregulated market."

Und in ihrer Analyse grenzüberschreitender Zusammenarbeit nationaler Gewerkschaftsorganisationen aus Ost- und Westeuropa im Zuge der europäischen Integration gelangt auch Gajewska (2009: 183) zu dem Schluss, dass „[g]rowing transnational solidarity among the trade unions can be conceptualized as a part of the counter-movement against the internationalization of market relations."

Eine Grundannahme einer an Polanyi anschließenden Forschungsperspektive der GLS stellt also die Emergenz einer Gegenbewegung zur neoliberalen Globalisierung als dritter Entbettungswelle dar. An diese Form der Konzeptionierung gewerkschaftlichen Engagements formuliert der folgende Abschnitt einer Reihe kritischer Fragen.

2.3   Die Polanyi-Adaption der GLS auf dem Prüfstand

Mit ihrer Epistemologie eines *programmatischen Optimismus* folgen Arbeiten aus dem Bereich der GLS einer Interpretation der Konzepte Polanyis, die Diskussionsbedarf an mindestens drei Stellen hervorruft.

Ein erster Punkt ergibt sich aus der retrospektiven Sichtweise Polanyis. So gewinnt dieser seine spezifischen Erkenntnisse über die Dynamiken von Wirtschaft und Gesellschaft, ähnlich wie aktuell unter dem Label des historischen Institutionalismus laufende Arbeiten (z. B. Skocpol 1979), aus der Analyse langer geschichtlicher Entwicklungslinien. Während Polanyi die Entstehung dieser Gegenbewegungen in zwei Fällen hat nachweisen können, ergibt sich für deren zukünftige Emergenz keinerlei zwingende Notwendigkeit, sodass er „nicht als Zeuge dafür aufgerufen werden [kann], daß Märkte, weil sie Steuerung ,brauchen', deshalb auch irgendwie sozialverträgliche Steuerung hervorbringen werden" (Streeck 1998: 391, siehe auch Block 2008: 2). Die Entstehung einer solchen Gegenbewegung untersuchen die GLS also nicht als historisch abgeschlossene Sequenz, sondern – günstigenfalls – als *history in the making*.

Ein zweiter Kritikpunkt richtet sich auf die Abwesenheit einer (mikro-)soziologischen Theorie klassenpolitischer Mobilisierung aus den Arbeiten Polanyis (vgl. Webster et al.: 2008: X). Es ist zu vermuten, dass sich diese perspektivische Einschränkung aus dem wissenschaftlichen Kontext seiner Zeit ergibt: So erschien TGT 1944 fast zwei Jahrzehnte vor der Erstveröffentlichung von ,The Making of the English working class', in dem E.P. Thompson (1987) erstmals rekonstruiert, wie politische Subjektivität aus dem lebensweltlich verankerten Alltags-handeln der Lohnabhängigen entsteht. Mit ihrem fallstudienbasierten Fokus auf gewerkschaftlicher Handlungs- und Mobilisierungsfähigkeit setzen die GLS eine Ebene tiefer an.

Ein dritter Punkt ergibt sich schließlich aus der sozialräumlichen Rahmung von Gegenbewegung in TGT. Die politischen Ambitionen zur Wiedereinbettung des Marktes werden von Polanyi dezidiert als regionale und vor allem nationale Projekte dargestellt (bestes Beispiel ist der Hitler-Faschismus). Nun ließe sich argumentieren, dass es eben solche Projekte sind, die Anhänger von PEGIDA, AfD oder auch der Front National in den letzten Jahren vermehrt auf die Straße, bzw. an die Wahlurne bringen. Die Suche nach Gegenbewegungen findet aus Sicht der GLS gemäß dem Selbstverständnis nun aber keineswegs im nationalen Rahmen, sondern vielmehr im Raum zwischen dem Lokalen, dem Nationalen und dem Globalen statt (Pries 2008). Dass die Unterschiede zwischen länder-spezifischen Kulturräumen und Produktionssystemen und die hiermit einher-gehenden Akteurskonstellationen die Mobilisierung einer Gegenbewegung im internationalen Maßstab erlauben, kann daher keineswegs als ausgemacht gelten.

Nun ist die politische Ambivalenz der Gegenbewegung vermutlich durch nie-manden deutlicher herausgestellt worden als Polanyi selbst. Denn indem er den Aufstieg des Faschismus aus der internationalen Entbettung des Marktes in der Zeit zwischen den Weltkriegen ableitet, macht er die Annahme, dass eine Gegenbewegung auch regressive Kräfte umfassen kann, zum Basisaxiom seiner Geschichtstheorie. Einen spontanen, unstrukturierten und heterogenen Charakter der Gegenbewegung betont auch Thomasberger (2012: 23). In der jüngst im Zusammen-hang von Globalisierung und Arbeit zugenommenen Rezeption von Polanyis Werk durch Vertreter der GLS erkennt Burawoy (2015: 128) einen „falschen Optimismus" im Hinblick auf die Kapazitäten einer internationalen Gegenbewegung.

Ob der *programmatische Optimismus,* mit dem Arbeiten aus dem Bereich der GLS die mögliche Emergenz einer Gegenbewegung im Polanyi'schen Sinne untersuchen nun falsch oder gerechtfertigt ist, soll an dieser Stelle nicht konzep-tionell, sondern empirisch beantwortet werden. Anschließend an die dargestellten Kritikpunkte unterbreitet der folgende Abschnitt ein theoretisch-begriffliches Instrumentarium.

2.4   Wie untersucht man die mögliche Emergenz einer Gegenbewegung?

Wenn sich also möglicherweise eine Gegenbewegung zur globalen Entbettung des Arbeitsmarktes als Sequenz institutionellen Wandels vollzieht,, in dem sich die Gesellschaft als Reaktion auf die Kumulation von ‚Entbettungsproblemen‘ neu justiert, wie sollen wir sie dann erforschen? Der hier unterbreitete Vorschlag unterscheidet sich von Polanyis Epistemologie insofern, als dass es hier – gewissermaßen eine Ebene tiefer – nicht um die Emergenz eines Countermovements auf der Makroebene, sondern um die soziale Konstruktion derjenigen politischen Kräfte geht, die seine Entstehung auf der Meso- und Mikroebene bedingen. Der Fokus auf das Feld der Gewerkschaftspolitik zieht hierbei einen der wesentlichen Bezugsrahmen in Betracht. Der hier unterbreitete Vorschlag umfasst drei Referenzpunkte: Ein Ansatz, der Potenziale einer Gegenbewegung Polanyi'schen Typs herausarbeiten kann, muss handlungstheoretisch, wissenssoziologisch und mit einem räumlich mehrdimensionalen Referenzrahmen operieren.

a) Handlungstheoretischer Fokus

Bei seiner Analyse der historischen Pendelbewegung zwischen Kommodifizierung und Wiedereinbettung nimmt Polanyi eine rückwärtsgewandte Perspektive auf anderthalb Jahrhunderte gesellschaftlicher Entwicklung ein. Während seine Retrospektive (sowie die Abwesenheit einer ausgearbeiteten Theorie klassenpolitischer Mobilisierung) Polanyi jene Kohärenz im Umgang mit dem von ihm verwendeten Datenmaterial ermöglicht, die er zur Fundierung seines methodologischen Holismus benötigt, erfordert die Untersuchung der (möglichen) Emergenz gesellschaftlicher Gegenbewegungen eine andere forschungslogische Rahmung. Verstehen wir die Emergenz einer internationalen Gegenbewegung als Voraussetzung einer dekommodifizierung von Arbeit im globalen Maßstab, ergibt sich die Notwendigkeit eines handlungstheoretischen Zugangs. Mit dem Fokus auf internationale Gewerkschaftszusammenarbeit erfolgt die Analyse hier als handlungstheoretische Rekonstruktion klassenpolitischer Mobilisierung (Brinkmann et al. 2008).

b) Wissenssoziologische Rahmung

Wie Burawoy (2003: 230) in Auseinandersetzung mit TGT konstatiert, ist die Voraussetzung für eine kollektive Mobilisierung ein geteiltes Erlebnis der Marktintegration. Während Polanyis Aufmerksamkeit hier der Emergenz einer Gegenbewegung unter Aspekten makrosozialen Wandels gilt, ergibt sich jedoch die Notwendigkeit einer genaueren Berücksichtigung derjenigen sozialen Prozesse, welche ihre politischen Träger zum Widerstand motivieren. Wenn, so Burawoy (ebd.), die Emergenz einer Gegenbewegung „the experience of the market that can appeal to all classes" (ebd.) voraussetzt, ergibt sich handlungstheoretischer Anknüpfungspunkt aus der Traditionslinie einer Sozialwissenschaft, die mit Weber (1956) und Schütz (1932) den „subjektiven Sinn" sozialen Handelns zu verstehen sucht. Anschließend an Meyer (2008: 521 f.) sollen damit „the processes and conditions by which a particular spatially and historically

embedded social field defines what counts as knowledge and truth" zum
Gegenstand einer hermeneutischen Rekonstruktion werden. Aus phänomeno-
logisch-konstruktivistischer Sicht gilt es damit, diejenigen Konsequenzen zu verstehen, die die beteiligten Akteure als Resultate ihres Handelns antizipieren. Mit
Beckert (2016) lassen sich diese Antizpationen als ‚fictional expectations' verstehen. Indem Akteure gemeinsam Szenarien über eine wahrscheinliche und/oder
erstrebenswerte Zukunft entwerfen, gewinnen sie politische Handlungsfähigkeit.

c) Mehrdimensionaler Raumbezug
Die Globalisierung des Arbeitsmarktes ist nicht nur durch ihre weltumspannenden Auswirkungen, sondern auch dadurch charakterisiert, dass die
konkreten Effekte auf lokale Produktionsverhältnisse von Ort zu Ort variieren. Im
Sinne Polanyis bezieht sich diese Varianz sowohl auf die Modi der Ent- als auch
der Wiedereinbettung. Dass Liberalisierung von Land zu Land unterschiedliche
Formen annehmen kann (Höpner et al. 2011), gilt hier genauso wie die Unter-
schiedlichkeit nationaler Gewerkschaftskulturen (Frege/Kelly 2013).

Um die (Nicht-)Emergenz einer internationalen Gegenbewegung verstehen
und erklären zu können, ist es daher wichtig, verschiedene Raumbezüge im
Forschungsdesign zu berücksichtigen. Geboten erscheint hierbei die Bemühung
von drei kombinierbaren Referenzrahmen. Während eine *international* vergleichende Sicht Unterschiede zwischen länder- (oder auch regional-)spezifischen
Settings offenbart, klärt die Berücksichtigung der Eingebundenheit der jeweiligen
Länder in das *kapitalistische Weltsystem* (Wallerstein 2004) über makroregionale
Segmentierung des globalen Arbeitsmarktes auf. Während die ersten beiden
Dimensionen vor allem auf die institutionelle Ebene der abheben, fokussiert drittens eine handlungs- und akteurszentrierte Perspektive auf *transnationale* Pro-
zesse zwischen den lokalen Bezugseinheiten.

Die forschungspraktische Umsetzung dieser drei Punkte zeigt im nächsten
Abschnitt die Analyse der beiden Fälle.

3   Fallauswahl und methodische Rahmung

Mit der Einführung der Charta der Arbeitsbeziehungen und der Diskussion um
die Forderung nach einem europäischen Mindestlohn werden zwei Fälle untersucht, in denen Gewerkschaftsvertreter im internationalen Rahmen Strategien
zur Dekommodifizierung von Arbeit als Reaktion auf die Globalisierung von
Erwerbsverhältnissen zu etablieren versucht haben. Wenn, so die im Anschluss
an die genannten Beiträge aus dem Feld der GLS, der globalisierungsinduzierte
Standortwettbewerb den Druck auf die Arbeiter im nationalen Rahmen erhöht,

ließe sich hier mit einer Gegenbewegung auf internationaler Ebene rechnen. Während die Dekommodifizierung im Falle der Mindestlohns über die Einführung einer Untergrenze für den Preis erfolgt, zu dem Arbeit am Markt gehandelt werden darf, funktioniert die Reduktion des Warencharakters im Falle der Charta über die Gewährung von Mitbestimmungsrechten an die Beschäftigten des VW-Konzernes. Die Auswahl der untersuchten Länder (Deutschland und Südafrika sowie Schweden, Ungarn und Polen) spiegelt die Breite der politökonomischen Heterogenität unter den jeweils beteiligten Ländern – innerhalb der EU zum Zeitpunkt der Untersuchung 28 Mitgliedsstaaten und im VW-Konzern an 63 VW-Standorten. Im Einklang mit den oben angestellten theoretischen Erwägung ergeben sich vor den jeweiligen nationalen Hintergründen divergierende Einschätzung über die de-kommodifizierende Wirkung der jeweils angestrebten Regulierungsinitiativen.

Die hierzu verwendeten Daten stammen aus zwei Forschungsprojekten, eines zum internationalen Transfer von Mitbestimmungspraktiken im Volkswagenkonzern (Datenerhebung im Winter 2010/2011; 16 Interviews mit Management, betrieblicher Vertretung und Gewerkschaft in beiden Ländern) und eines zu gewerkschaftlicher Positionsbildung in der europäischen Tarifpolitik (Datenerhebung Winter 2013 bis Herbst 2014; insgesamt 88 Interviews mit Vertretern nationaler und europäischer Gewerkschaftsorganisationen; hiervon werden im Folgenden nur die mit direktem Bezug zur beschriebenen Konstellation einfließen).

4   Emergenz einer Gegenbewegung? Empirische Befunde

4.1   Die Charta der Arbeitsbeziehungen – Mitbestimmung zwischen Klassenkampf und Sozialpartnerschaft

Mit der Ende 2007 verabschiedeten ‚Strategie 2018', die ein für das folgende Jahrzehnt einen Anstieg des Absatzes auf 11. Mio. Einheiten pro Jahr und eine Umsatzrendite von 10 % vor Steuern vorsieht, verfolgt VW derzeit ein äußerst ambitioniertes Wachstumsprojekt. Effizienzsteigerung plant man hierbei vor allem durch die Einführung einer Baukastenstrategie, mit deren Hilfe sich über 50 Fahrzeugen der A0-, A- und B-Klassen auf Basis derselben Module produzieren lassen. Eine solche grenzüberschreitende Koordination des Produktionsprozesses strebt Volkswagen auch im Feld der Mitarbeiterführung an. Mit der ‚Charta der

Arbeitsbeziehungen im Volkswagenkonzern‘[3] plant das Unternehmen die Einführung von Maßnahmen der Arbeitnehmerpartizipation an den Auslandsstandorten, die ihrer Form nach stark am deutschen Betriebsratsmodell orientiert sind.
Dieser Abschnitt beschreibt den Versuch des Institutionentransfers vom deutschen
auf den südafrikanischen Standort.

Als „liebenswerte Variante der real existierenden Marktwirtschaften" (Hassel
2006: 200) lässt sich die bundesrepublikanische Wirtschaftsordnung als „stakeholder capitalism" (Morgan/Quack 2000: 4) beschreiben,

> „where obligations to employees, suppliers and customers are part of the context
> within which overall firms performance is judged."

Die Konstellation im Feld der deutschen Arbeitsbeziehungen beruht auf den Institutionen der Tarifautonomie und der Mitbestimmung. Im zweiten Fall lassen
sich die Pfadsetzungen auf Gesetze zur Einfriedung kommunistisch-sozialis-
tischer Ambitionen unter den deutschen Arbeitern im Anschluss an die beiden
Weltkriege interpretieren. Das Betriebsverfassungsgesetz sowie die Einrichtung
der Aufsichtsratsmitbestimmung dienten als tragende Säulen einer sozialpartner-
schaftlichen Orientierung von Kapital und Arbeit, die über das Zeitalter des For-
dismus hinaus bis in die Gegenwart hineinreicht.

Als „intermediärer Grenzinstitution" (Fürstenberg 1958) im Spannungsfeld
von Gewerkschaft, Unternehmensleitung und Delegschaft kommt dem Betriebs
rat im Rahmen des deutschen Modells eine vermittelnde Rolle zu. Neben
Innovationsgewinnen für Unternehmen verdeutlicht der spezifisch deutsche Weg
des Konzessionsmanagements in der Wirtschaftskrise 2008 f, wie Betriebsräte
– z. B. über den Einsatz von Leiharbeit oder Öffnungsklauseln – lokale Wett-
bewerbsfähigkeit zu gewährleisten helfen. Der unternehmens- (und damit gegenüber der Gewerkschaft oder der Klasse als ganzer häufig selbst-)zentrierte Fokus
betriebsrätlicher Vertretungsarbeit brachte dem deutschen System die Kritik einer
Kultivierung betrieblicher Egoismen ein (Deppe 2012).

Verglichen mit der deutschen Sozialpartnerschaft lässt sich die Konstellation
im Feld der südafrikanischen Arbeitsbeziehungen als antagonistisch bezeichnen.
Denn während das Land zwar als stabilste Demokratie des Kontinents gilt und
im makroregionalen Rahmen eine ökonomische Vorreiterrolle einnimmt, verweist

---

[3]Vollständig abrufbar unter http://www.imfmetal.org/files/09110418063266/BR-Charta_
Arbeitsbeziehungen-13%2008-csc-engl2.pdf (Abruf: 13.04.16).

ein Gini-Koeffizient von 0,68 im Jahr 2010 auf die materiellen Ursachen massiver sozialstruktureller Spannungen.

Aushandlungen zwischen Kapital und Arbeit sind auch über zwei Jahrzehnte nach Aufhebung der Rassentrennung geprägt von einer historischen Konstellation betrieblicher Wertschöpfung, die von Holdt (2003) auf den Begriff des ‚Apartheid Workplace Regime' bringt. Die Konstruktion schwarzer, weißer und farbiger Identitäten ereignet(e) sich hier in einem komplexen Wechselspiel aus staatlichen sowie firmenpolitischen Maßnahmen und betrieblichen Praktiken. Gleichzeitig folgt auch die zentralistische Struktur der südafrikanischen Gewerkschaften einer Kontinuität, die ins Zeitalter der Apartheid zurückreicht. Die bis heute anhaltenden Effekte dieser Formation beschreiben Webster et al. (2009: 19) als „low trust, low levels of skill, a reluctance to identify with the goals of the enterprise and, above all, the persistence of the racial division of labour that characterised apartheid."

Seit den frühen 1990ern erkennt Buhlungu (1999: 111) die vermehrte Einführung partizipationsorientierter Managementstile, die neben einer generellen Demokratisierungstendenz in der politischen Kultur des Landes auch auf strategische Absichten des Kapitals zurückzuführen sind. In Bezug auf die Automobilindustrie bemerken dies auch auch Webster et al. (2009: 20):

„Employers adapted to this new environment by restructuring production, establishing new patterns of work organisation and relocating production units. These human resource management initiatives include quality circles, teamwork, productivity-linked wages, profit sharing and performance-based rewards."

Anders als in Deutschland lässt sich unter den südafrikanischen Vertretern eine kritischere Haltung erkennen. Neben der starken sozialistischen, teilweise kommunistischen Orientierung der südafrikanischen Gewerkschaften liegt dies außerdem in den historischen Konflikten einer mehrheitlich schwarzen Arbeiterschaft mit dem weißen Kapital begründet.

Das Geschäftsmodell des Volkswagenkonzerns beruht vor allem im Stammland Bundesrepublik auf der Einbeziehung der betrieblichen Vertretung (und so mittelbar auch der Gewerkschaft) in die Gestaltung des Produktionsprozesses. In der proaktiven Mitbestimmungspolitik des Betriebsrats erkennt Haipeter (2000: 387; Herv. i. O.) im Betriebsrat ein „wichtiges aktives *Element im Angebots-, Kosten und Innovationsmanagement*". Diese kooperative Haltung verdeutlicht sich im folgenden Zitat eines Vertreters bei Dauskart und Oberbeck (2009: 246): „Also der Betriebsrat hat ein Interesse an der wirtschaftlichen Ausrichtung, weil er genauso weiß, wie jeder andere auch, wenn man nicht wirtschaftlich ist, hat

man keine Zukunftsperspektive." Dass das Volkswagengesetz der Arbeitnehmer-
bank im Aufsichtsrat besonderen Einfluss einräumt, verschafft dem Betriebsrat
Handlungsspielräume, die dieser in den letzten Jahren nicht nur zum Einfluss auf
die Steuerung des Unternehmens, sondern auch zur Ausweitung dieser Kompe-
tenz auf die Arbeitnehmervertretung an den Auslandsstandorten hat nutzen können.

Die Charta der Arbeitsbeziehungen stellt hierbei einen weiteren Meilenstein
einer Entwicklung dar, die von der Einrichtung eines Europäischen und eines
Weltkonzernbetriebsrats im Laufe der 1990er Jahre über die Verabschiedung
verschiedener Rahmenvereinbarungen zum Arbeitsschutz und ähnlichem reicht
(Widuckel 2004). Die Internationalisierung der Produktion, so ließe sich resümieren, soll bei VW durch die Internationalisierung von Arbeitnehmervertretung
und Mitbestimmung komplementiert werden; Speidel (2005) spricht in diesem
Zusammenhang auch von einer „mitbestimmten Globalisierung".

Mit der Einführung der Charta verbinden der deutsche Betriebsrat und die IG
Metall drei arbeitspolitische Ziele, die im Polanyi'schen Sinne zu einer De-Kom-
modifizierung von Arbeit im VW-Konzern beitragen. Als partizipatorisches
Modell räumt sie den Beschäftigten erstens zusätzliche Kontrolle über ihre eigene
Arbeit ein und reduziert, im marxistischen Sinne, die Entfremdung im Arbeits-
prozess. Zusätzlich zu diesen subjektiven Auswirkungen erhöht die Einführung
institutionalisierter Partizipation auch den politischen Einfluss der Arbeiter im
Unternehmen nicht nur offiziell, wie etwa beim legalen Einfluss auf die Human
Resource-Aktivitäten, sondern auch inoffiziell als Gegenstand möglicher Koppel-
geschäfte.

Gleichzeitig zielt die Politik des Betriebsrats auf die Mobilisierung zusätz-
licher Effizienzreserven im Unternehmen. Diese ergeben sich vor allem vor
dem Hintergrund des durch die jüngeren Internationalisierungsentwicklungen
gestiegenen Koordinationsaufwandes innerhalb des Konzerns. Wenn, so die
Idee, die Einführung partizipatorischer Elemente Abstimmungsverläufe im
Produktionsprozess erleichtern und Streiks reduzieren können, komplementiert
die Umsetzung der Charta auch die Strategie 2018.

Mit seiner Gesamtproduktion von ca. 110.000 Einheiten bei ca. 5000 Mit-
arbeitern im Jahr 2010 trägt der 1948 eröffnete Standort hierzu lediglich einen
geringen Teil bei. Während dem südafrikanischen Uitenhage innerhalb des
VW-Produktionsnetzwerk damit lediglich eine periphere Position zukommt, reichen die Beziehungen internationaler Zusammenarbeit zwischen der IG Metall
und dem Betriebsrat auf der einen und der lokalen Metallgewerkschaft NUMSA
sowie dem 1979 eingerichteten Shop Steward Council bereits fast vier Jahrzehnte
zurück (Bolsmann 2007; Seeliger 2012). Nicht zuletzt auf Initiative der deutschen

Vertreter hin wurde bereits 1982 mit den „Fabrik-Komitee" eine dem Betriebsrat ähnliche Vertretungsstruktur eingeführt, dessen tatsächliche Partizipationsrechte jedoch hinter den Einflussmöglichkeiten seines deutschen Pendants zurückblieben (Doleschal/Dombois 1982: 368).

Die Einführung partizipationsorientierter Produktionskonzepte ist bei Volkswagen South Africa vonseiten der Gewerkschaft äußerst kritisch begleitet worden. Während Optimierungsmaßnahmen wie Qualitätszirkel seit den späten 1980er Jahren an der Tagesordnung sind, stößt die Idee eines co-manageriellen Vertretungsstils sowohl aufseiten der NUMSA als auch unter den Mitgliedern des Shop Steward Councils auf Ablehnung. „Co-Determination", so erläutert ein Vertreter, bedeute für die NUMSA „to be sleeping in one bed with the enemy." Diese Position führt ein anderer NUMSA-Kollege weiter aus: „The official NUMSA policy is that we would not support co-determination in our plants. [...] Mainly, because we say, we can't support the creation of too complicated structures at plant level."

Auf die Frage nach ihrer politischen Einschätzung des co-manageriellen Vertretungsstils des deutschen Betriebsrats äußern eine entsprechende Ablehnung auch die befragten Shop Stewards. Nicht die proaktive Einmischung in die Konzernpolitik, sondern eine reaktive Etablierung von Gegenmacht, stelle die Aufgabe der Gewerkschaft dar.

> „But as NUMSA our understanding is that a trade union is reactionary in nature. You will never have a trade union that is having programs that is in the forefront. Because as a trade union you always react to what has been given to you."

Aus diesem Grund, so der befragte Vertreter weiter, habe er nach seiner Wahl zum Shop Steward auch seine Position als Leiter einer Arbeitsgruppe in der Produktion aufgegeben:

> „My conscience told me that, it was not gonna be easy to serve two masters. To me, this was like to betray the union. Because, you can't carry the agenda of the employer and at the same time you carry the mandate of the workers. It's two contradicting issues."

Eben diese Politiklinie kritisiert ein deutscher Betriebsrat mit folgenden Worten:

> „Wenn Du so eine Politik fährst, wie wir sie jetzt gerade diskutiert haben, und Du sagst, „unter welchen Bedingungen kann ich eigentlich ein Auto nach Südafrika bekommen?", dann musst Du natürlich ein Stück weit einen Produktivitätspakt eingehen. Da musst Du sagen: „Wie kann ich eigentlich das Auto günstiger machen?

Wie kann ich die Produktivität intelligent gestalten?" Nicht zum Nachteil der Leute,
die sollen nicht schneller, oder länger arbeiten. Aber wie kann ich Effizienz aus der
Produktion rausholen? Wo kann ich Arbeit, die überflüssig ist, minimieren? So dass
das Auto letztendlich günstiger gemacht werden kann. Diesen Weg zu gehen, ist
natürlich auch für uns teilweise schwer."

In der Unternehmensleitung erkenne die NUMSA derweil „ein klares Feindbild".
Komplementiert wird diese Perspektive durch eine ähnlich kritische Sichtweise
der Konsequenzen des co-manageriellen Vertretungsstils durch einen der NUM-
SA-Repräsentanten:

> „And although with the works council representatives, we used to suspect that they
> are more looking at the interest of the company than of the union."

Indem sie die Interessen ihrer Kollegen auf Betriebsebene verträten, verlören
diese jedoch die Arbeits- und Lebensbedingungen der Klasse als ganzer aus
dem Blick. Aufgabe einer sozialistischen Vertretungspolitik sei es hingegen,
die Arbeiter zu organisieren und möglichst allgemeine Interessen zu verfolgen.
So begründet der befragte Vertreter auch die autoritäre Haltung, die die zentrale
Gewerkschaft gegenüber den lokalen Shop Steward Councils einnimmt: „And we
feel that it is important we push a progressive political line and we make sure
that all the members, whether they like it or not, follow the political line." Die
Privilegierung vergleichsweise hoch qualifizierter und gut bezahlter Arbeiter bei
den Endherstellern verlagere nicht nur den Kostendruck auf die hinteren Glie-
der der Wertschöpfungskette. Die zunehmende Heterogenität in den Arbeits- und
Beschäftigungsbedingungen erschwere auch die Organisierung der Arbeiterklasse
insgesamt.

Die Vertreter beider Länder schätzten die Folgen partizipationsorientierter
Produktions- und Beschäftigungsmodelle keineswegs einhellig, sondern vor dem
Hintergrund nationaler Erfahrungshintergründe äußerst unterschiedlich ein. Im
vertretungspolitischen Ansatz der NUMSA werden Probleme betrieblicher Wertschöpfung explizit als Probleme des Managements und nicht der Arbeitnehmer
benannt. Mitbestimmung bewirkt dann aus Sicht der südafrikanischen Gewerk-
schafter keine De-Kommodifizierung, sondern das Gegenteil, nämlich stärkere
Integration in den Produktionsprozess und damit effektivere Ausbeutung. Der
Warencharakter der Arbeitskraft wird aus dieser Sicht nicht eingedämmt, sondern sogar weiter zugespitzt. Diese Auffassung ergibt sich jedoch nicht allein
aus dem antikapitalistischen Ansatz, sondern auch aus der Organisationsstruktur
der NUMSA, die eine Übertragung von Entscheidungskompetenz an die

betriebliche Ebene als klassenpolitische Schwächung versteht. Was von deutscher Seite aus als Möglichkeit zur demokratischen Gestaltung des Arbeitsprozesses wahrgenommen wird, stellt für die Kollegen in Uitenhage eine Zumutung dar.

4.2 Die Auseinandersetzung um den europäischen Mindestlohn

Als verbindliche Untergrenze für den Preis von Arbeit in einem bestimmten (d. h. regional, national oder sektoral segmentierten) Markt stellen Mindestlöhne in den Mitgliedsstaaten der EU ein verbreitetes politisches Instrument zur Regulierung des Arbeitsmarktes dar. Bei der Ausgestaltung lässt sich erstens bezüglich des Modus' der Festlegung (gesetzlich/tarifvertraglich) und zweitens hinsichtlich ihrer Reichweite (universell/sektoral) unterscheiden (Schulten 2014).

Nachdem Konzepte zur Einführung einer europäischen Lohnuntergrenze bereits seit den 1980er Jahren diskutiert werden, gewinnt die aktuelle Debatte ihre Programmatik in den 2005 von Thorsten Schulten und anderen (2005) formulierten „Thesen für eine europäische Mindestlohnpolitik". Hier fordern die Autoren eine Orientierung nationaler Lohnuntergrenzen in der Höhe von 50 % (und perspektivisch 60 %) der jeweiligen Medianlöhne. Da die EU, im Feld der Lohnfindung über keinerlei Kompetenzen verfügt (Lissaboner Vertrag Art. 153, Abs. 5), richtet sich die Forderung an die Regierungen der Mitgliedsländer und wird für die jeweiligen Gewerkschaften als Framing-Angebot verfügbar (Seeliger 2015).

Aus der wirtschafts- und sozialwissenschaftlichen Fachdiskussion lässt sich eine Reihe von Argumenten ableiten, die aus gewerkschaftlicher Sicht für eine Europäische Mindestlohnregelung sprechen. Eine Eindämmung des Niedriglohnsektors könnte hier zum einen zu einer allgemeinen Verbesserung der Lebensbedingungen der europäischen Arbeiter beitragen und internationalen Standortwettbewerb abschwächen (Rycx/Kampelmann 2012). Zweitens könnte so auch der Druck auf die nationalen Tarifsysteme gelindert werden, der durch einen häufig sinkenden Organisationsgrad der nationalen Gewerkschaften entsteht. Drittens könnte eine solche Lohnuntergrenze nicht nur als Sockelwert für Initiativen gewerkschaftlicher Lohnkoordinierung fungieren, sondern auch als Argument gegen zukünftige Kürzungsambitionen genutzt werden, wie sie jüngst im Rahmen der durch die Troika induzierten Austeritätspolitik verfolgt wurden. Schließlich lässt sich außerdem eine generelle Stärkung der europäischen Verhandlungsebene antizipieren. Das gemeinsame Streben nach einem europäischen

Mindestlohn würde, mit Vaughan-Whitehead (2010: 529) „also represent an important symbolic move, giving substance to Social Europe."

Die Diskussion um die Einführung eines europäischen Mindestlohns zeichnet sich durch einen „high degree of polarization" (Furaker und Selden 2013: 513) zwischen verschiedenen nationalen Positionen aus. Eine klare Interessendivergenz besteht hier zwischen Gewerkschaften aus Ländern mit allgemeingültigen, und Ländern mit branchenspezifischen Lohnuntergrenzen. Zur Darstellung dieser Konfliktkonstellation erfolgt die Rekonstruktion der Debatte unter Bezug auf die Beteiligung von Gewerkschaften aus Polen und Ungarn auf der einen, und Schweden auf der anderen Seite.[4] Die besondere tarifliche Situation in den Ländern aus Mittel- und Osteuropa ergibt sich aus der geringen lohnpolitischen Regulierung des Arbeitsmarkts (Bernaciak et al. 2014: 38). Die Abkehr von zentralistischen Steuerungsformen im Staatssozialismus ging einher mit einer zunehmenden Fragmentierung der Tarifsysteme. Oberhalb einer im europäischen Vergleich geringen Lohnuntergrenze vollzieht sich die Lohnfindung in Polen vor allem auf betrieblicher Ebene (Polakowski 2013) und auch in Ungarn beschränken sich branchenweite Abschlüsse auf einige Sektoren (Girndt 2013).

Als „verhandlungsorientiertes Modell" (Förster et al. 2014: 10) weist das schwedische Setting der Arbeitsbeziehungen derweil einen hohen Grad tarifpolitischer Institutionalisierung auf. Bemerkenswert erscheint hierbei jedoch die weitgehende Abwesenheit des Staates in der Lohnfindung. Das sogenannte ‚Rehn-Meidner-Modell' folgte den stark zentralisierten Tarifverhandlungen zwischen den Gewerkschaften und Arbeitgebern des Exportsektors, welcher dann für die übrigen Segmente der schwedischen Wirtschaft verallgemeinert wurde. Einer zunehmenden Sektoralisierung der Tarifverhandlungen zum Trotz zeichnet sich dieses Modell auch heute noch im nationalen Lohnspektrum ab (Svensson 2013).

Als wesentliche Rahmenbedingungen in den drei Ländern lassen sich die tarifliche Deckungsrate, der gewerkschaftliche Organisationsgrad und die gegenwärtige Wirksamkeit einer gesetzlichen Mindestlohnregelung unterscheiden (vgl. Tab. 1).

Die Diskussion im Rahmen des Europäischen Gewerkschaftsbundes bringt die Referenz an einen europäischen Mindestlohn erstmalig im Jahr 2007 in einem offiziellen Dokument zum Ausdruck: Im Sevilla-Manifest, das die Positionen

---

[4]Als Gegner eines solchen Vorschlags lassen sich neben den Organisationen aus den anderen skandinavischen Ländern auch die Verbände aus Österreich und Italien identifizieren. Unterstützung findet der Vorschlag hingegen vor allem unter den meisten Organisationen Süd- und Osteuropas sowie den belgischen und englischen Gewerkschaften.

Tab. 1 Rahmendaten zu den Tarifsystemen der untersuchten Länder. (Quelle: Eigene Darstellung)

	Tarifliche Deckungsrate (%)	Gewerkschaftlicher Organisationsgrad (%)	Gesetzlicher Mindestlohn
Schweden	88	70	–
Polen	25	12	2,21 EUR
Ungarn	33	12	1,95 EUR

des EGB-Kongresses aus dem Jahr 2007 zusammenfasst. fordert man „Kampagnen zur Erhöhung von Mindestlöhnen und reale Lohnerhöhungen für die Arbeitnehmer in Europa" als Punkt, in dem man „in die Offensive gehen" (EGB 2007) möchte. Hieran anschließend verabschiedete man auf dem Athener Kongress des EGB 2011 einen Kompromiss, der auf einer Anfang Februar 2012 in Kopenhagen durchgeführten Winterschule festgehalten wurde:

> „The ETUC recommends that where it exists the effective national minimum wage should be at least equal to 50% of the average wage or 60% of the median wage. ETUC actively supports its affiliates in their actions to gradually reach this goal, in accordance with their national circumstances. Countries which have already achieved this goal should aim for a more ambitious target" (EGB 2012: 8).

Trotz dieser nominellen Einigung, welche sich auch in der Dokumentation des Pariser Kongresses von 2015 (EGB 2015) wiederfindet, wurde das hiermit verbundene Ziel einer gemeinsamen Kampagne unter Federführung des EGB bisher nicht in die Tat umgesetzt. Mit Dufresne (2014) lässt sich dieser Umstand auf die oben beschriebene Blockadekonstellation innerhalb des EGB zurückführen. Diese wird im Folgenden genauer darzustellen sein.

Eine grundlegende Orientierung an der Zielsetzung eines europäischen Mindestlohns beschreibt ein Vertreter des größten ungarischen Gewerkschaftsverbandes MSZOSZ:

> „Also, von unserer Seite, wir stehen für einen europäischen Mindestlohn. Oder, ich glaube, was eher realistisch ist, die Prinzipien oder den Grundsatz des europäischen Mindestlohns."

Eine ähnliche Position äußert auch der interviewte Kollege von der polnischen OPZZ. Die Notwendigkeit einer solchen Lohnuntergrenze ergibt sich aus seiner Sicht aus der schwachen Position seiner Organisation im Rahmen der polnischen Arbeitsbeziehungen:

> „In Poland, having such uncivilized labor relations or employers being very hostile
> to trade unions, not in a position to negotiate better wages. We are simply very much
> in a hostile situation, we wish to have a kind of umbrella minimum protection given
> by the law. That's the general policy behind it."

Eine allgemeine Ablehnung der Regelung durch die schwedischen Gewerkschaften spricht gleichzeitig aus einer Broschüre, die der Verband LO zur Darstellung des eigenen Tarifsystems herausgibt:

> „There is no statutory minimum wage. There is actually no legislation stipulating
> that wages should be paid at all. Collective agreements and individual contracts are
> the only ways to define how much a worker should be paid for the work performed"
> (The Swedish Trade Union Confederations 2011).

Diese Einstellung wird in der tarifpolitischen Praxis von allen drei schwedischen
Verbänden aus einer Reihe von Gründen geteilt. Zum einen, so ein Vertreter der
LO, wirke sich, dies habe sich historisch gezeigt, die Einmischung des Staates
mit hoher Wahrscheinlichkeit negativ auf die Lohnentwicklung aus.

Eine weitere Befürchtung, in diesem Fall geäußert durch einen Kollegen des
Dachverbandes TCO, liegt in einem möglichen Bedeutungsverlust der Gewerkschaften begründet: „It would not solve the problems for the trade unions. Rather
the opposite, it would make them redundant." Die gesetzliche Festlegung einer
Lohnuntergrenze minimiere folglich den Anreiz für die Arbeiter, sich gewerkschaftlich zu organisieren.

Ein dritter Einwand ergibt sich schließlich aus einem Bedürfnis nach nationaler Autonomie. Einem Vertreter der TCO zu Folge ist die Frage der Lohnfindung
subsidiär zu verhandeln:

> „We are not telling the Germans how to do it. We are not telling the Greek or Spa
> nish how to do it. Every country can do it in its own fashion. We are not against that.
> We are not even against a minimum wage."

Mit ähnlicher Deutlichkeit findet sich diese Auffassung auch in der Darstellung
eines LO-Repräsentanten:

> „I think, it is to the heart of the labor movement, that we don't want legislation in
> Sweden and absolutely not in Brussels. That is the core-thing in our system. That
> wages is something for the organizations on the labor market. […] You don't want
> Brussels to have too much power. We want to keep a lot of things to the Swedish".

Das Abstimmungsproblem zwischen den nationalen Vertretern bringt ein Mitarbeiter des EGB auf den Punkt: „The dilemma is to advance without endangering the good functioning collective bargaining systems." Die Auseinandersetzung im Rahmen der europäischen Verbände beschreibt einer der polnischen Kollegen als stark geprägt durch einen Mangel an Ressourcen und Sprachkenntnissen unter den osteuropäischen Vertretern:

> „So […] our branch resources are under-resourced and understaffed. People don't speak foreign languages, they don't have any possibility to play any role in international structures."

Deren Anliegen, so der Tenor der Interviews, seien besonders vor diesem Hintergrund ungleich schwieriger zu vertreten als die Interessen ihrer nord- und westeuropäischen Kollegen. Die effektive Umsetzung der Kampagne für den Mindestlohn werde – trotz eines nominellen Beschlusses – blockiert durch die Vertreter der nordischen Gewerkschaften. Diese Blockadehaltung beschreibt schließlich auch einer der LO-Repräsentanten:

> „The moment someone in a capacity as an ETUC official has a say that the ETUC supports the European minimum wage, we will do our best to sack that person. Because that person will work directly against our interest. We do not want intervention in our wage issues."

Der folgende Absatz fast die Ergebnisse der empirischen Untersuchung zusammen.

4.3 Zusammenfassung der Ergebnisse

Ausgangspunkt der vorliegenden Überlegungen war die Rezeption von Polanyis TGT im Feld der GLS. Aus Sicht der GLS, die unter Bedingungen fortschreitender wirtschaftlicher Globalisierung gewerkschaftliche Gestaltungschancen im grenzüberschreitenden Rahmen untersuchen, stellen die vorgestellten Fälle mögliche Bestandteile einer Gegenbewegung im Polanyi'schen Sinne dar. Unter Bezug auf Polanyis Theorie wie deren Rezeption habe ich gezeigt, inwiefern die Adaption von Polanyis Theorie forschungslogische Herausforderungen in dreierlei Hinsicht mit sich bringt. Da die retrospektive Sicht in TGT nicht auf die Untersuchung der möglichen Emergenz einer Gegenbewegung in der Gegenwart ausgerichtet ist, erfordert eine Übertragung des Konzeptes ins

Feld der GLS eine handlungstheoretische Wendung von Polanyis historisch-institutionalistischem Ansatz.

Während beide untersuchte Initiativen (die Charta der Arbeitsbeziehungen sowie der europäische Mindestlohn) zwar auf nomineller Ebene als Outcomes internationaler Vertretungspolitik betrachtet werden können, offenbart die handlungstheoretische Perspektive auf ihre konkrete Umsetzung erhebliche Mängel: Weder der Institutionentransfer im Volkswagenkonzern, noch die Aufnahme einer prominenten (oder zumindest wahrnehmbaren) Kampagne des EGB für einen europäischen Mindestlohn können die Akteure, entgegen ihrer formalen Beschlüssen, in die politische Praxis überführen.

Ein zweiter Punkt der Kritik an der Polanyi-Rezeption im Feld der GLS richtet sich auf die Abwesenheit einer Theorie klassenpolitischer Mobilisierung in TGT. Während sich diese Mobilisierung im Verlauf der ersten beiden Gegenbewegungen im regionalen, bzw. nationalen Rahmen vollzogen hat, stellt die Etablierung und Umsetzung gemeinsamer politischer Positionen internationale Gewerkschaftsarbeit vor noch größere Herausforderungen. Die Folgen der beiden Projekte zur Dekommodifizierung von Arbeit nehmen die lokalen Interessenvertreter höchst unterschiedlich wahr. Um zu verstehen, welche Hürden die Entwicklung gemeinsamer Positionen verhindern, erscheint es als unerlässlich, klassenpolitische Mobilisierung aus wissenssoziologischer Perspektive als Prozess gemeinsamer Sinnkonstruktion zu verstehen.

Angesichts realer institutioneller Unterschiede wie etwa der arbeitsrechtlichen Situation in den Ländern oder der Höhe des gewerkschaftlichen Organisationsgrades erschöpft sich die Erklärung einer solchen Perspektivenvielfalt nicht in einer simplen konstruktivistischen Rekonstruktion. Im Hinblick auf ein Verständnis der Auswirkungen solcher Rahmenbedingungen wurde drittens für eine Berücksichtigung mehrdimensionaler Raumbezüge argumentiert. Während der *internationale* Vergleich Differenzen in den Beweggründen von Akteuren sichtbar macht, die im *transnationalen* Kontext Institutionen zur De-Kommodifizierung von Arbeitskraft zu etablieren suchen, hilft eine *weltsystemtheoretische* Rahmung der Perspektive, Machtungleichheiten innerhalb der Konstellation im größeren Rahmen wahrzunehmen. Im Polanyi'schen Sinn sind die internen Dynamiken einer Gegenbewegungen zur globalen Entbettung des Arbeitsmarktes zwar als ambivalent, allerdings keineswegs als kontingent zu betrachten. Vielmehr weisen beide untersuchten Fälle ein eindeutiges Zentrum-Peripherie-Motiv auf. So werden die jeweils untersuchten Initiativen von Akteuren aus den Kernländern initiiert, bzw. verhindert, deren Überlegenheit sich zum einen aus ihrer besseren Ressourcenausstattung und zum anderen aus historischen Etabliertenvorrechten ergibt, die sie im Verhältnis zu ihren Kollegen aus der Peripherie inne haben.

Gleichzeitig, und dies zeigt sich vor allem im Fall der Charta, stehen lokale Vertreter der Peripherie den Vorhaben ihrer Kollegen aus den Kernländern keineswegs vollkommen machtlos gegenüber.

Statt sowohl die Charta der Arbeitsbeziehungen als auch den Europäischen Mindestlohn a priori als Bestandteil einer Gegenbewegung zur neoliberalen Globalisierung zu betrachten, offenbart die hier unterbreitete Perspektive nicht nur die Schwierigkeiten, die eine reduktionistische Rezeption Polanyis in den GLS mit sich bringt. Gleichzeitig unterbreitet sie mit der Kombination der drei skizzierten Zugänge ein Instrumentarium zur Untersuchung der Frage, ob (und ggf. wie) eine solche Gegenbewegung sich tatsächlich im Entstehen befindet.

5   Fazit und Ausblick

Die Globalisierung des Arbeitsmarktes stellt vor allem seit der zweiten Hälfte des 20. Jahrhunderts die zentrale Herausforderung gewerkschaftlicher Interessenvertretung dar. Um die Auswirkungen dieser Entwicklung auch über den Tag hinaus angemessen verstehen zu können, hat die Sozialwissenschaft eine Reihe makrotheoretischer Ansätze entwickelt, die das Verhältnis von Wirtschaft und Gesellschaft im historischen Längsschnitt interpretieren.

Dass die Emergenz einer Gegenbewegung im Polanyi'schen Sinn, anders als dies Teile der GLS implizieren mögen, keineswegs als ausgemacht gelten kann, bedeutet im Umkehrschluss nicht prinzipiell, dass wir auf ihre Entstehung vergeblich warten: Anhand der dargestellten Fälle habe ich zur Lösung dieser Probleme drei Elemente einer Forschungsperspektive vorgestellt, mit deren Hilfe sich soziale Konstruktion der Gegenkräfte, welche als Protagonisten der möglichen einer solchen Gegenbewegung Emergenz untersuchen lässt. Den Optimismus der GLS in allen Ehren haltend, zielt das vorgeschlagene Instrumentarium als Beitrag zu einer *programmatischen Sensibilität*, die geboten erscheint, um der von Gumbrell und McCormick (2012) diagnostizierten Untertheoretisierung entgegenzuwirken. Mit Blick auf die Anwendung von Polanyis Ansatz auf die Internationalisierung gewerkschaftlicher Vertretungspolitik als Teil einer Gegenbewegung zur neoliberalen Globalisierung lassen sich abschließend eine Reihe perspektivischer (Forschungs-)Fragen formulieren.

Eine erste Frage richtet sich auf die sozialräumliche Orientierung der Gegenbewegung. Während die GLS deren Emergenz im grenzüberschreitenden Rahmen untersuchen möchten, verortet Polanyi die politische Mobilisierung zur Wiedereinbettung des Marktes auf regionaler bzw. nationaler Ebene. Eine ähnliche Tendenz zeigt sich empirisch auch im Fall des europäischen Mindestlohns: Während die osteuropäischen Vertreter das politische Ziel einer Stärkung der EU-Regulierungsebene anstreben, lehnen die schwedischen Vertreter entsprechende Kompetenzverlagerungen aus Angst um ihr nationales Tarifsystem ab. Dieser Befund bewegt sich durchaus im Einklang mit älteren Erkenntnissen der Verbändeforschung, wie z. B. Logue's (1980: 21) These, dem zu Folge „[t]he degree of trade union control over its national environment the less likely it is to undertake international activity to achieve its members' goals." Die Kultivierung eines „institutionellen Nationalismus" (Streeck 1995) wird heute nicht zuletzt durch die populistische Bewegung am rechten Ende des politischen Spektrums vorangetrieben. Unter dem Eindruck anhaltenden Standortwettbewerbs sollten sich die GLS daher, und dies im klassischen Polanyi'schen Sinne, mit der Emergenz nationaler statt internationaler Gegenbewegungen auseinandersetzen.

Dass die Verfolgung institutionell-nationalistischer Strategien damit von den spezifischen Gegebenheiten in verschiedenen Ländern abhängt, bringt uns zur zweiten perspektivischen Frage, die die GLS mit Blick auf die grenzüberschreitenden Emergenz einer Gegenbewegung im Sinne Polanyis formulieren könnte. Anhand der beiden Fälle zeigt sich eine starke Dominanz der Gewerkschaften aus den Kernländern gegenüber ihren Schwesterorganisationen aus der Peripherie. Aus gewerkschaftlicher Perspektive impliziert diese Konstellation mehr als nur ein Gerechtigkeitsproblem. Denn während es Organisationen aus den Kernländern zwar kurz- und möglicherweise auch mittelfristig gelingen mag, ihre Interessen auf egozentrische Weise zu vertreten, erfordert die Organisierung eines sich zunehmend internationalisierenden Arbeitsmarktes Regelungen, die den lokalen Präferenzen der unterschiedlichen Gewerkschaften entsprechen. Inwiefern die mitunter paternalistische Haltung der Kollegen aus den Kernländern ein zukunftsfähiges Modell darstellt, muss unter Bedingungen fortschreitender Globalisierung zumindest als fraglich erscheinen. Vor diesem Hintergrund stellt sich für die GLS die Frage nach dem demokratischen Charakter internationaler Gewerkschaftspolitik. Inwiefern folgt das Agenda-Setting der internationalen Verbände einem deliberativen Muster? Und welche Chancen für eine ausgeglichene Zusammenarbeit ergeben sich z. B. aus einer transnationalen Quersubventionierung, nicht nur in Form von Sach- oder Personalmitteln, sondern auch etwa in Form internationaler Streikfonds? Die Beantwortung solcher Fragen erfordert nicht zuletzt einen mehrdimensionalen Raumbezug, wie ich ihn weiter oben vorgeschlagen habe.

Eine dritte perspektivische Forschungsfragen stellt sich schließlich mit Blick auf das Fehlen einer Mikro- oder Mesotheorie klassenpolitischer Mobilisierung in TGT. Verstehen wir Polanyis Frage nach der Emergenz einer Gegenbewegung zur globalen Entbettung des Arbeitsmarkts als Problem politischer Mobilisierung *in der Gegenwart,* ergibt sich eine forschungslogische Herausforderung für die perspektivische Rahmung ihrer Untersuchung. Denn während Polanyi die Effekte der Gegenbewegungen retrospektiv analysieren konnte, erscheint deren mögliche Entstehung aus prozessbegleitender Sicht bestenfalls als *history in the making.* Fokussiert werden hier also nicht reale De-Kommodifizierungen, sondern, dies zeigen die untersuchten Fälle, deren Antizipation. Über die objektiven Folgewirkungen können die beteiligten Akteure keine gesicherten Aussagen treffen, weil sich diese erst in der Zukunft vollziehen. Sie nehmen daher Sichtweisen ein und verfolgen Strategien, die sich aus ihren Erfahrungen in der Vergangenheit ergeben.

Vor dem Hintergrund der nationalen und makroregionalen Unterschiede ihrer Politikorientierungen erfordert die Etablierung gemeinsamer politischer Positionen für die Gewerkschaften gleichsam die Erarbeitung geteilter Wahrnehmungen und Ziele. Zur Untersuchung der Mobilisierungsprozesse empfiehlt sich daher ein Fokus auf symbolische Zukunftsentwürfe, wie sie für die Arbeiterbewegung etwa in Gestalt eines Europäischen Sozialmodells existieren (vgl. Beckert 2016).

Literatur

Beck, U. (6. April 2000). Freiheit statt Kapitalismus. *Die Zeit.*

Beckert, J. (2016). *Imagined futures.* Cambridge: Harvard University Press.

Bernaciak, M., et al. (2014). *European trade unionism: From crisis to renewal?.* Brussels: ETUI.

Bieler, A., & Lindberg, I. (Hrsg.). (2010). *Global Restructuring, Labour and the Challenges for Transnational Solidarity.* London: Routledge.

Bieler, A., et al. (2015). *Labour and transnational action in times of crisis.* London: Rowman & Littlefield International.

Block, F. (2008). Polanyi's double movement and the reconstruction of critical theory. *Revue Interventions Économiques, 38.*

Block, F., & Somers, M. R. (2014). *The power of market fundamentalism.* Cambridge: Harvard University Press.

Bolsmann, C. (2007). Trade union internationalism and solidarity in the struggle against apartheid. *Historical Studies in Industrial Relations, 23*(24), 103–124.

Bormann, S., et al. (Hrsg.). (2015). *Last call for solidarity?.* Hamburg: VSA Verlag.

Brinkmann, U. et al. (2008). *Strategic Unionism.* Wiesbaden.

Bröckling, U. (2007). *Das unternehmerische Selbst.* Frankfurt a. M.

Boltanski, L., & Chiapello, É. (2006). *Der neue Geist des Kapitalismus.* Konstanz: BoD-Books on Demand.

Brinkmann, U., & Nachtwey, O. (2014). Prekäre Demokratie? *Industrielle Beziehungen, 21,* 78–98.

Buhlungu, S. (1999). A question of power, co-determination and trade union capacity. *African Sociological Review, 3,* 111–129.

Burawoy, M. (2003). For a sociological marxism. *Politics & Society, 31,* 193–261.
Burawoy, M. (2015). *Public Sociology.* München.
Caporaso, J. (2009). Polanyi in Brussels. *International Organization, 63,* 593–620.
Caspersz, D. (2010). From Pollyanna to the Pollyanna principle. *Global Labour Journal, 1,* 301–313.
Cotton, E., & Gumbrell-McCormick, R. (2012). Global unions as imperfect multilateral organizations. *Economic and Industrial Democracy, 33,* 707–728.
Dale, G. (2010). *Karl Polanyi.* Boston.
Dauskart, M., & Oberbeck, H. (2009). Das Ende des „guten Hirten"? In H. Hummel & B. Loges (Hrsg.), *Gestaltung der Globalisierung* (S. 239–260). Opladen/Farmington Hills.
della Porta, D. (2015). *Social Movements in Times of Austerity.* New York.
Deppe, F. (2012). *Gewerkschaften in der Großen Transformation.* Köln: PapyRossa-Verlag.
Doleschal, R., & Dombois, R. (1982). *Wohin läuft VW?.* Hamburg: Rowohlt.
Dufresne, A. (2014). Trade union responses to the attack of the eu on wages. In A.-M. Grozelier et al. (Hrsg.), *Roadmap to a Social Europe* (S. 153–154). Brussels.
EGB. (2007). *Das Sevilla Manifest.* Brüssel.
EGB. (2012). *Solidarity in the crisis and beyond: Discussion Note for the ETUC Winter School in Copenhagen, 7–8 February 2012.*
EGB. (2015). *Das Pariser Manifest.* Brüssel.
Evans, P. (2010). Is it labor's turn to globalize? *Global Labour Journal, 1,* 352–379.
Fairbrother, P. et al. (2013). Understanding transnational trade unionism. In dies. (Hrsg.), *Transnational trade unionism* (S. 1–21). London.
Förster, C. et al. (2014). *Die nordischen Länder.* Wiesbaden.
Frege, C., & Kelly, J. (Hrsg.). (2013). *Comparative employment relations in the global economy.* London: Routledge.
Furaker, B., & Kristina S. L. (2013). „Trade Union Cooperation on Statutory Minimum Wages? A Study of European Trade Union Positions". *Transfer, 19*(4): 507–520.
Fürstenberg, F. (1958). Der Betriebsrat – Strukturanalyse einer Grenzinstitution. *Kölner Zeitschrift für Soziologie und Sozialpsychologie, 10,* 229–418.
Gajewska, K. (2009). *Transnational labour solidarity.* London: Routledge.
Girndt, R. (2013). *Ungarns Gewerkschaftslandschaft in Bewegung.* Bonn: Friedrich-Ebert-Stiftung.
Gumbrell-McCormick, R., & Hyman, R. (2013). *Trade unions in western Europe.* Oxford.
Haipeter, T. (2000). *Mitbestimmung bei VW.* Münster: Westfälisches Dampfboot.
Hassel, A. (2006). Die Schwächen des deutschen Kapitalismus? In V. R. Berghahn & S. Vitols (Hrsg.), *Gibt es einen deutschen Kapitalismus?* (S. 200–214). Frankfurt a. M: Campus Verlag.
Höpner, M., et al. (2011). Liberalisierungspolitik. *Kölner Zeitschrift für Soziologie und Sozialpsychologie, 63,* 1–32.
Höpner, M., & Schäfer, A. (2012). Integration among unequals. *MPIFG Discussion Paper 12/5.*
Kindleberger, C. P. (1974). ‚The great transformation' by Karl Polanyi. *Daedalus, 103,* 45–52.
Kocka, J. (2015). *Arbeiterleben und Arbeiterkultur: Die Entstehung einer sozialen Klasse.* Berlin: Dietz.
Logue, J. (1980). *Toward a theory of trade union internationalism.* Gothenburg: University of Gothenburg.

Meyer, R.E. (2008). New sociology of knowledge. In R. Greenwood et al. (Hrsg.), *The SAGE handbook of organizational institutionalism* (S. 519–536). Los Angeles.

Müller, T., et al. (2004). *Globale Arbeitsbeziehungen in globalen Konzernen?*. Wiesbaden: VS Verlag.

Munck, R. (2004). Globalization, labor and the ‚Polanyi Problem'. *Labor History, 45*, 251–269.

Nachtwey, O. (2009). *Marktsozialdemokratie*. Wiesbaden: VS Verlag.

Papadakis, K. (2011). *Shaping global industrial relations*. New York.

Polakowski, M. (2013). *Poland – Labor relations and social dialogue 2012*. Warschau: FES.

Polanyi, K. (2001). *The great transformation*. Boston.

Pries, L. (2008). *Die Transnationalisierung der sozialen Welt*. Frankfurt a. M.: Suhrkamp.

Pries, L. (2010). *Erwerbsregulierung in einer globalisierten Welt*. Wiesbaden: VS Verlag.

Pries, L., & Seeliger, M. (2013). Work and employment relations in a globalized world. *Global Labour Journal, 4*, 26–47.

Quack, S., & Morgan, G. (2000). National capitalisms, global competition and economic performance. In S. Quack, et al. (Hrsg.), *National capitalisms, global competition and economic performance* (S. 3–24). Amsterdam: John Benjamins.

Rosa, H. (2016). *Resonanz*. Berlin.

Rycx, F., & Kampelmann, S. (2012). *Who earns minimum wages in Europe?*. Brussels: ETUI.

Schäfer, A., & Streeck, W. (2008). Korporatismus in der Europäischen Union. In M. Höpner & A. Schäfer (Hrsg.), *Die Politische Ökonomie der europäischen Integration* (S. 203–240). Frankfurt a. M./New York.

Schütz, A. (1932). *Der sinnhafte Aufbau der sozialen Welt*. Wien: Springer.

Schulten, T. (2014). *Konturen einer europäischen Mindestlohnpolitik*. Düsseldorf.

Schulten, T., & Müller, T. (2013). Ein neuer europäischer Interventionismus? *Wirtschaft und Gesellschaft, 39*, 291–320.

Schulten, T. et al. (2005). Thesen für eine europäische Mindestlohnpolitik. In T. Schulten et al. (Hrsg.), *Mindestlöhne in Europa* (S. 301–306). Hamburg.

Seccareccia, M. (2012). Critique of current neoliberalism from a Polanyian perspective. *International Journal of Political Economy, 41*, 3–4.

Seeliger, M. (2012). *Mitbestimmung zwischen Klassenkampf und Sozialpartnerschaft*. Münster: Westfälisches Dampfboot.

Seeliger, M. (2015). Europäischer Mindestlohn als Arbeitnehmerinteresse? *Aus Politik und Zeitgeschichte, 4–5*, 36–42.

Silver, B. (2005). *Forces of labor*. Hamburg/Berlin.

Skocpol, T. (1979). *States and social revolutions*. New York.

Speidel, F. (2005). *Mitbestimmte versus managementbestimmte Globalisierung in der Automobilindustrie*. München: Hampp.

Stiglietz, J. E. (2001). Foreword. In Polanyi, Karl: *The Great Transformation*. Boston: Beacon, VII-XXXVIII.

Streeck, W. (1995): Politikverflechtung und Entscheidungslücke. In R. Schettkat et al. (Hrsg.), *Reformfähigkeit* (S. 101–130). Frankfurt a. M./New York.

Streeck, W. (1998). Vom Binnenmarkt zum Bundesstaat? In S. Leibfried & P. Pierson (Hrsg.), *Standort Europa* (S. 369–421). Frankfurt a.M.

Svensson, T. (2013). Sweden. In C. Frege & P. Kelly (Hrsg.): *Comparative employment relations in the global economy* (S. 227–244). London.

The Swedish Trade Union Confederation. (2011). *The Swedish model.* Stockholm.

Thomasberger, C. (2012). The belief in economic determinism, neoliberalism, and the significance of Polanyi's contribution in the twenty-first century. *International Journal of Political Economy, 41,* 16–33.

Thompson, E. P. (1987). *Die Entstehung der englischen Arbeiterklasse.* Frankfurt a. M.: Suhrkamp.

Vaughan-Whitehead, D. (2010). Towards an EU minimum wage policy? In D. Vaughan-Whitehead (Hrsg.), *The minimum wage revisited in the enlarged EU* (S. 509–530). Geneva: International Labour Office.

von Holdt, K. (2003). *Transition from below.* Scottsville.

Wallerstein, I. (2004). *World Systems analysis.* Durham.

Weber, M. (1956). *Wirtschaft und Gesellschaft.* Tübingen.

Webster, E. (2010). From critical sociology to combat sport? *Global Labour Journal, 1.*

Webster, E. et al. (2008). *Grounding globalization.* Oxford.

Webster, E. et al. (2009). *Changes in Production systems and work methods.* Johannesburg.

Widuckel, W. (2004). *Paradigmenentwicklung der Mitbestimmung bei Volkswagen.* Wolfsburg: Historische Kommunikation der Volkswagen AG.

Populistische Popkultur – Warum die Band Frei.Wild ein Verunsicherungsphänomen darstellt

> *Wenn der Kritiker in der Abenddämmerung der klassischen Arbeitsgesellschaft nicht mehr für die Ausgeschlossenen sprechen kann, wenn es vielleicht immer falsch war, für die Anderen das große Wort zu führen, wenn es kein Subjekt der Kritik gibt, dann fällt die Kritik in sich zusammen – oder auf sich zurück.*
>
> (Brieler 2002, S. 74)

1 Einleitung

Mit dem Mangel an Vermittelbarkeit der eigenen Inhalte[1] pflegt die politische Linke eines ihrer Schlüsselprobleme nicht erst seit dem gestrigen Tag: In ihrer Untersuchung von über 800 Parlamentswahlen unmittelbar nach Finanzkrisen in den letzten 140 Jahren stellt eine Forschergruppe des Münchener *Center for Economic Studies* fest, dass rechtsradikale Parteien ihren Wähleranteil im Schnitt um dreißig Prozent steigern konnten.[2] Eine Erklärung dafür, dass linke Deutungsangebote sich besonders in Krisensituationen nicht als mehrheits- und damit auch nicht als tragfähig erweisen, können die Autoren zwar nicht liefern – vermutlich, weil sie nicht allein in der Demoskopie, sondern auch auf dem Feld der Kultur zu finden wäre. Aber dafür gibt es ja die Soziologie. Und um diese Frage an einem

---

[1]Für wertvolle Hinweise danke ich Markus Baum, Lea Elsässer, Felix Gnisa, Thomas Hecken, Johannes Kiess, Felix Petersen sowie den Herausgebern.

[2]Funke et al. 2015.

Beispiel zu untersuchen, wird im Folgenden ein analytischer Fokus auf das Feld der Populärkultur zu etablieren sein. Mit der jüngeren Auseinandersetzung um die Band „Frei.Wild" sticht hier eine Kontroverse ins Auge, anhand deren sich linke Vermittlungsprobleme ganz ausgezeichnet erläutern lassen.

Unter Bedingungen eines umfassenden sozioökonomischen Wandels institutionalisieren westliche Gesellschaften seit den 1970er Jahren einige Momente habitueller Verunsicherung ihrer Mitglieder unter anderem im Bereich des Arbeitsmarktes, aber auch mit Blick auf die Geschlechterverhältnisse. Während entsprechende Entwicklungen zweifelsohne für weite Bevölkerungsteile sowohl deren gesellschaftliche Partizipationschancen als auch deren Lebensqualität erhöhten, brachte eine zunehmende ethnische Durchmischung der Bevölkerung unter Bedingungen wohlfahrtsstaatlichen Rückbaus und wachsender Arbeitslosigkeit zugleich soziale Spannungen hervor. Kulturelle ‚Überfremdung', die sich nicht zuletzt etwa in Form zunehmender ‚Ausländerkriminalität' manifestiere, wurde im Zuge dessen immer häufiger zum Gegenstand populistischer Kritik.

Dass sich entsprechende Veränderungen in jüngster Zeit auch mehr und mehr in den Bildwelten der Popkultur Bahn brechen, zeigt anschaulich das Beispiel der Gruppe Frei.Wild, deren Mitglieder immer wieder wegen ihrer vermeintlich rechtsradikalen Texte mit den Themenschwerpunkten Heimatliebe, Tradition und Antiextremismus in der deutschen Öffentlichkeit in die Kritik geraten sind. „Die Hysterie", so folgert Klaus Farin,[3] „mit der in Deutschland auf Frei.Wild – und deren Fans – eingeprügelt wurde und wird, zeigt, dass es längst nicht mehr um Rock ‚n' Roll geht, sondern dass Frei.Wild zum Seismograph[en] einer im Umbruch befindlichen Gesellschaft geworden ist."

Deuten wir den Relevanzgewinn solcher populistischen Kulturelemente im Zusammenhang der aktuellen Krise politischer Repräsentation,[4] stellt sich im Einklang mit dem der eingangs zitierten Untersuchung die Frage, wieso die politische Linke (im Unterschied zur Rechten) entsprechende Tendenzen nicht effektiver beantworten kann. Wenn die Linke traditionell für sich beansprucht, mit den Lohnabhängigen diejenigen zu repräsentieren, die die Last gesellschaftlicher Entwicklung zu tragen haben, wieso erreicht sie diese dann nicht? Die Analyse der Kritik des linken Feuilletons an der Band Frei.Wild soll im vorliegenden Artikel die Diskrepanzen zwischen bestimmten linken Spektren und der Alltagskultur der Lohnabhängigen aufzeigen. Indem die deutsche Linke, so das zu führende

---

[3]Farin 2014, S. 169 (nicht im Lit.-Verzeichnis).
[4]Schäfer 2015.

Argument, ihre Verbindung zur Arbeiterschaft vernachlässigt, beeinträchtigt sie ihre eigene Fähigkeit zu politischer Mobilisierung.

Eine theoretische Begründung des Argumentationsgangs leistet der zweite Abschnitt, indem durch eine intersektionale Perspektive auf jüngere Entwicklungen institutionellen Wandels drei Verunsicherungsmomente herausgearbeitet werden, auf deren Kompensation die Selbstinszenierung der Band Frei.Wild zu wesentlichen Teilen beruht. Eine weitere theoretische Grundlegung erfolgt hier außerdem durch die Klärung des Populismusbegriffs. Ausgehend von diesen Erwägungen enthält der dritte Abschnitt die empirische Darstellung des Phänomens Frei.Wild, die anschließend durch eine exemplarische Rekonstruktion des medialen Kritikdiskurses ergänzt wird. Zwar erkennt die linksfeuilletonistische Kritik in Frei.Wild zu Recht ein Phänomen populistischer Krisenkultur. Dass die journalistischen Vertreter jedoch keine reflektierte Einordnung vornehmen, lässt sich hierbei als habituelles Distinktionsverhalten gegenüber der Band und ihren Anhängern erklären. Ein Fazit im vierten Abschnitt fasst die Erkenntnisse zusammen und schließt mit einigen perspektivischen Empfehlungen für eine linke Politik der Repräsentation in der Krise.

2 Populistische Krisenkultur – Ein konzeptioneller Rahmen

Westliche Industriegesellschaften haben seit den 1970er Jahren einen Strukturwandel durchlaufen, den Nachtwey (2016) zeitdiagnostisch auf den Begriff der ‚regressiven Modernisierung' bringt. Während die Produktivkräfte kontinuierlich weiter anstiegen, entfaltete sich unter Bedingungen zunehmend internationalisierter Märkte eine dreifache Desintegrationsdynamik im Verhältnis von Wirtschaft und Gesellschaft: Mit dem Abbau des Wohlfahrtsstaats und einer insgesamt disparaten Tarifentwicklung vergrößerte sich die Verteilungsdiskrepanz zwischen Arm und Reich. Die internationale Mobilität des Kapitals hat die standortpolitische Diskussion zulasten der auf demokratische Politik angewiesenen Klasse der Lohnabhängigen in einer Weise beeinflusst, die vermeintliche Sachzwänge der Kapitalakkumulation nicht nur als übermächtig, sondern vielfach auch als alternativlos erscheinen lassen. Ökonomische Deprivation geht also einher mit einem Defizit der politischen Repräsentation. Zugleich werden milieuspezifisch in Anspruch genommene Sozialisationsinstanzen im Zuge des Abbaus des Wohlfahrtsstaates zersetzt. Hinsichtlich der subjektiven Zugehörigkeit der Betroffenen bedingt der Bedeutungsverlust traditioneller Sozialisationsinstanzen einen Mangel an Identität, den Angehörige der Arbeiterklasse nun auf anderem Wege kompensieren.

Während Nachtwey in seiner vorwiegend materialistischen Analyse die Bedingungen des klassenpolitischen Rückzugskampfes der letzten Jahrzehnte treffend darstellt, hat eine Reihe von Autoren die subjekt- und kulturtheoretische Dimension dieses Wandels reflektiert. Wenn in Zusammenhang mit der Popularität von Frei.Wild nun die Verbreitung autoritärer Mentalitäten in der Bevölkerung fokussiert werden soll, lässt sich der Grund hierfür im „Orientierungsverlust"[5] erkennen, der sich auch auf die „Gesellschaftsbilder"[6] der Betroffenen auswirke.

Als Impulsgeber der ungleichheitssoziologischen Diskussion haben vor allem Vertreterinnen der neueren Geschlechterforschung in den letzten Jahren das Konzept der Intersektionalität etabliert. Grundgedanke dieses Ansatzes ist, dass die soziale Positionierung von Individuen und Gruppen in Kultur und Gesellschaft am präzisesten in Bezug auf unterschiedliche Kategorien zu bestimmen ist. An Degele und Winker[7] sowie Seeliger[8] anschließend, erfolgt die Analyse von Frei. Wild damit unter Bezug auf die Dimensionen Klasse, Geschlecht und Ethnizität. Um die Popularität von Frei.Wild als popkulturellem Impulsgeber zur Konstruktion dieser Gesellschaftsbilder zu verstehen, sollen mit der zunehmenden Flexibilisierung von Arbeit und Beschäftigung, einer Restrukturierung der Geschlechterverhältnisse sowie der kulturellen Hybridität westlicher Postmigrationsgesellschaften drei wesentliche Rahmenbedingungen erläutert werden.

Gemessen am Normalarbeitsverhältnis, das (vor allem für die männlichen Facharbeiter der westlichen Industriegesellschaften und damit mittelbar auch für deren Angehörige) nicht nur die Teilhabe am gesellschaftlichen Wohlstand gewährleistete, sind entsprechende Sicherheiten für große Teile der Arbeiterschaft heute nicht mehr gegeben. Den Zusammenhang zwischen Planungsunsicherheit und autoritärer Orientierung zeigte empirisch Neugebauer[9] in seiner viel rezipierten Studie auf. Einen Zusammenhang zwischen der Bedrohung durch prekäre Beschäftigung und autoritärer Orientierung weisen Dörre et al.[10] am Beispiel des strategischen Einsatzes von Leiharbeit nach. Um irrationale Herrschaft im Betrieb zu kompensieren, neigen die Subjekte kapitalistischer Ausbeutung dazu, ihre Frustration tendenziell gegen Schwächere zu richten. Als Feindbild erscheint

---

[5]Bude 2014, S. 73.
[6]Koppetsch 2013, S. 135.
[7]Degele, Winker 2009.
[8]Seeliger 2013.
[9]Neugebauer 2007.
[10]Dörre et al. 2011.

aus dieser Sicht auch eine Gruppe der „opportunistischen ‚Wellenreiter', die ihre Chancen situativ zu nutzen wissen, ohne über die Gesamtrichtung ihres Lebens noch entscheiden zu können oder auch nur zu wollen".[11]

Eng verbunden mit dem Wandel der Erwerbsarbeit als „Quelle männlicher Identität"[12] hat sich zweitens über die letzten Jahrzehnte eine Restrukturierung der Geschlechterverhältnisse vollzogen. Die Feminisierung der Erwerbsarbeit bedingt die Irritation der patriarchalen Geschlechterordnung insofern, als industriegesellschaftliche Familienarrangements (‚der Mann als Alleinernährer') längst nicht mehr den Normalfall darstellen. Männliche Erwerbstätige verlieren also doppelt: zum einen durch den Rückbau ihrer „Industrial Citizenship"[13] sowie durch den Verlust patriarchaler Privilegien. Unter diesen Bedingungen erkennt Di Blasi[14] eine „symbolische Abwertung" weißer Männlichkeiten. Zum Verständnis des Pop-Phänomens Frei.Wild gilt es, diese zu berücksichtigen.

Ein dritter wesentlicher Faktor liegt schließlich in der wachsenden ethnisch-kulturellen Vielfalt postmigrantischer Gesellschaften begründet. Unter diesen Bedingungen wird der Zuzug von Migranten häufig nicht nur als Herausforderung der eigenen ethnisch-kulturellen Identität interpretiert. Dass Mesut Özil sich beständig dem Mitsingen verweigert, wenn bei Länderspielen die Nationalhymne gespielt wird, stellt aus dieser Sicht einen symbolischen Affront dar. Die Bedrohung durch das Fremde erfahren deutsche Arbeitnehmer (oder besser: die Teilnehmer am deutschen Arbeitsmarkt) über den (zumindest als solchen erlebten) Lohndruck, der entsteht, wenn Einwanderung von der Kapitalseite gezielt genutzt wird, um bestehende Tarifinstitutionen zu umgehen oder zu unterminieren.[15] Neben der Dimension arbeitsmarktvermittelter Ungleichheiten spielt in der Popularität entsprechender Ressentiments auch ein „rassistisches Alltagsbewusstsein"[16] innerhalb der Bevölkerung eine Rolle.

---

[11]Koppetsch 2013, S. 11.

[12]Scholz 2015, S. 97.

[13]Marshall 1992.

[14]Di Blasi 2013, S. 51.

[15]Ein besonders perfides Beispiel hierfür findet sich in einer Äußerung von Hans-Werner Sinn, dem ehemaligen Direktor des ifo-Instituts. Um die vor dem Syrienkonflikt Geflüchteten in den Arbeitsmarkt integrieren zu können, so Sinn im Interview mit dem *Tagesspiegel*, sei der Mindestlohn zu senken (http://www.tagesspiegel.de/wirtschaft/hans-werner-sinn-im-interview-die-integration-der-fluechtlinge-wird-teuer/12782248.html; Zugriff vom 16.07.2016). Wie weit die Willkommenskultur auf Kosten der im Niedriglohnsektor Beschäftigten trägt, zeigen zuletzt die völkischen Reaktionen in Freital und Clausnitz.

[16]Hall 2000.

Wie bereits Erich Fromm[17] in seinem Text „Zum Gefühl der Ohnmacht"
herausgestellt hat, stellen Prozesse sozialen Wandels für breite Bevölkerungs-
schichten Phasen identitärer Verunsicherung dar. Oberwasser gewinnen Populisten
im Gefolge ebensolcher Modernisierungsprozesse.[18] Um den Erfolg populistischer Politik zu erklären, gilt es, mit der Krise politischer Repräsentation eine
weitere Rahmenbedingung westlicher Industriegesellschaften in Betracht zu ziehen: Die stetig sinkende Wahlbeteiligung der unteren gesellschaftlichen Schichten
dokumentiert deren Wahrnehmung einer entrückten politischen Klasse.[19]

Gleichzeitig lassen sich mit Spier[20] vier Merkmale populistischer Argumen-
tationen erkennen, die ihnen in Abgrenzung zu den etablierten Politikvertretern
eine besondere Attraktivität verleihen können: Indem Populisten an ‚den kleinen
Mann auf der Straße' appellieren (1), der unter den (ignoranten oder absichtlich
rücksichtslosen) Entscheidungen ‚der Politik' zu leiden hat, stellen sie dem idea-
lisierten Volk eine exklusive politische Elite gegenüber (2). Diese Darstellung
erfolgt in der Regel durch charismatische Führerfiguren, deren (ostentative)
Bodenständigkeit es ihnen ermöglicht zu verstehen, was der besagte kleine Mann
tatsächlich möchte und braucht (3). Häufig (allerdings nicht notwendigerweise)
geht dies schließlich einher mit der Abgrenzung und Stigmatisierung von Minderheiten innerhalb der Bevölkerung (4). Vor dem Hintergrund der drei aus intersek-
tionaler Perspektive ausgeführten Verunsicherungsmomente und im Rahmen der
Krise politischer Repräsentation bedienen Populisten so „die identitären Bedürfnisse der Globalisierungsverlierer",[21] die zumeist (aber nicht nur) am rechten
Ende des politischen Spektrums zu verorten sind.

„Prekarität und Abstiege" (und genau genommen auch schon deren Antizipation) führen, so Nachtwey[22], „zu Akten des Aufbegehrens". Als Praxis der
Selbstbehauptung dient, so die hier vertretene These, den dreifach Verunsicherten
und politisch Nichtrepräsentierten die Identifikation mit populistischen
Kulturangeboten. Mit Hall[23] gesprochen, bilden „die popularen Ideologien in

---

[17]Fromm 1937.
[18]Spier 2006, S. 33.
[19]Schäfer 2015.
[20]Spier 2006, S. 37.
[21]Guérot 2016, S. 60.
[22]Nachtwey 2016, S. 179.
[23]Hall 2014, S. 110.

Krisenzeiten ein besonders wichtiges und strategisches Terrain" für die „Transformation jener ‚praktischer Ideologien', die die Lebensbedingungen für die Massen verständlich machen" (ebd.). Indem das Feld der Populärkultur ihren Rezipienten die symbolischen Ressourcen zur Konstruktion individueller und kollektiver Identität zur Verfügung stellt, dient es diesen nicht nur zur Plausibilisierung der eigenen Lebensumstände, sondern bietet auch den Raum zur Entwicklung, Affirmation und Veränderung von Idealbildern.

Anschaulich beschreibt Didier Eribon[24] in seiner autobiografischen Schilderung der klassenpolitischen Verhältnisse in Frankreich die Erfolge des Front National als „politische Notwehr der unteren Schichten". Indem sie ihre Stimme den Rechten gäben, so Eribon (ebd.) weiter, versuchten sie, „ihre kollektive Identität zu verteidigen, oder jedenfalls eine Würde, die seit je mit Füßen getreten worden ist und nun sogar von denen missachtet wurde, die sie zuvor repräsentiert und verteidigt hatten". Ganz in diesem Sinne erkennt von Lucke[25] in der deutschen Konstellation einen „Kulturkampf von rechts, gegen die angebliche *political correctness* der herrschenden Eliten in Politik und Medien".

Implizit eine der Kernthesen aus Adornos[26] *Studien zum autoritären Charakter* paraphrasierend, gelangt Bude[27] zu der Einschätzung, die Rebellion gegen ein System, von dem man sich benachteiligt fühlt, ermögliche so erst die notwendige Identifikation: „Angesichts der vielen Luschen jedoch, die den Ton angeben, geraten die Verlierer, die leer ausgehen, in Rage. Man hasst das System, die Demokratie und den Kapitalismus gleichermaßen." Der These, dass Frei.Wild mit ihrem Südtiroler Identitätsrock einen Soundtrack zu dieser angstgeleiteten Selbstbehauptung liefern, geht der folgende Abschnitt anhand einer genaueren Betrachtung des Schaffens der Norditaliener nach.

3   Frei.Wild als populärkulturelles Krisenphänomen

Bei Frei.Wild handelt es sich um eine im Jahr 2001 gegründete Deutschrockband aus der norditalienischen Stadt Brixen. Das musikalische Repertoire ist zumeist eingängig und melodisch, oft brachial, umfasst dabei aber auch Balladen und sogar ein Akustik-Album. Die Texte drehen sich um (vermeintlich) alltägliche

[24]Eribon 2016, S. 124.
[25]Lucke 2016, S. 5.
[26]Adorno 1973.
[27]Bude 2014, S. 57.

Themen, deren Behandlung eine Bodenständigkeit der Musiker suggeriert. Auffällig ist die häufige Auseinandersetzung mit Enttäuschungen und Rückschlägen (hinterhältiges Benehmen in Freundschaften oder Liebesbeziehungen, Verlust der Fahrerlaubnis, Lügen von missgünstigen Kritikern etc.), denen der Sprecher in aller Regel standhaft begegnet.

Einen zentralen Topos der Texte stellt darüber hinaus der Bezug zu ihrer Herkunftsregion Südtirol dar. In zahlreichen Texten thematisiert Philipp Burger seine Liebe zu seinem Herkunftsort und problematisiert die Zugehörigkeit Südtirols zum Nationalstaat Italien. Nicht zuletzt aufgrund seiner ehemaligen Mitgliedschaft in der Rechtsrockband „Kaiserjäger" ruft diese positive Identifikation mit dem Herkunftsort Einwände linker Kritiker hervor (s. u.).

Seit 2002 veröffentlichte die Band ihre ersten sechs Alben bei verschiedenen Plattenfirmen und seit 2009 auf dem eigenen Label „Rookies & Kings". Mit insgesamt zehn Studioalben und einer Reihe weiterer Veröffentlichungen wie DVDs und Live-Alben gewann die Band sechs Goldene Schallplatten in Deutschland und eine in Österreich sowie zahlreiche weitere Musikpreise und kann damit als eine der erfolgreichsten deutschsprachigen Rockbands der letzten Jahre angesehen werden.

Frei.Wilds erste Nominierung für den „Echo"-Preis der deutschen Phono-Akademie im Jahr 2010 brachte die vorher fast ausschließlich im Rahmen einer linken Szenediskussion geführte Auseinandersetzung um die politische Haltung und Wirkung der Band auch im Rahmen einer breiteren Öffentlichkeit in Gang. Mit dem Album „Gegengift" war die Band in einen kleinen Kreis von Gruppen gewählt worden, von denen eine den Preis in der Kategorie „Gruppe Rock/Alternativ (national)" erhalten sollte. Nachdem Vertreter des Feuilletons die geplante Teilnahme von Frei.Wild scharf kritisiert und namhafte deutsche Musikgruppen wie „Die Ärzte" oder „Kraftclub" einen Boykott des Echo angekündigt hatten, falls die Veranstalter ihre Einladung nicht widerrufen sollten, ruderten diese zurück. Frei.Wild wurde ausgeschlossen mit der Begründung, der Rahmen der Echo-Verleihung eigne sich nicht für eine politische Diskussion. Ähnliche Boykottaktionen fanden darüber hinaus im Rahmen des im Jahr 2013 abgehaltenen „With-Full-Force"-Festivals sowie beim 2015er „Reeperbahn-festival" statt. Im zweiten Fall hatte die Band gleichzeitig ein Konzert in einem Hamburger Club in unmittelbarer Nähe zur Reeperbahn organisiert, woraufhin Bewohner des politisch und kulturell zur Linken hin orientierten Stadtteils St. Pauli zahlreiche Initiativen zur Verhinderung des Konzertes mobilisierten. Bemerkenswert erscheint hier, dass Frei.Wild gleichzeitig mit einem eindeutigen Statement zur aktuellen Flüchtlingsdebatte hervortrat, in dem sich die Gruppe von Flüchtlingsgegnern distanzierte und einen Anspruch auf humanitäre Hilfe für Geflüchtete proklamierte. Auch tritt die Band immer wieder durch Spenden-aktionen hervor. Mit ihrem offensiven Patriotismus und Südtiroler Separatismus sowie einem punktuellen karitativen Engagement kann Frei.Wild damit keines-wegs als unpolitisches Projekt angesehen werden (s. u.).[28]

Das bisher umfangreichste Dokument zum Thema Frei.Wild stellt die Studie des Berliner Jugendforschers Klaus Farin[29] dar. Das Kernstück der Arbeit bil-det eine empirische Erhebung, die sich zum einen aus der Auswertung von 4000 Online-Fragebögen zusammensetzt, die Fans der Gruppe Frei.Wild ausgefüllt haben. Weitere Daten sammelte der Autor in 82 Anschlussbefragungen und 18 individualisierten biografischen Interviews. Die Online-Befragung bringt einige interessante Ergebnisse zur Zusammensetzung der Frei.Wild-Anhängerschaft her-vor. So sind achtzig Prozent unter dreißig und die Hälfte zwischen zwanzig und dreißig Jahre alt. Von den zumeist erwerbstätigen oder in Ausbildung befindlichen Personen arbeiten dreißig Prozent der Männer auf dem Bau oder am Band. Bei den Frauen ist ungefähr derselbe Anteil in medizinischen Berufen tätig. Die Frage, warum sie die Band mögen, beantworteten die Teilnehmer hauptsäch-lich damit, dass diese „ehrlich ihre Meinung" sage und „ihrer Sache treu" bleibe, „wahre Texte" singe und dabei auch „Tabuthemen" anspreche.

Während der schiere Materialreichtum von Farins Darstellung nicht nur die Band selbst, sondern auch deren Geschichte und Umfeld abbildet, und somit einen wertvollen Interpretationsrahmen im Sinne einer ‚dichten Beschreibung'[30] aufspannt, lässt Farins Interpretation der Bedeutung Frei.Wilds zu wünschen übrig:

„Die Suche nach ‚dem (einen) Sinn' oder ‚der (einen) Message'", so ein von Farin[31] zitierter Filmsoziologe, „scheint unter postmodernen Gesichtspunkten überholt zu sein, vielmehr hängt es vom persönlichen Standpunkt, von der persönlichen Einstellung, vom persönlichen Vorwissen und der Frage und dem

---

[28]Eine Parallele zu den „Böhsen Onkelz" – einer Band, die sich aufgrund ihrer rechts-radikalen Vergangenheit mit ähnlichen Vorwürfen konfrontiert sieht wie Frei.Wild – scheint hier nicht nur mit Blick auf die symbolische Kultivierung widerständiger Kriegermännlich-keiten gegeben zu sein. So haben sich zwar auch die „Böhsen Onkelz" zu verschiedenen Gelegenheiten sehr klar vom rechtsradikalen Spektrum distanziert. Vielmehr sind es die offensiv-vereinfachende Gleichsetzung rechter und linker Geisteshaltungen und die offene Äußerung antilinker Ressentiments, womit beide Bands den Groll linker Gesinnungs-kritiker auf sich ziehen.
[29]Farin 2014.
[30]Geertz 1987.
[31]Farin 2014, S. 361.

Mittel, mit denen man sich popkulturellen Artefakten nähert, ab, zu welchen Einschätzungen man gelangt."

Mit der folgenden Deutung von Frei.Wild als Krisenphänomen soll dieser eher
beliebig anmutende Standpunkt infrage gestellt und weiter präzisiert werden.

Im Einklang mit den theoretischen Ausführungen zum Populismusbegriff
sollen in diesem Abschnitt aus der symbolischen Darstellung von Frei.Wild
drei Kompensationsangebote abgeleitet und den weiter oben skizzierten Ver-
unsicherungsmomenten gegenübergestellt werden. Als empirischer Bezugsrahmen dienten hierbei zum einen die umfangreiche Darstellung von Farin und
zum anderen Verweise auf das musikalische Gesamtwerk der Band sowie Aussagen von Fans.[32]

3.1   Prekarität

Wie weiter oben bereits angeklungen ist, liegt ein zentraler Topos der von Frei.
Wild etablierten Bildwelten in der Verarbeitung subjektiver Rückschläge und
Niederlagen. Während zwar immer wieder alltagsweltliche Beispiele hinzu-
gezogen oder teilweise auch thematisch fixierte Songs (wie z. B. „Weil Du mich
nur verarscht hast") geschrieben werden, fallen die zugehörigen Weisungen recht
allgemein aus, wie dies z. B. im Song „Irgendwer steht dir zur Seite" der Fall ist:
„Verkackte Prüfung/Dein Schatz hat dich betrogen/Immer versucht, gar alles recht
zu machen/aber trotzdem lief alles schief." Ähnlich illustrativ erscheinen auch die
folgenden Zeilen aus „Sieger stehen da auf, wo Verlierer liegen bleiben": „Rückzug fällt für dich nicht ins Gewicht/Ist der Feigheit verdammtes Arschgesicht."

Angesichts der beschriebenen Flexibilisierungsentwicklungen am Arbeitsmarkt liegt es nahe, die beschriebenen Erlebnisse auf Erfahrungen im Feld der
Erwerbstätigkeit zu beziehen. Zwar läuft die Kategorie „Klasse" (d. h. der Verweis auf arbeitnehmerseitige Zumutungen, die sich unter Bedingungen wohlfahrtsstaatlicher Schleifung und von Standortwettbewerb weiter verschärfen) bei
Frei.Wild vor allem im Subtext der Lieder mit. In Bezug auf die Demütigungen,
die Arbeiter vor allem in den unteren Segmenten des Dienstleistungs- und

---

[32]Zwischen Frei.Wild und ihrer Rezeption wird also keine strenge kategoriale Unterscheidung getroffen, geht es doch um die kulturelle Bedeutung der Gruppe in Zusammenhang mit der politischen Verhandlung von Krisendynamiken.

Fertigungssektors tagtäglich im Betrieb aushalten müssen, bietet die Band mit derartigen Darstellungen Musik zum Träumen: Zwar wird man unterdrückt, zurückgehalten, um das eigene Recht gebracht, ist dabei aber nie feige und höchstens oberflächlich verletzbar. Hinsichtlich des hier vermarkteten Mythos lässt sich damit erstens vom *Ideal einer heldenhaften Boden- und Widerständigkeit* sprechen, die die Norditaliener in ihren Texten kultivieren.

Die Selbststilisierung Philipp Burgers zum Souverän über den Einsatz der eigenen Arbeitskraft leistet dieser im Einklang mit dem Verständnis männlicher Erwerbstätigkeit in der Industriegesellschaft. Im Interview mit Farin[33] findet er „körperliche und harte Arbeit noch immer nicht verkehrt, sondern grundsätzlich viel menschlicher, als den ganzen Tag vor dem Rechner sitzen" (sic!). In der Beschreibung seiner Tätigkeit als Landwirt spiegeln sich weiterhin Elemente des weiter unten näher in Augenschein zu nehmenden Regionalismus: „Es ist ein sehr erdiger, naturbezogener und vor allem ehrlicher Beruf, bei dem man zusätzlich weiß, woher sein Fleisch, sein Grünzeug und Co. kommt" (ebd.).

Zum Gegenpart des ehrlichen, boden- und widerständigen Protagonisten stilisiert Frei.Wild auf der anderen Seite eine verweichlichte Figur, deren Spezifik mit Koppetsch[34] weiter oben in den Begriff des ‚opportunistischen Wellenreiters' gebracht worden ist. Unzuverlässig und illoyal hänge dieser, so der Frei. Wild'sche Idealtypus, sein Fähnchen in den Wind, um dem gutgläubigen Burger (oder wer immer das lyrische Ich eben sein soll) kurz darauf scheinheilig ins Gesicht zu lächeln. „Scheinheiligkeit", so stellt Burger im Interview mit Farin[35] klar, mache ihn aber „unfassbar wütend".

3.2   Männlichkeit

Die Inszenierung solcher Standhaftigkeitsideale steht in engem Zusammenhang mit einem zweiten Kompensationsangebot, das die Brixener Musikgruppe ihren Hörern unterbreitet: dem *Ideal* einer *traditionell-maskulinistischen Souveränität*. In ihrer Studie zur Veränderung heterosexueller Paarbeziehungen unter dem Einfluss neuer Arbeitsmarktarrangements zeigen Koppetsch und Speck,[36] wie

---

[33]Farin 2014, S. 95.
[34]Koppetsch 2013, S. 11.
[35]Farin 2014, S. 115.
[36]Koppetsch, Speck 2015.

sich die unsicheren Beschäftigungssituationen von Männern im Geschlechterver-
hältnis niederschlagen. Während es einigen Männern aus dem individualisierten
Milieu gelingt, den Verlust der traditionellen Ernährerrolle durch die Etablierung von „Coolness als alternative[r] Form von Männlichkeit"[37] zu kompensieren, steht diese Strategie Vertretern traditioneller Arbeitermilieus weniger offen,
denn sie sind in der Regel keine Schauspieler oder Weinkenner und kochen
auch kein vegetarisches Risotto. Von solchen ‚verweichlichten' Männlichkeiten
unterscheidet sich die Idealisierung der Bodenständigkeitstugenden in den Texten genauso wie von einer weiteren Männlichkeitsvariante: Wie Robert Misik[38]
beschreibt, wurden im Verlauf der vergangenen Jahrzehnte „der raffinierte
Investor, der wendige Zocker regelrecht zur Kultfigur. Broker und coole Banker
[…] zu paradigmatischen Leitgestalten eines halben Zeitalters". Vor dem Hintergrund der oben skizzierten Verunsicherungsentwicklungen wird die von Frei.Wild
stilisierte Bodenständigkeitssemantik als Gegenentwurf zu den „neosozialen"[39]
Symbolwelten des flexibilisierten Kapitalismus erkennbar. Entsprechend, so
Farin,[40] schätzen ihre Fans an der Gruppe vor allem ihre „Bodenständigkeit, die
Ehrlichkeit, das Normale".

Mit ihren Geschichten über Standhaftigkeit und Zusammenhalt gegen einen
(immer wieder in unterschiedlicher Gestalt auftretenden) äußeren Feind trans-
portiert die Band weiterhin einen Gestus, der traditionelle männliche Idealbilder
verherrlicht. Beispielhaft für die Inszenierung einer ständigen Gegnerschaft
lassen sich Songs wie „Halt Deine Schnauze" oder „Zeig große Eier und ihnen
den Arsch" anführen. Dass etwa Brill[41] die „Verbindung von Männlichkeit mit
Gewalt" richtigerweise als „universales Merkmal patriarchaler Kulturen" erkennt,
bedeutet jedoch nicht, dass entsprechende Werthaltungen allein in Form einer
„patriarchalen Dividende"[42] ausschließlich Männern zugutekommen. Interessant
erscheinen hierbei die von Farin[43] bemühte Interpretation der Texte durch Fans
der Band:

---

[37]Ebd., S. 68.
[38]Misik 2010, S. 184.
[39]Lessenich 2008.
[40]Farin 2014, S. 89.
[41]Brill 2010, S. 186.
[42]Connell 2006.
[43]Farin 2014, S. 144.

„Weil das Lied komplett auf mich passt. Als ich aus dem Knast kam, war es mein erstes Lied von Frei.Wild, und es hat mir gezeigt, dass es weitergeht."

„Weil es mir in der Zeit meiner Krankheit Kraft gegeben hat. Habe im Januar 2013 eine Niere verloren und es hat Kraft gegeben, die Musik zu hören, und mich aus meinen Depressionen geholt."

Ein wichtiger Topos findet sich (auch in Zusammenhang mit der weiter oben dargestellten Widerständigkeit gegen flexibilisierte Erwerbsverhältnisse) in der Stilisierung ‚ehrlicher Arbeit' als identitätsstiftender Ressource männlicher Subjektivierung. Während der rebellische Gestus durch Burger vor allem über den starken (und gegen nicht immer ganz klar benannte Widerstände) aufrechterhaltenen Südtirolbezug propagiert wird, findet sich in diesem Bezug zum Bereich der Erwerbsarbeit ein bürgerlich-konservatives Moment. So äußert sich Sänger Burger im Interview gegenüber Farin:[44] „Auch jeden Morgen seinen Arsch zur Arbeit zu schleppen und dabei noch dankbar für alles zu sein, ist eigentlich härter, als absichtlich asi zu sein." Ein entsprechendes Identifikationsangebot unterbreitete er seinen Anhängern ebenfalls in besagtem Interview mit Farin:[45] „Den typischen Fan sehe ich schon als Handwerker, aber als fleißigen Handwerker, nicht einer, der extrem säuft und sich am Wochenende total abschießt." Die implizite Vergeschlechtlichung dieser Symbolik erscheint vor dem Hintergrund der im Werk Frei.Wilds als Beispiele für Erwerbstätigkeit dargestellten Arbeiten (es geht da z. B. im Lied „Südtirol" um die „knochenharte Arbeit unser Väter am Bau" und nicht etwa um eine Beschäftigung in einem Nagelstudio oder als Erzieherin) recht eindeutig.

3.3 Regionalismus

Das dritte durch die Südtiroler Band etablierte Kompensationsangebot stellt das *Ideal einer regionalistischen Übersichtlichkeits- und Ursprünglichkeitsromantik* dar. Als eine der „Hauptquellen kultureller Identität" vermitteln Menschen[46] das Subjektivierungsmoment Nationalkultur unter Betonung von „Kontinuität,

---

[44]Farin 2014, S. 123.
[45]Ebd., S. 89.
[46]Hall 1994, S. 199.

Tradition und Zeitlosigkeit", der Erfindung von Traditionen, eines Gründungs-
oder sogar Ursprungsmythos sowie der „Idee eines reinen und ursprünglichen
Volkes".[47] Angesichts ihres Gesamtwerkes erscheint es als unstrittig, dass Frei.
Wild all diesen Komponenten in der einen oder anderen Weise Rechnung tragen.[48]

Die Angst vor dem Verlust nationaler (oder regionaler) Identität zugunsten
einer Entwicklung, die im sozialwissenschaftlichen Fachjargon auch als „McDo-
naldisierung"[49] bezeichnet wurde, stellt hierbei allerdings nicht den einzigen
Kritikpunkt dar, der sich in den Äußerungen der Band gegenüber der fortschreitenden Internationalisierung von Lebenswelten und politischen Syste-
men findet. Generell spricht aus den von Frei.Wild inszenierten Bildwelten eine
Angst vor sozialer Komplexität, vor Einflüssen jenseits des territorialräum-
lichen Bezugsrahmens. Angesprochen auf sein Verhältnis zu politischem Engagement äußert sich etwa Bassist Zegga wie folgt: „Italien ist ja sowieso kein
Vorzeigeland, was die Politik angeht. Deshalb habe ich eher ein gestörtes Verhältnis zur Politik."[50] An Gemeindewahlen beteilige er sich zwar, aber „je größer
der Rahmen wird, desto mafiöser wird es ja". Das Vertrauen in translokale
(geschweige denn transnationale) Institutionen erscheint hier als gering.

Die „Macht des Lokalen in einer Welt ohne Grenzen"[51] zeigt sich besonders in
der symbolischen Aufwertung ländlicher Lebenswelten in den Texten der Band.
Wie Farin[52] herausstellt, lebt Gitarrist Jonas Notdurfter bis heute in einem Dorf
im Eisacktal mit 300 Einwohnern mit seinen Eltern und seiner Ehefrau, und zwar
im selben Haus, in dem er aufgewachsen ist. Die Bandmitglieder, wie in diesem

---

[47]Ebd., S. 203.

[48]Die Reinheit des Volkes wird nicht explizit als biologische Abstammungsgemeinschaft
dargestellt. Zwar geht es hier um familiäre Tradition, die sich auf die Ansiedlung innerhalb eines bestimmten Territoriums (Südtirol) beschränkt. Eine „Blut-und-Boden"-Ideo-
logie, wie sie im Nationalsozialismus vorherrschte, liegt in diesem Zusammenhang zwar
nahe, stellt aber keineswegs die einzige plausible Interpretationsmöglichkeit dar. In eine
Südtiroler Familie einheiraten kann im Prinzip ja jeder, und nichts Gegenteiliges behauptet
auch die Band. Gleichzeitig, und hier liegt der Schlüssel zum Interpretationsspielraum,
stellt die symbolische Verbindung von Heimatliebe, ländlichem Lebensstil und Gemeinschaft auch die oben ausgeführte Assoziation eines per Definition rassistischen Nativismus
offen.

[49]Ritzer 2004.

[50]Farin 2014, S. 50.

[51]Berkin 2006.

[52]Farin 2014, S. 77.

Fall Bassist Zegga, betonen, zwar „konservativ" und „patriotisch", aber auf keinen Fall „rechts" zu sein und „überhaupt nichts gegen Migranten"[53] zu haben. Seine einwanderungskritische Haltung erscheint ihm hierbei keineswegs als widersprüchlich:

> „Viele Südtiroler sind sich zum Beispiel einig darin, dass eine einheimische Familie mit fünf Kindern nicht am Lebensminimum leben soll, während eine Familie aus weiß Gott woher zugewandert hier ankommt und sofort eine Wohnung sowie Sozialleistungen für mindestens drei Jahre gestellt bekommt, auch in den Krankenhäusern eine kostenlose Behandlung erhält und sich gleichzeitig die einheimische Familie trotz Arbeit und Einzahlung in die Systeme dasselbe vielleicht nicht oder nur schwer leisten kann. Sie denken also: Wenn du auf die Leute, die hier zu Hause sind, nicht schaust, so dass es ihnen auch gut geht, und gleichzeitig immer mehr Fremde ins Land holst, dann geht es bald allen schlechter! Ist das eine ‚rechte' Haltung? Für mich nicht" (Auszug aus dem Interview mit Zegga).

Evidenz für eine rechtsnationalistische Haltung findet sich in Farins Buch schon, allerdings nur mittelbar.[54] So wird berichtet, wie Sänger Burger schon zu Schulzeiten durch „sein sehr starkes Südtirolempfinden"[55] immer wieder beim Lehrkörper aneckte – eine nationalrebellische Heldengeschichte. Unbeugsam gegenüber den bürgerlichen Institutionen, bewährt sich Burger nicht nur in den Niederungen der Erwerbstätigkeit (s. o.), sondern auch in der Auseinandersetzung mit Autoritäten in seiner Kindheit und Jugend.

3.4 Zusammenfassung

In Zeiten sozialer Transformation erzeugt der Wandel vormals fest etablierter Strukturen im Alltag der Betroffenen häufig starke Verunsicherung. Anhand verschiedener Originalpassagen aus der Frei.Wild-Biografie Klaus Farins sowie einer Reihe von Referenzen auf deren Texte und sonstigen Selbstdarstellungen wurden in diesem Abschnitt drei symbolische Kompensationsangebote herausgearbeitet, mit denen die Südtiroler Gruppe ihren Hörern begegnet. Den Zusammenhang zwischen Verunsicherung und Kompensationsangebot stellt Tab. 1 dar.

---

[53]Ebd., S. 51.
[54]Wie Felix Gnisa mündlich bemerkte, ließe sich die Abwehr der Zuschreibung als „rechts" durch Zegga auch als (unbewusste) Kommunikationsstrategie interpretieren.
[55]Farin 2014, S. 97.

Tab. 1 Habituelle Verunsicherungsmomente und symbolische Kompensationsangebote in der Selbstdarstellung von Frei.Wild. (Quelle: Eigene Darstellung)

Verunsicherungsmoment	Kompensationsangebot
Flexibilisierung der Erwerbsverhältnisse	Heldenhafte Bodenständigkeit und Widerständigkeit
Restrukturierung der Geschlechterverhältnisse	Traditionell-maskulinistische Souveränität
Hybridität der (Post-) Migrationsgesellschaft	Regionalistische Übersichtlichkeits- und Ursprünglichkeitsromantik

Da die Texte von Frei.Wild ihre Bedeutung nicht losgelöst von deren Image als Band (und nicht zuletzt auch unter Beteiligung der Medien und schließlich der Rezipienten) gewinnen, werden die drei Kompensationsangebote – ganz im Sinne des intersektionalen Ansatzes – nicht als (voneinander) differenzierte Argumente, sondern im Rahmen eines semantischen Gesamtkomplexes vermittelt. So wurde z. B. gezeigt, dass die Flexibilisierung des Arbeitsmarktes und die Restrukturierung der Geschlechterverhältnisse als miteinander verbundene Entwicklungen auch von Frei.Wild in Form der Glorifikation männlich konnotierter Idealbilder industriegesellschaftlicher Erwerbstätigkeit verarbeitet werden.

Erinnern wir uns an die weiter oben anschließend an Spier[56] angeführten Merkmale populistischer Kulturelemente (Appell an den „kleinen Mann", Entrücktheit politischer Eliten, charismatische Führerfiguren, Abgrenzung von Minderheiten), wird deutlich, inwiefern diese Merkmale auch zur Charakterisierung der von Frei.Wild generierten Images herhalten können. Indem die Gruppe als charismatisch auftretende Figuren sowie in ihren Texten eine Projektionsfläche für die subjektiven Wünsche ihrer Zuhörer abgibt, vermittelt sie inhaltlich sicherheitsstiftende Orientierung an traditionellen Wertmaßstäben, heldenhafte Aufrichtigkeit sowie eine regionale Zugehörigkeit in Abgrenzung zu einer als feindlich und falsch dargestellten „Welt da draußen". Lediglich das Merkmal einer Abgrenzung von Minderheiten mag sich, zumindest auf den ersten Blick, nicht umfänglich in den Darstellungen Frei.Wilds wiederfinden.

Wie jüngst nicht zuletzt die Wahlerfolge der Alternative für Deutschland oder der Piratenpartei am Beispiel des immer größer werdenden Unbehagens am deutschen Korporatismus gezeigt haben, leiden westliche Industriegesellschaften nicht

---

[56]Spier 2006.

nur unter dem dreifachen Verunsicherungsmoment, sondern auch an einer Krise der politischen Repräsentation. Unter Bedingungen einer stetig abnehmenden Steuerbarkeit globaler Märkte für Arbeit und Geld, einer zunehmenden Verschuldung von Staaten und Einzelhaushalten sowie einer wahrgenommenen abnehmenden Resonanz des Urnengangs beim Wahlvolk scheint die Regierungsform der parlamentarischen Demokratie möglicherweise ihre Überzeugungskraft zu verlieren.

Nun stellen die Texte von Frei.Wild, sieht man von der Utopie eines Südtiroler Separatismus ab, der allein keine sechs goldenen Schallplatten in Deutschland erklärt, sicherlich alles andere als politische Pamphlete dar. In der Verquickung der symbolischen Leitwerte von Aufrichtigkeit und Bodenständigkeit mit der Transparenz (homogener) Regionalität transportieren Frei.Wild aber eine Verheißung der politischen Übersichtlichkeit. Das Gute Leben findet hier unter Bedingungen lokalen, d. h. transparenten und auf kultureller Homogenität beruhenden Zusammenhalts statt.

4 Kritik an Frei.Wild und warum sie zu kurz greift

Dass um die Band Frei.Wild eine Kontroverse stattfindet, ergibt sich aus der Konstellation innerhalb der deutschsprachigen Öffentlichkeit. Nationale Tendenzen auf dem Feld der Popkultur, dies zeigten in den letzten Jahren die Debatten um die Band „Mia" oder den Rapper „Fler" ebenso wie die Auseinandersetzungen um den Party-Patriotismus bei Fußball-Ereignissen, werden im deutschen Mediendiskurs nicht nur bejubelt, sondern auch kritisch begleitet (oder oft auch erst angestoßen) durch (linke) Presseorgane und Bewegungsakteure. Die Kritik an Frei.Wild in den deutschen Printmedien spielt sich im Wesentlichen in den Kulturteilen linker Zeitungen wie der *tageszeitung* und der *Jungle World,* zum Teil mittlerweile aber auch eher in der Mitte, wie im *Spiegel* oder in der *Zeit,* ab.[57]

Am Beispiel des Liedes „Wahre Werte" bezeichnet der Politikwissenschaftler Christoph Schulze vom Antifaschistischen Pressearchiv die durch Frei.Wild vermittelten Inhalte als „ultranationalistisch".[58] Dies erscheint stark übertrieben:

---

[57]Hinzu kommen einige Fernsehbeiträge, siehe https://www.youtube.com/watch?v=YXGZ3 FKdA4M; und https://www.youtube.com/watch?v=pbR9XpctC9s (Zugriff vom 28.11.2015).

[58]http://www.zeit.de/2012/20/A-Onkelz/seite-2 (Zugriff vom 28.11.2015).

Ein Zusammenhang zwischen Nationalkultur und Territorium mag patriotisch und, wenn gepaart mit einer „Blut-und-Boden"-Ideologie, auch nationalistisch sein. Unter „ultranationalistischen" Kulturelementen stellt man sich allerdings wohl eher Slogans wie „Deutschland über alles" vor. Der Geschäftsleiter des Brandenburgischen Instituts für Gemeinwesenberatung, Dirk Wilking, erkennt in Frei.Wild-Texten sogar „Nazi-Ideologien": „Südtirol soll nicht mehr zu Italien gehören, vielmehr wollen sie etwas Großdeutsches. Es ist ein klassisches Modell der rechtsextremen Szene, dass die Staatengeografie Europas in Frage gestellt wird." Dieser Vorwurf erscheint nicht nur übertrieben, sondern geradezu falsch; denn die Infragestellung europäischer Staatsgrenzen ist kein rein „rechtsextremes" Projekt.[59] Die Argumentation und Kritik erscheint also nicht nur undifferenziert, sondern auch sachlich falsch. Entsprechende Positiv-Referenzen an ein ‚Großdeutsches Reich unter Beteiligung der Region Südtirols' finden sich im Text an keiner Stelle.

Zu einer sachlicheren Einschätzung gelangt (teilweise) Haase,[60] wenn er bemerkt, Frei.Wild seien „keine Nazis", sondern stünden, „für eine weitverbreitete antiemanzipatorische Entwicklung, die in diffuser Angst vor der kosmopolitischen Gesellschaft ihren Ausdruck findet". Über das auf diese Weise transportierte Identifikationsangebot beklagt sich der Autor mit folgenden Worten:

> „‚Frei' meint dabei nichts als die kleinbürgerliche Freiheit des Tabubruchs, nach der Maxime ‚man wird ja wohl noch sagen dürfen'. ‚Wild' hingegen meint nichts als das getunte Auto, die triste Versoffenheit und die sexistischen Mackersprüche des autoritären Mobs, der gegen das Establishment wettert."

Ähnliche Einwände finden sich bei einem Kritiker der *Neuen Presse,* der Frei. Wilds Schaffen als „Musik für Abgehängte" bezeichnet.[61] In Frei.Wilds „Geseier von Ehre und Stolz" sowie dem „maskulistische[n] Jungmännergestus" sieht Haase[62] „ein insbesondere für die Provinz attraktives Identitätsangebot". Auf

---

[59]Vgl.   http://m.20min.ch/schweiz/zuerich/story/Frei-Wild-Auftritt-sorgt-fuer--rger-12691385? redirect=mobi&nocache=0.6267635543513053 (Zugriff vom 16.07.2016). Beispiele findet man nicht nur im Zusammenbruch der DDR, sondern auch in einem bayerischen, baskischen oder schottischen Separatismus, der Kommunistischen Internationale oder einer Rückgabe der französischen Kolonien.

[60]Haase 2013.

[61]Farin 2014, S. 17.

[62]Haase 2013.

diese Weise befriedige die Gruppe „das unstillbare Bedürfnis nach genau jener
Art heimattümelndem Deutschrock, mit dem es schon den Böhsen Onkelz
gelang, ihren Schriftzug auf den Heckscheiben unzähliger VW Polos zu platzie-
ren".[63] Ähnliche Kritikpunkte erkennt der antideutsche Kulturphilosoph Franz
A. Schneider,[64] wenn er Frei.Wilds „Heimatliebe" als „freiwillige Unterwerfung
unter ein verinnerlichtes Zwangsverhältnis" bezeichnet, zu dessen Lösung er
unter den Vertretern des politischen Gegenprojektes eine „Ästhetik der Ver-
krampfung"[65] einfordert.

Mediale Berichterstattung ermöglicht es der Gesellschaft, sich selbst zu
beobachten, ein politisches Agenda-Setting zu betreiben und so „mittels morali-
scher Kriterien und Beobachtungsweisen die Gesellschaft (über sich selbst) [zu]
alarmieren".[66] Diese Vorgehensweise lässt sich am dargestellten Fall der Kontroverse um Frei.Wild gut nachvollziehen. Kulturkritik, wie die Kommentatoren
sie äußern, stellt, mit Lessenich[67] gesprochen, ein riskantes Projekt dar, weil „sie
das für eine solchermaßen gerichtete Kritik notwendige Niveau der analytischen
Distanznahme vom Bestehenden systematisch unter- oder aber überbietet". Im
Falle der dargestellten Kritik lässt sich hier wohl von einer Überbietung sprechen:
Wie die zitierten Passagen zeigen, handelt es sich um eine eindeutige Nicht-
identifikation nach unten. Klassenpolitisch gewendet wird dieses Risiko auch von
Bescherer[68] beschrieben, „läuft doch die Kritik des Lumpenproletariats immer
auch Gefahr, sich mit den herrschenden Eliten und ihrer Verteidigung von Arbeit,
Familie und ‚natürlicher Ungleichheit' gemein zu machen". Doch genauso wenig
wie die Regierung sich, mit Bertold Brecht gesprochen, ein anderes Volk wählen
kann, ist auch die politische Linke außerstande, politische Akteure zu mobilisieren, die ihre Auffassungen nicht teilen wollen.

Im dargestellten Kritikdiskurs zeigt sich diese Borniertheit vor allem in der
Zurückweisung von Frei.Wilds „Antikosmopolitismus". Diese Kritiklinie wur-
zelt in der linken Denktradition des Internationalismus.[69] War der Aufstieg des
Nationalstaats im ‚langen 19. Jahrhundert' noch mit der Etablierung parlamenta-

---

[63]Es geht da wohl eher um Kias und Hondas, aber so genau kennt der Kritiker seinen
Gegenstand dann wohl doch nicht.

[64]Schneider 2015, S. 98.

[65]Schneider 2015, S. 74.

[66]Ziemann 2012, S. 72.

[67]Lessenich 2009, S. 224.

[68]Bescherer 2013, S. 14.

[69]Hierlmeier 2006.

rischer Demokratie und von Staatsbürgerrechten einhergegangen, so lehrten doch die beiden Weltkriege und zuletzt auch internationale Migrationsbewegungen, (vermeintlich) globale ökologische Risiken und grenzüberschreitender Standortwettbewerb, dass den neuen Problemen nicht durch einen Rückzug in den territorial begrenzten Bezugsrahmen beizukommen sei. Kosmopolitismus mit Kant (ethisch) sowie Marx und Engels (funktional) zu begründen, ist vor diesem (hier nur ganz knapp skizzierten) Hintergrund zur linken Reflexhandlung geworden. Dass solche theoretisch informierten Schlussfolgerungen, ihrem verständnisorientierten Anspruch zum Trotz, „mit der empirischen Wirklichkeit in Konflikt geraten",[70] erscheint hierbei insofern als unerheblich, als man sich ja moralisch auf der richtigen Seite weiß. International ist immer besser als national („Alle Menschen werden Brüder"). Der Kosmopolitismus ist der Linken eine mächtige Ideologie geworden.[71]

Dass allerdings Immanuel Kant,[72] Ulrich Beck[73] oder der ein oder andere *Jungle-World*-Journalist eine kosmopolitische Geisteshaltung beschreiben (und/oder einfordern), heißt nicht, dass diese Auffassung auch von ihren Adressaten (bzw. den Objekten entsprechender Kritik) geteilt wird. Der Rückzug ins Regionale lässt sich hierbei insofern als diffuse Angst vor einer kosmopolitischen Gesellschaft interpretieren, als das Konzept dieser kosmopolitischen Gesellschaft, wie viele Linke sie als Notwendigkeit proklamieren, selbst ein hochgradig diffuses ist. Was haben die unteren Segmente der Lohnabhängigen in Süd- und Westeuropa denn in den letzten Jahren von der Internationalisierung der Produktion oder der Zunahme grenzüberschreitender Mobilität gehabt? Während Exportüberschüsse in Form von Sonderzahlungen und Beschäftigungssicherheit lediglich einer weiter schrumpfenden Gemeinschaft von Kernbeschäftigten zugute kommen, bewirkt etwa der jüngere Politikwechsel im Zuge der europäischen Integration neben Austeritätsmaßnahmen wie der Schuldenbremse den Zuzug ausländischer Arbeiter, die den Druck am unteren Ende des Lohnspektrums weiter erhöhen. Die Annahme, dass solche Lebenserfahrungen die Variante eines gelebten Kosmopolitismus nicht unbedingt realistischer werden lassen, spiegelte sich zuletzt in einer IG-Metall-Mitgliederbefragung, bei der lediglich vierzig Prozent der 500.000 Teilnehmer in der europäischen Arena ein wichtiges

---

[70]Joas, Knöbl, 2004, S. 28.

[71]Jörke, Selk 2015.

[72]Kant 1784.

[73]Beck 2004.

Handlungsfeld der Gewerkschaftspolitik sahen.[74] Wenigstens die im deutschen Metallsektor Beschäftigten haben sich also bisher nicht mit den Proletariern aller Länder vereinigt.

Das kümmert die zitierten Kritiker aber nicht, denn als Maßstab dient ihnen die Schimäre einer ‚kosmopolitischen Gesellschaft‘. Anstatt die genannten Verunsicherungsmomente ernst zu nehmen (erkennen sie sie überhaupt?), beschränken sie sich auf die herablassende Verunglimpfung ihrer Adressaten. Eine Kritik an Frei.Wild müsste jedoch beides verbinden: den Autoritarismus als falsches Identitätsangebot ablehnen; als seine Ursache aber soziale Verwerfungen verantwortlich machen und nicht das bloße Unvermögen der Autoritären. Möglicherweise spiegelt sich in dieser Frontstellung zwischen urbaner Linken und regionalistischen Rechten auch ein politischer Cleavage zwischen Stadt und Land als Bezugsrahmen sozialer Teilhabechancen. Im neogramscianischen Sinne ließe sich die symbolische Auseinandersetzung zwischen urbanem Kosmopolitismus und ländlicher Heimatverbundenheit auch als Kampf um die kulturelle Hegemonie in einer krisenhaften Gesellschaft interpretieren.

5   Fazit

Die bis hierhin getroffene Darstellung hat gezeigt, wie das Kulturphänomen Frei. Wild sich über kompensatorische Angebote an eine Gruppe unter Bedingungen gesellschaftlichen Wandels in der Abstiegsgesellschaft[75] dreifach verunsicherter und politisch unterrepräsentierter Rezipienten etabliert. Zentrales Anliegen des Textes war es hierbei, Probleme zu skizzieren, die (linke) Medienvertreter an einer politisch konstruktiven Interpretation dieses Phänomens hindert. Die übergeordnete Fragestellung richtete sich dabei auf ein Grundproblem politischer Mobilisierung: Wenn die Linke traditionell für sich beansprucht, mit den Lohnabhängigen diejenigen zu repräsentieren, die die Last gesellschaftlicher Entwicklung zu tragen haben, wieso erreicht sie sie dann nicht?

Krisen, so lässt sich vermuten, wecken in Leuten, die unter ihnen leiden (oder dies zumindest annehmen), Reaktionen des Rückzugs auf Bewährtes (seien es nun Südtirol, die Geschichte des ‚eigenen‘ Volkes oder überkommene Männlichkeitsideale). Aus der theoretischen Auseinandersetzung mit Populismus

[74]Urban; Ehlscheid 2013.
[75]Nachtwey 2016.

als politischer Kommunikationsform folgte der Schluss, dass sich Frei.Wild als Komplex populistischer Kulturrepräsentationen interpretieren lässt. Dass sich entsprechende Repräsentationen unter Krisenbedingungen auch in der Populärkultur wiederfinden, erscheint wenig überraschend.

Solche (komplexitätsvermeidenden) Deutungsangebote hat die (intellektuelle) Linke in der Regel nicht zu bieten. Wenn Friedrich Engels[76] anmerkt, dass „die Tradition eine große konservative Macht" sei, sehen wir auch den Grund: Eine antireaktionäre Haltung ist (aus linker Perspektive) eine Voraussetzung für progressive Politik. Richtig erkennen die linken Kritiker auch, dass es sich bei Frei.Wild in erster Linie um eine trotzige Behauptung von Gegenidentitäten handelt. Im Krisendiskurs über Frei.Wild spiegelt sich nun, so das Fazit dieser Untersuchung, statt Empathie oder zumindest soziologischer Neugier vor allem Verachtung. Wolfgang Merkels jüngerer Befund,[77] dem zufolge vor allem junge Linke die politische Verbindung zur Arbeiterklasse verloren haben, kann vor diesem Hintergrund sogar noch zugespitzt werden: So finden sich in den dargestellten Originaltönen deutliche Anzeichen ebenjener „gesellschaftliche[n] Exklusionsprozesse, bei denen Formen materieller Benachteiligung mit Mechanismen symbolischer Abwertung verbunden werden", die Wellgraf[78] bei der kulturellen Konstruktion von Hauptschüler-Identitäten in einem ähnlichen Krisendiskurs erkennt.

Aber was bedeutet es, wenn das Feuilleton Antifaschismus von einem (klassen)politischen Projekt zu einer stilistischen Distinktionschance degradiert? Diese Frage stellte jüngst auch Wolfgang Streeck in einem Vortrag vor der Deutschen Vereinigung für Politische Wissenschaft:

> „Soll man sich auf die Möglichkeit einstellen, dass diejenigen, die die neue Rechte und ihre Wähler exkommunizieren wollen, wissen, dass sie ihnen damit die Möglichkeit nehmen, zu lernen, sich in einer halbwegs kultivierten Sprache an der öffentlichen Diskussion zu beteiligen – dass es ihnen also statt um demokratische Inklusion um eine moralisch-kulturell begründete Schließung des politischen Systems zur Verteidigung ihrer Kontrolle über dieses [...] geht?"[79]

---

[76]Engels 1962, 305.

[77]http://www.zeit.de/campus/2016-06/politisches-engagement-junge-linke-studenten-parteizugehoerigkeit (Zugriff vom 17.07.2016).

[78]Wellgraf 2012, S. 9.

[79]https://www.schader-stiftung.de/themen/kommunikation-und-kultur/fokus/grundfragen-der-sozialwissenschaften/artikel/entkoppelt-kapitalismus-und-demokratie-im-neoliberalen-zeitalter/ (Zugriff vom 16.07.2016).

Eine ähnliche historische Konstellation beschreibt der Kulturtheoretiker Stuart Hall[80] in Auseinandersetzung mit dem linken Widerstand gegen den Thatcherismus der 1980er Jahre: Mit ihrem „einseitigen Rationalismus" habe die Linke „völlig dabei versagt, die Notwendigkeit zu begreifen, den Alltagsverstand des einfachen Volkes auszuarbeiten, um einen popularen Block, eine praktisch materielle Kraft gegen traditionalistische Vorstellungen zu bilden".

Die linksintellektuelle Tendenz, „oppositionelle populistische Gruppierungen einfach auszugrenzen",[81] erscheint so also nicht mehr nur diskursethisch als fragwürdig. Man dürfe, so Müller[82] weiter, „denen, die Verteidiger der Demokratie sein wollen, durchaus zumuten, sich auf Augenhöhe mit den Populisten auseinanderzusetzen".[83] Wagen wir einen Blick ins Panorama der deutschen Populärkultur, entdecken wir auch mit größerer Mühe keinerlei entsprechende Diskursangebote. Vielmehr, so scheint es angesichts von Künstlern wie der Chemnitzer Gruppe „Kraftklub", die in ihrem Song „Fenster" politikfrustrierte Pegida-Gänger und antielitistische Verschwörungstheoretiker dazu auffordern, doch aus selbigem herauszuspringen, stellt der neue Mainstream-Antifaschismus ein neobürgerliches Projekt dar. Eine Auseinandersetzung auf Augenhöhe verhindert hier in erster Linie die kulturelle Distinktion nach unten.

Um den Kapitalismus zu bekämpfen, bedarf die Linke „motivierender politischer Leitbilder".[84] Diese lassen sich im Mainstream der Popkultur im Moment nur äußerst eingeschränkt finden („Jede Gesellschaft hat die Rockbands, die sie verdient'). Es erschiene vielleicht übertrieben, in diesem Zusammenhang von einer Krise linker Repräsentationspolitik zu sprechen – tatsächlich ist ja (vielleicht bis auf einen kurzen Zeitraum in den 1960er und 1970er Jahren) nie etwas anderes der Fall gewesen. Anstatt Humor und Geringschätzung als (äußerst wirksame) politische Instrumente zu nutzen, um Frei.Wild in Verruf zu bringen und so die eigene (überlegene) Identität zu behaupten, erschiene es aus dieser Perspektive notwendiger, die genannten Verunsicherungsmomente klassenpolitisch ernst zu nehmen, z. B. zum Zweck eines „verständigungsorientierten Handelns" im Sinne des Projektes einer „Mosaiklinken".[85] Eine haltlose Kosmopolitismusidee

---

[80]Hall 2014, S. 116.

[81]Müller 2016, S. 131.

[82]Ebd., S. 20.

[83]Wenn jemand ein Flüchtlingsheim anzündet und die Exekutive und/oder Judikative nichts tun, müsste man im Sinne des Gemeinwohls offen diskutieren, was genau „auf Augenhöhe" hier bedeuten soll.

[84]Rosa 2009, S. 222.

[85]Urban 2009.

als Alternative realer Verunsicherungen hilft hier, dies zeigt der Fall Frei.Wild anschaulich, nicht weiter. Anstatt popkulturelle Krisensymptome zu bedauern, wäre die deutsche Linke besser damit beraten, etwas über die Menschen zu lernen, die sie (angeblich) befreien will.

Literatur

Adorno, T. (1973). *Studien zum autoritären Charakter*. Frankfurt a. M.: Suhrkamp.
Beck, U. (2004). *Der kosmopolitische Blick*. Frankfurt a. M.: Suhrkamp.
Berking, H. (2006). *Die Macht des Lokalen in einer Welt ohne Grenzen*. Frankfurt a. M.: Campus.
Bescherer, P. (2013). *Vom Lumpenproletariat zur Unterschicht*. Frankfurt a. M.: Campus.
Bricler, U. (2002). Erfahrungstiere' und ‚Industriesoldaten'. In J. Martuschak (Hrsg.), *Geschichte schreiben mit Foucault* (S. 42–76). Frankfurt a. M.: Campus.
Brill, D. (2010). Black Metal ist Krieg. In K. Kauer (Hrsg.), *Die mythische Konstruktion weißer Männlichkeiten in subkulturellen Musikszenen* (S. 181–204). Berlin: Frank & Timme.
Bude, H. (2014). *Gesellschaft der Angst*. Hamburg: Hamburger Edition.
Connel, R. (2006). *Der gemachte Mann*. Wiesbaden: VS.
Degele, N., & Winker, G. (2009). *Intersektionalität*. Bielefeld: Transcript.
Di Blasi, L. (2013). *Der weiße Mann*. Bielefeld: Transcript.
Dörre, K., et al. (2011). Guter Betrieb, schlechte Gesellschaft? In C. Koppetsch (Hrsg.), *Nachrichten aus den Innenwelten des Kapitalismus* (S. 21–50). Wiesbaden: VS Verlag.
Engels, F. (1962). Ludwig Feuerbach und der Ausgang der klassischen deutschen Philosophie. In K. Marx & F. Engels (Hrsg.), *Werke* (Bd. 21, S. 291–307). Berlin: Dietz-Verlag.
Eribon, D. (2016). *Rückkehr nach Reims*. Berlin: Suhrkamp.
Farin, K. (2014). *Frei. Wild*. Berlin: Archiv der Jugendkulturen.
Fromm, E. (1937). Zum Gefühl der Ohnmacht. *Zeitschrift für Sozialforschung, 6*, 95–119.
Funke, M. et al. (2015). *Going to Extremes: Politics after financial crisis, 1870–2014*. CESIFO Working Paper No. 5553.
Geertz, C. (1987). *Dichte Beschreibung*. Frankfurt a. M.: Suhrkamp.
Guérot, U. (2016). Das Versagen der politischen Mitte. *Blätter für deutsche und internationale Politik, 6*, 59–67.
Haase, M. (2013). Frei, wild und irgendwie dagegen. *Jungle World, 12*, 12.
Hall, S. (1994). Die Frage der kulturellen Identität. In S. Hall (Hrsg.), *Rassismus und kulturelle Identität. Ausgewählte Schriften 2* (S. 180–222). Hamburg: Argument.
Hall, S. (2000). Die Konstruktion von ‚Rasse' in den Medien. In S. Hall (Hrsg.), *Ideologie, Kultur, Rassismus* (S. 150–171). Hamburg: Argument.
Hall, S. (2014). Popular-demokratischer oder autoritärer Populismus. In S. Hall (Hrsg.), *Populismus, Hegemonie, Globalisierung* (S. 101–120). Hamburg: Argument.
Hierlmeier, J. (2006). *Internationalismus*. Stuttgart: Lindenspürstraße.
Joas, H., & Knöbl, W. (2004). *Sozialtheorie*. Frankfurt a. M.: Suhrkamp.
Jörke, D., & Selk, V. (2015). *Der hilflose Antipopulismus*. Leviathan, *43*(4), 484–500.

Kant, I. (1784). Idee zu einer allgemeinen Geschichte in Weltbürgerlicher Absicht. *Berlinische Monatsschrift, 4,* 385–411.

Koppetsch, C. (2013). *Die Wiederkehr der Konformität.* Frankfurt: Campus.

Koppetsch, C., & Speck, S. (2015). *Wenn der Mann kein Ernährer mehr ist.* Berlin: Suhrkamp.

Lessenich, S. (2008). *Die Neuerfindung des Sozialen.* Bielefeld: Transcript.

Lessenich, S. (2009). Künstler- oder Sozialkritik? In K. Dörre (Hrsg.), *Soziologie, Kapitalismus, Kritik* (S. 224–244). Frankfurt a. M.: Suhrkamp.

Marshall, T. H. (1992). *Bürgerrechte und soziale Klassen.* Frankfurt a. M.: Campus.

Misik, R. (2010). I Am a Loser Baby, So Why Don't You Kill Me! In S. Neckel (Hrsg.), *Kapitalistischer Realismus* (S. 184–197). Frankfurt a. M.: Campus.

Müller, J. W. (2016). *Was ist Populismus?.* Berlin: Suhrkamp.

Nachtwey, O. (2016). *Die Abstiegsgesellschaft.* Berlin: Suhrkamp.

Neugebauer, G. (2007). *Politische Milieus in Deutschland.* Bonn: FES.

Ritzer, G. (2004). *The McDonalization of society.* Thousand Oaks: Pine Forge Press.

Rosa, H. (2009). Leiharbeiter und Aktivbürger. In K. Dörre, et al. (Hrsg.), *Soziologie, Kapitalismus, Kritik* (S. 205–222). Berlin: Suhrkamp.

Schäfer, A. (2015). *Der Verlust politischer Gleichheit.* Frankfurt a. M.: Campus.

Schneider, F. A. (2015). *Deutschpop halt's Maul.* Mainz: Ventil.

Scholz, S. (2015). *Männlichkeitssoziologie.* Münster: Westfälisches Dampfboot.

Seeliger, M. (2013). *Deutscher gangstarap.* Berlin: Posth.

Spier, T. (2006). Populismus und Modernisierung. In F. Decker (Hrsg.), *Populismus* (S. 33–58). Wiesbaden: VS Verlag.

Urban, H.-J. (2009). Die Mosaik-Linke. *Blätter für deutsche und internationale Politik, 5,* 71–78.

Urban, H.-J., & Ehlscheid, C. (2013). Plädoyer für ein arbeits- und sozialpolitisches Mandat. *WSI-Mitteilungen, 8,* 614–618.

von Lucke, A. (2016). Gegen'68: Grün-Schwarz und der Kulturkampf der AfD. *Blätter für deutsche und internationale Politik, 6,* 5–8.

Wellgraf, S. (2012). *Hauptschüler.* Bielefeld: Transcript.

Ziemann, A. (2012). *Soziologie der Medien.* Bielefeld: Transcript.

Autobiografien deutscher Gangstarapper im Vergleich

1   Einleitung

In seiner zeitdiagnostischen Arbeit zur Bedeutung von Resonanz für den gesellschaftlichen Zusammenhalt gelangt der Sozialtheoretiker Hartmut Rosa zu einer skeptischen Einschätzung der (emanzipatorisch-)politischen Potenziale der Populärkultur. Diese, so Rosa (2016: 374), sei „überwiegend unpolitisch geworden, sie versteht sich kaum mehr als Avantgarde, sondern versucht eher in variierenden Retrowellen den Geist vergangener Tage (des Punk, des Rockabilly, der Flowerpower etc.) wiederzubeleben.".

Wie die Analyse von vier Autobiografien deutscher Gangstarapper zeigen wird, lässt sich diese Einschätzung mit Blick auf das zurzeit erfolgreichste Genre der deutschen HipHop-Kultur nicht bestätigen. Vielmehr enthalten die Lebensgeschichten von Bushido, Fler, Massiv und Xatar mit der Selbstbehauptung der Sprecher gegenüber einer als exklusiv und feindlich empfundenen Mehrheitsgesellschaft ein genuin politisches Moment. Unter Bezug auf verschiedene Elemente der Kulturtheorie und einige meiner früheren Veröffentlichungen zum Thema werde ich die jeweiligen Erzählungen im Folgenden als Versuch einer Aktualisierung hegemonialer Männlichkeit interpretieren.[1]

2   Darstellung von Gangstarap und den Büchern

Als Subgenre von HipHop stellt Gangstarap im Jahr 2016 die wohl unter verkaufs- als auch aufmerksamkeitsökonomischen Aspekten erfolgreichste Spielart dieser Kultursparte dar. Die Sozialfigur des Gangstarappers entsteht hierbei

---

[1]Für wertvolle Hinweise danke ich Carolin Amlinger.

im Schnittpunkt zweier Diskursstränge – einem krisenhaften, der junge Männer mit (zumeist arabischem) Migrations- und Bildungshintergrund, dafür allerdings mit Hang zu Homophobie, Misogynie und Gewalttätigkeit zur Gefahr für die gesellschaftliche Ordnung stilisiert. Mit Gayatri Spivak lässt (1995) sich die Verdichtung sinnstiftender Repräsentationen dieser Art als Form „epistemischer Gewalt" verstehen. Hiermit bezeichnet die indisch-US-amerikanische Kulturwissenschaftlerin „Diskurse über den Anderen – die imperialistischen, orientalistischen, exotischen, anthropologischen und folkloristischen Diskurse, und die über die Kolonisierten und die Primitiven" (Hall 1994a: 20). Wenn deutsche Medien wie der Spiegel mit seiner Titelstory (1/2008) eine „Migration der Gewalt" oder in der Ausgabe (13/2007) eine „stille Islamisierung Deutschlands" beschwören, transportieren sie gleichzeitig die symbolischen Rohmaterialien, die Rezipienten zur Konstruktion stereotyper Vorstellungen verwenden.[2] Gleichzeitig, und so komplementiert die affirmativen Dimension dieses Krisendiskurses auch ein Moment des Empowerment, dient den Gangstarappern (und womöglich auch einer Reihe von Rezipienten) die Profilierung über Rap (oder die dort inszenierten Tätigkeiten) als Ausweg aus dem Defizit an materiellen Gütern und Anerkennung. Mit den analysierten Autobiografien rücken in diesem Text vier Bücher in den Fokus, die ihre Bedeutung – so ist zu argumentieren – innerhalb dieses Spannungsfeldes gewinnen.

Das Feld der Literatursoziologie fristet, so Baasner (1996: 201) ein „Schattendasein" zwischen den Disziplinen der Kultur- und Sozialwissenschaft und fokussiert dabei „die Interaktion der an der Literatur beteiligten Personen" (Fügen 1974: 14) sowie die „Rahmenbedingungen, Strukturen und Konsequenzen literarischer Kommunikation" (Dörner/Vogt 2013: 2f.). Den umkämpften Charakter solcher Repräsentationen betonen unter anderem Pierre Bourdieu und Loic Wacquant (2006: 101), wenn sie die soziale Welt einen „Ort ständiger Kämpfe um den Sinn dieser Welt" charakterisieren.[3]

Der Inhalt einer Autobiografie stellt hierbei keineswegs objektiv dar, wie ein Mensch *wirklich ist,* oder wie eine Lebensgeschichte sich tatsächlich *vollzogen hat.* Hierauf sind allenfalls Rückschlüsse möglich. Was uns eine Autobiografie

---

[2]Yildiz (2007: 38) bezeichnet diese subjektiven Selbstverständlichkeiten auch als „ethnisches Alltagswissen, das ständig reproduziert und bestätigt wird."

[3]Ähnlich erkennt auch Herbert Blumer (2013: 141) die Entstehung sozialer Probleme als „Resultat eines Prozesses kollektiver Definition". Gesellschaftliche Missstände erscheinen aus dieser Sicht also keineswegs als objektiv gegeben, sondern entstehen als Gegenstand sozialer Konstruktion.

in erster Linie zeigt, ist die Art, auf die der Autor oder die Autorin sich selbst in Szene zu setzen versucht. Zu einer interessanten Beobachtung gelangt hier Renate Liebold (2010: 280) in ihrer Auswertung einer Reihe aktueller Autobiografien sogenannter Spitzenmanager, die in ihren Darstellungen versuchen, sich als „Elite in einem substanziellen Sinn zu entwerfen." Verstehen wir dieses literarische „Bemühen um Distinktion und Zugehörigkeit" mit Liebold (ebd.: 280) als „Charismatisierung ihres Erfolgs", lässt sich dies mit Max Weber als (symbolische) soziale Schließung, oder mit Karl Marx (und damit auch Seeliger und Knüttel 2010) als „Klassenkampf von oben" begreifen. Aber bedeutet dies, dass sich die Äußerungen der Gangstarapper demgegenüber als Gegenbewegung interpretieren lassen?

Die Auseinandersetzung mit literarischen Äußerungen von Akteuren aus dem Feld des Gangstarap bewegt sich damit innerhalb eines krisenhaften Diskurses um Einwanderung und Integration. Der stereotype Gangstarapper tritt hierbei insofern als „Figur des Fremden" (Siebel 2015: 35) in Erscheinung, als dass „normale Entwicklungsverläufe und langweiliger Alltag weniger berichtenswert sind als vielmehr exotische Besonderheiten und emotional aufwühlende Konstellationen" (Leenen/Grosch 2009: 216).

3 Theoretischer Rahmen

Ein theoretischer Rahmen gibt die Aspekte vor, unter denen man das zu untersuchende Material analysiert. Im Folgenden setzt sich dieser Rahmen aus Elementen der Auseinandersetzung mit Intersektionalität (und insbesondere hegemonialer Männlichkeit) sowie verschiedenen Konzepten der Kritischen Theorie sowie der Cultural Studies zusammen. Diese werden im Folgenden genauer vorzustellen sein.

3.1 Gangstarap-Images aus intersektionaler Perspektive

Wenn, wie Stuart Hall (1994a: 74) betont, Identität „immer auch eine Erzählung, eine Art der Repräsentation" darstellt, lassen sich bei der Selbstinszenierung von Gangstarappern eine Reihe von Bezügen auf unterschiedliche soziale Zugehörigkeiten als zentrale Referenzpunkte erkennen. Diese werden sozialtheoretisch mithilfe eines Ansatzes erfassbar, welcher seit den 1990er Jahren erst im Feld der Frauen- und Geschlechterforschung (Crenshaw 1993) und seit einiger Zeit auch im Bereich der Soziologie sozialer Ungleichheiten Anwendung findet. Die Rede ist vom Konzept der Intersektionalität.

Die Grundidee des Ansatzes liegt darin, dass sich soziale Disparitäten in aller Regel nicht unter Bezug auf eine einzelne Kategorie sozialer Zugehörigkeit erklären lassen. Während besonders die ersten Ansätze zur Analyse solcher Disparitäten traditionell vor allem die Kategorien Ethnizität, Klasse und Geschlecht in Betracht gezogen haben (vgl. etwa die Beiträge in Klinger et al. 2007), eignet sich zum Verständnis der kulturellen Konstruktion von Gangstarapimages ein erweitertes Konzept, wie es Degele und Winker (2009) vorschlagen.[4]

Die besondere Bedeutung von Klasse für die subjektive Identitätsentwicklung ergibt sich einerseits durch ihre Verbindung „mit dem materiellen Leben und durch die Ökonomie selbst" (Hall 1994a: 69 f.). Doch hat die Position innerhalb eines Systems der Leistungserstellung und Güterverteilung nicht nur unmittelbaren Einfluss auf den Zugang zu gesellschaftlichen Ressourcen. Zusätzlich prägt sie auch das Selbstverständnis von Personen. Ob jemand arm oder reich ist, bezeichnet in der Regel nicht nur, ob er bestimmte Dinge besitzt, sondern auch, ob er bedient oder in Anspruch nimmt, Ansehen genießt oder sich unterordnen muss. In einem früheren Text (Seeliger 2012) habe ich gezeigt, weshalb sich Gangstarapimages aus Sicht einer politischen Soziologie sozialer Ungleichheit auch als Images klassenpolitischer Auseinandersetzung ansehen lassen: Es geht hier um Arme, die sich mit der (aus ihrer Sicht ungerechten) materiellen Privilegierung einiger Reicher nicht abfinden möchten.[5]

Zentrales Thema im Gangstarap ist neben der Armut auch die Verwehrung kultureller Teilhabechancen aufgrund rassistischer Ausschlüsse. Ein Migrationshintergrund im arabisch-islamischen Kulturkreis bringt die Protagonisten hier häufig in die Situation, sich mit Stereotypen auseinandersetzen zu müssen. Neben den Ausschlusserfahrungen ermöglichen diese jedoch gleichzeitig ein ‚Aufbauen' auf denjenigen Krisendiskursen, die junge Männer mit Migrationshintergrund häufig als Gewalttäter und Kriminelle stigmatisieren.

Die Beibehaltung der Kultur des Herkunftslandes unter Migranten und deren Nachkommen ist in der deutschen Gesellschaft also mit einer häufig anhaltenden

---

[4]Zusätzlich zu Klasse, Ethnizität und Geschlecht rückt hier die Kategorie Körper ins Zentrum des Interesses.

[5]Oder zumindest insofern nicht, als dass sie nicht selbst arm bleiben möchten. Inwiefern die Konsequenz einer solchen (geteilten) Ungleichheitserfahrung eine kollektive Klassenpolitische Mobilisierung bedeutet, stellt sich aus Sicht der verschiedenen Genrevertreter höchst unterschiedlich dar.

Fremdheitserfahrung unter den Eingewanderten verbunden. Die hieraus resultierende „Frage der Zugehörigkeit" erkennt Foroutan (2013: 92) als Resultat „einer Gleichzeitigkeit von (identitären) Referenzsystemen, die dann problematisch sein kann, wenn diese vom Geltungsanspruch der Mehrheitsgesellschaft als antagonistisch, als dem Eigenen widersprechend betrachtet" wird (ebd. 91).

Wie Mannitz (2006) in ihrer äußerst instruktiven Studie zur Selbstverortung Jugendlicher (Post-)MigrantInnen in der Bundesrepublik zeigt, wirkt sich die multiple Identifikation häufig in Form eines „Bekenntniszwangs". Während Kulturelemente der Aufnahmegesellschaft (schminken, Ausgang bis spät in die Nacht) vonseiten der Familien kritisiert wird – Mannitz (2006: 172) bezeichnet dies als „Verdeutschung" –, zeigen die Institutionen der Aufnahmegesellschaft (und hier vor allem die Schule) eine Tendenz, den Betroffenen eben diese Verdeutschung abzuverlangen. Mit einem verstehenden Zugang zur Lebenswelt der befragten Jugendlichen gelangt die Autorin zur Rekonstruktion ihres Verständnisses von „Deutsch-Sein" als

> „ein dichtes Knäuel an Vergemeinschaftungsmomenten und Eigenschaften […], von denen nur manche teilbar waren: Abstammung, die nationale Geschichte, eine Mentalität, die für kühle Rationalität und ökonomischen Erfolg stand, aber auch für irrationalen Fremdenhass und systematischen Völkermord, modernes gesellschaftliches Leben, Gleichberechtigungsideale, Diskussionskompetenz und Kompromissbereitschaft – eine so komplexe wie ambivalente Melange. Werden könne man es höchstens bis zu einem Grad von ‚deutsch halb-halb'."

Ethnizität als soziale Zugehörigkeit geht also nicht nur einher mit Fremdzuschreibungen, sondern – besonders in Verbindung mit Klassenzugehörigkeit – auch mit einer Prägung der eigenen Sicht auf die Welt.

Da es sich bei den Protagonisten im Gangstarap fast ausschließlich um Männer handelt[6] und sich diese vorwiegend über maskulin konnotierte Verhaltensweisen profilieren, ist die Geschlechterdimension des Themas unter Aspekten von *hegemonialer Männlichkeit* zu beleuchten. Das von Raewynn Connell (2006) eingeführte Konzept dient dem Verständnis der Beziehungen zwischen unterschiedlichen Formen von Männlichkeit. Indem Männer mit unterschiedlichen sozialen Hintergründen um die legitime Vertreterschaft der hegemonialen Männlichkeit konkurrieren, wird Männlichkeit zum Statuswettbewerb verschiedener Gruppen. Als aktuell erfolgreichstes Projekt zur Vertreterschaft erkennen die ‚global

---

[6]Für Ausnahmen in Form einer „weiblichen Empowerment" siehe Goßmann und Seeliger (2013).

business masculinity', wie sie z. B. ein Josef Ackermann vertreten hat.[7] Komplementär bilden sich so auch subordinierte Männlichkeiten heraus. Dass sich deren Auftreten mitunter als offenes Konkurrenzverhalten im Wettbewerb um die Vertreterschaft hegemonialer Männlichkeit verstehen lässt, habe ich in anderem Rahmen gezeigt (Seeliger 2013).

3.2 Zum Verständnis von Populärkultur: Nicht Kritische Theorie, sondern Cultural Studies!

Nun erscheint Gangstarap als Reproduktion patriarchaler Muster im homosozialen Wettstreit um die legitime Form der Männerdominanz im Rahmen kulturindustrieller Inszenierungen nicht unbedingt als progressive Kulturform im emanzipatorischen Sinne. Diese nicht nur potenziell, sondern höchstwahrscheinlich konservative (wenn nicht: regressive) Repräsentation von Kultur ist in der Geschichte der Geistes- und Sozialwissenschaften wohl am schärfsten (und pessimistischsten) durch die erste Generation der Frankfurter Schule kritisiert worden.[8] Für Horkheimer und Adorno (1988) gleicht die Produktion von „Massenkultur" der Fertigung anderer Güter insofern, als dass unter Bedingungen einer kapitalistischen Gesellschaft beide der Wertform unterworfen sind. Da die Rezipienten dieser Kultur unter Bedingungen eines gesamtgesellschaftlich wirksamen Verblendungszusammenhangs lediglich über ein „verdinglichtes Bewusstsein" (Adorno 1973: 292) angeleitet würden, ist die Produktion von Kultur bereits auf der Angebotsseite abgeschlossen.

Von dieser Sichtweise, möchte ich mich im Folgenden (zumindest teilweise) abgrenzen. Denn zwar scheint mir die Kritik an den Institutionen einer – wie auch immer genau – ‚verwalteten Welt' (Adorno 2003) zwar als interessant und nötig, methodologisch aber in einer Weise zu kurz greifend, die ein Verständnis der sozialen Welt nicht nur erschwert, sondern wenigstens zum Teil verunmöglicht. Gegenüber dem makrosoziologischen Zugang der Kritischen Theorie, fokussiert die Perspektive der Cultural Studies die alltagsweltliche Produktion, Adaption

---

[7]Zur Kultivierung solcher Idealbilder siehe die Arbeiten zum Business Punk von Seeliger (2011).

[8]Entsprechend verstanden und bezeichneten die Protagonisten dieses Ansatzes ihre Theorie auch als eine „Kritische Theorie". In Bezug auf Rap-Musik siehe hierzu – positiv – Behrens (2004) und – negativ – Seeliger (2016).

und Transformation makrosozial zirkulierender Kulturmuster. Den Begriff der Kultur konzipieren Vertreter der Cultural Studies hierbei konsequent unter politischen Aspekten. Ähnlich wie Bourdieu und Wacquant (2006) steht hierbei die Konstruktion sozialer Wirklichkeit im Widerstreit unterschiedlicher Akteure im Mittelpunkt des Interesses:

> „Popular Culture is always a culture of conflict, it always involves the struggle to make social meanings that are in the interest of the subordinate and that are not those preferred by the dominant ideology. The victories, however fleeting or limited, in this struggle produce popular pleasure, for popular is always social and political" (Fiske 1989: 3).[9]

Ganz in diesem Sinne erkennt Scharenberg (2001: 247) in den Repräsentationen der HipHop-Kultur einen „symbolische[n] Angriff auf die dominanzkulturelle Hegemonie." Den Symbolen der Dominanzkultur würden hierbei „eigene Zeichen und Symbole, auch eine eigene Sprache, also: das eigene kulturelle Kapital, entgegengesetzt" (ebd. 248).

Keineswegs als voluntaristische Theorie gedacht, zieht die Perspektive der Cultural Studies herrschende Ideologien als wirkmächtige Faktoren in Betracht. Für das Feld des Gangstarap hieße dies zuerst den eingangs vorgestellten Krisendiskurs um migrantische Männer als Teil des semantischen Bezugsrahmens in Betracht zu ziehen, innerhalb dessen Äußerungen von Gangstarappern ihre spezifische Bedeutung gewinnen. Eine „strategische Diskurspolitik", so Ha (2005: 115) geht hierbei „von der zentralen Einsicht aus, dass rassistisch Marginalisierte von der Dominanzkultur als ‚Kanaken' mit all ihren negativen Abwertungen konstruiert werden." Gleichzeitig, und dies ist nicht nur den Gangstarappern klar, sondern auch vielen Rezipienten bewusst, geht es bei der Aneignung solcher Images „gerade nicht um eine freie Identitätswahl, sondern darum, ein aufgezwungenes Selbstbild zu unterlaufen" (ebd.).

---

[9]Diese (potenziell emanzipatorische) Kraft der Populärkultur ist in der politischen (Revolutions-)Theorie keineswegs unbeachtet geblieben. Besonders deutlich zeigt sich dies im Plädoyer für die Politisierung der Literatur, wie es Wladimir Iljitsch Lenin (1905: 13 f.) äußert: „Nieder mit den parteilosen Literaten! Nieder mit den literarischen Übermenschen! Die literarische Tätigkeit muss zu einem Teil der allgemeinen proletarischen Sache, zu einem ‚Rädchen und Schräubchen' des einen einheitlichen, großen sozialdemokratischen Mechanismus werden, der von dem ganzen politisch bewussten Vortrupp der ganzen Arbeiterklasse in Bewegung gesetzt wird.".

4 Untersuchung der vier Autobiografien

Dieser Abschnitt stellt die untersuchten Autobiografien dar. Einer allgemeinen Darstellung des Inhalts folgt eine kurze Beurteilung im Lichte der theoretischen Rahmung. Der Abschnitt schließt mit einem Vergleich. Dass mit den vier Titeln nicht alle Buchveröffentlichungen deutscher Gangstarapper berücksichtigt werden, liegt daran, dass das zweite Buch von Bushido (2013) nicht schwerpunktmäßig biografisch orientiert und die angekündigte Lebensgeschichte von Haftbefehl (2016) gegenwärtig noch nicht erschienen ist. Die Reihenfolge der Darstellung orientiert sich an den Zeitpunkten ihrer Veröffentlichung.

4.1 Bushido – Bushido

Als erste Publikation aus dem Genre ‚Biografien von Gangstarappern' erfüllt Bushido als Buchautor die gleiche Pionierrolle, die er auch im deutschen Gangstarap insgesamt einnimmt. Schon als Kind ist der stark auf seine Mutter fixierte Bushido Zeuge häuslicher Gewalt, die sein Vater und später sein Stiefvater gegen diese ausüben. Anstelle der vollzeiterwerbstätigen Mutter muss der Junge schon früh Verantwortung übernehmen. Ein biografischer Aspekt, der sich im Selbstverständnis Bushidos abzeichnet, wenn er im Buch bemerkt „Für meinen Bruder war ich schon immer mehr als nur der große Bruder" (2008: 78).

Gleichzeitig betont er von Anfang an, wie die materiell ungünstigen Ausgangsverhältnisse für ihn die Kultivierung starker Durchsetzungsfähigkeit bedingten. So lässt er sich etwa spontan zum Schulsprecher wählen oder entschließt sich kurzerhand zu einer Laufbahn als Drogendealer.

Bei diesem Einstieg in die kriminelle Laufbahn kommt seiner Mutter, die ihn (wie auch im Fall seiner Rap-Karriere, für die sie ihm mit geborgtem Geld einen Sampler kauft) mit dem nötigen Startkapital ausstattet, eine Schlüsselrolle zu. Mit ihrem Einverständnis handelt er erst mit Marihuana, später mit Ecstacy und schließlich mit Kokain. Dass ihm diese Tätigkeit zwar Geld, nicht aber Anerkennung durch die oberen Schichten bringt, tritt besonders deutlich hervor, als eine romantische Beziehung zu Selina, der Tochter eines reichen Haushaltes, beginnt. Gespräche, die er am Mittagstisch mit ihren Eltern über seine berufliche Perspektive führt, erlebt der Junge als besonders unangenehm. Dass er beim Sex mit Selina von deren Mutter im Wohnzimmer des elterlichen Hauses erwischt wird, erscheint vor diesem Hintergrund als symbolische Konfrontation bourgeoisen Wohlstands mit seiner überlegenen Potenz. Ein ähnliches Motiv wiederholt sich, als Bushido nach der Trennung ihren neuen Freund verprügelt.

Nachdem er beim Dealen erwischt wird, landet er auf Umwegen in einer „Ausbildungsstätte für Benachteiligte Jugendliche", wo er eine Lehre als Maler und Lackierer beginnt und auf Fler trifft. Nach Abschluss der Lehre beschließt Bushido, sich von nun an vollständig auf das Rappen zu konzentrieren. Sein erster Vertrag mit dem Label Aggro Berlin verhilft Bushido zu deutschlandweiter Popularität. Doch als die Vereinbarung sich für ihn als unwirtschaftlich darstellt, mobilisiert Bushido Hilfe aus dem kriminellen Milieu Berlins: Mithilfe der Abou Chaker-Familie gelingt es ihm, den Vertrag zu lösen.

Diese Trennung von Aggro Berlin und der Wechsel zu Universal beschreibt das Buch sehr detailgetreu. Deutlich wird hier auch seine enge Verbindung zur Unterwelt: „Die Polizei zählt das Café Al Bustan [Treffpunkt der Abou Chaker-Familie, M.S.] zu den gefährlichsten Plätzen Berlins. Für mich ist es der einzige Zufluchtsort, an dem ich mich wirklich wohl fühle" (Bushido 2008: 205). Gleichzeitig nutzt Bushido auch Metaphern aus dem Spitzensport, um seinen Marktwert innerhalb der Musikindustrie zu verdeutlichen: „Ich war 28 Jahre alt, am Höhepunkt meiner Karriere, ablösefrei und bereit für den letzten großen Vertrag meines Lebens" (ebd. 237). Die Fußballmetapher versinnbildlicht einmal mehr die Verquickung physischer Durchsetzungsfähigkeit und wirtschaftlichen Erfolges zu einem spezifischen Ideal von Männlichkeit.

Als biografische Grundbestandteile bilden das Fundament dieser Persönlichkeitsentwicklung die frühe Übernahme von Verantwortung in der Familie sowie das disziplinierende Moment der Berufsausbildung. Gleichzeitig erscheinen aber auch die Ausgrenzungs- und Stigmatisierungserfahrungen vonseiten der deutschen Mehrheitsgesellschaft als wesentliche Motivation, deren Vertreter unter Bezug auf ihre eigenen Maßstäbe zu übertreffen.[10]

Eine weitere Facette des von Bushido kultivierten Männlichkeitsbildes ist in seiner ambivalenten Haltung gegenüber Frauen zu erkennen. Die bedingungslose Liebe und Verehrung der Mutter findet ihr Gegenteil in der krassen Gefühllosigkeit, die Bushido gegenüber anderen Frauen an den Tag legt, sobald er mit ihnen romantische und/oder sexuelle Beziehungen eingeht. Ursächlich führt er dies auf seine Erfahrungen mit Selina zurück. Diese habe aus ihm einen „skrupellosen Sex-Gangster" gemacht, schreibt er, und auf diese Weise „ein Monster erschaffen". Aus diesem Grund demütigt er daher auf Tour seine Groupies, z. B. indem er sie vor seinen Freunden beschimpft, oder beschreibt auf reißerische Weise Szenen sexueller Gewalt, um so die Ehrlosigkeit der betroffenen Frauen

---

[10]Wie Bushido in seinem zweiten schreibt, bestätigt ihm sogar seine Ehefrau, „dass deutsche Typen in der Pubertät stecken geblieben sind.".

zu begründen (2008: 289). Unter der Überschrift „Schwuchtel oder Mann?" finden sich im Buch einige Ratschläge zur Gestaltung eines gelungenen männlichen Lebensentwurfes: „Die perfekte Beziehung gibt es sowieso nicht. Ganz ehrlich: Würde die Fickerei nicht so viel Laune machen, gäbe es keinen Grund, überhaupt mit einem Mädchen zusammen zu sein" (2008: 126).[11]

Die Geschichte Bushidos bewegt sich im Einklang mit einer neoliberalen Leistungsfähigkeitserzählung (Neckel 2006; 2008), die eine Entwicklung individueller Protagonisten von einer schlechten in eine bessere (nein: die beste!) Situation beschreibt.[12] Dieses Credo formuliert auch Bushido (2008: 11) gleich zu Anfang seines Textes recht explizit: „Ich wollte immer nur das Beste aus meinem Leben machen, deshalb bereue ich auch im Nachhinein keinen einzigen Tag und keine einzige Tat." Und weiter: „Glaube an dich und du kannst alles erreichen, was du willst" (ebd. 14). Im Kontext seines Gesamtwerks betrachtet stellt der hier transportierte Überlegenheitsgestus den Kern der Marke ‚Bushido' dar. Und so überrascht auch nicht der personelle Referenzrahmen, den er aufspannt, wenn er ankündigt, der Nachwelt etwas hinterlassen zu wollen: „Meine Vorbilder in dieser Hinsicht sind Menschen wie Galileo, Platon, Einstein, Mandela, Achilles oder Columbus" (ebd. 368).

4.2   Fler – Im Bus ganz Hinten

Der Rapper Fler (bürgerlich Patrick Decker) bezieht sich als einziger der vier Rapper auf seine deutsche Abstammung. Seinen leiblichen Vater beschreibt er als Alkoholiker, der im Zorn gegen Flers Mutter dessen erste Gewalterfahrung auslöste. Die eigenen psychischen Leiden thematisiert Fler im Buch sehr explizit (tatsächlich werden dem Kontakt mit den Institutionen des Gesundheitssystems – Psychiatrie, Psychologin – eigene Kapitel eingeräumt). Er pflegt weiterhin einen offenen Umgang mit einer ADHS-Erkrankung und dem regelmäßigen Gebrauch

---

[11]Entweder, so heißt es dort weiter, „du hältst das Schiff über Wasser" oder „du öffnest dich vollkommen und kannst hundertprozentig davon ausgehen, dass deine Freundin oder Frau eines Tages zur Hure wird, ein Messer tief in dein Herz sticht und ganz langsam darin herumstochert" (ebd.: 127). Zu diesem Zeitpunkt (d. h. bevor er ein paar Jahre nach Erscheinen seines Buches die Schwester Sarah Connors' heiratet) ist nur die eigene Mutter in Ordnung. Und daher hat er sich auch ihren Namen ‚Luise Maria' auf den rechten Unterarm tätowiert.

[12]Man kann sie allerdings nie erreichen, denn etwas besser geht immer.

von Ritalin und anderen Medikamenten. Seine Schwierigkeiten im Umgang mit sich selbst und anderen thematisiert er im Verlauf des Buches sehr offen.[13]

Eine zentrale Bedeutung kommt im Buch dem Verhältnis zwischen Fler und seiner Mutter zu, das durch eine ständige Wiederholung von Enttäuschungs- und Missachtungserfahrungen geprägt ist. Dies schildert das Buch anhand einer Reihe kleinerer Beispiele: So verspricht die Mutter dem Jungen, ihn und einen Freund bei der Mini Playback-Show anzumelden, setzt dies aber nie in die Tat um. Gleichzeitig begegnet sie ihm häufig vorwurfsvoll: „‚Du bist echt zu nichts zu gebrauchen‘, war einer ihrer Lieblingssätze" (Fler 2011: 20). Dass Fler sie beim Sex mit ihrem neuen Partner überrascht, versinnbildlicht dem Jungen seinen Ausschluss aus der elterlichen Beziehung.

Ansonsten ist Flers Kindheit zwar nicht von existenziellem Mangel, verglichen mit dem Rest der Gesellschaft jedoch durchaus von materieller Armut geprägt. Mit der deutschen „Minderheit" (ebd. 36) in seinem Viertel kann er sich schon in frühen Jugendjahren nicht identifizieren: „Die Deutschen waren mir einfach zu langweilig – die meisten hatten einen Stock im Arsch und waren komplett uncool." Bei den Ausländern hingegen bewundert er das „Zusammengehörigkeitsgefühl" (Fler 2011: 38): „Sie waren alle wie Brüder. Und: Sie waren stolz auf ihre Herkunft. Die Ausländer waren die Kings der Hood" (ebd.).

Eine Verquickung von ethnischer und Klassenidentität zeigt sich, als Fler in der vierten Klasse auf eine Schule in Zehlendorf wechselt:

> „Das bedeutete: Raus aus dem Getto, hin zu den reichen Kids! Schon im Bus dahin merkte ich, dass ich komplett anders war als der Rest. Die Kinder, die auf diese Schule gingen, waren arrogant und kamen sich supergeil vor" (2011: 49).

Als „einzige[n] Lichtblick" bezeichnet Fler (ebd.: 50) seinen Klassenkameraden Yazid. Beide Jungen legen ähnlich rüpelhafte Eigenschaften an den Tag, verhalten sich aber gleichzeitig aufrichtig zueinander und halten zusammen. Die anderen Jungen (Mädchen kommen als aktiv Handelnde in der Erzählung kaum vor) stellt Fler als verweichlicht und hinterhältig dar („In den Gemeinschaftsduschen verarschten wir die anderen Jungs wegen ihrer lächerlichen Miniaturschwänze"; ebd.). Auch darüber hinaus beschreibt Fler seine verwahrloste Jugend, die geprägt ist durch Gewalt- und Delinquenzerfahrungen (so wohnt er etwa auch einer Vergewaltigung bei, die damalige Freunde begehen; Fler 2011: 80).

---

[13]Man erinnere sich auch an sein 2015 veröffentlichtes Album unter dem Titel „Keiner kommt klar mit mir".

Als Kind und Jugendlicher ist Fler hyperaktiv und als seine Mutter, um Geld zu sparen (Fler 2011: 59 f.), das Ritalin absetzt, erleidet der Junge einen Zusammenbruch und wird von seiner Kinderpsychologin ins Heim eingewiesen. In diesem Abschnitt, so Fler, erlebt er einen Tiefpunkt in seinem Leben: „Ich stand auf der Straße im Regen und stand kurz davor, mich aufzugeben" (ebd.: 87).

In der Ausbildung, die er im Wannseer Don Bosco-Heim beginnt, trifft Fler auf Bushido, der ihm in den kommenden Jahren als Vorbild dienen soll. Als dieser nach Abschluss seiner Lehre ankündigt, sich in Zukunft auf das Rappen konzentrieren zu wollen, folgt ihm Fler (seinerseits allerdings ohne Abschluss). Der Anfang 20-Jährige genießt von nun an das Leben als Rapper, es folgen Geschichten von der ersten Tour, die Darstellung ausschweifender sexueller Erfahrungen und Kleingaunereien. Nach der Trennung von Bushido folgt das Angebot eines Plattenvertrages durch das Label Aggro Berlin und der Aufstieg Flers als Rapper hält an. Als er schließlich feststellt, dass die Labelbetreiber ihn nicht nur wirtschaftlich benachteiligen, sondern auch unkollegial behandeln, trennt er sich von ihnen. Am Ende des Buches versöhnt er sich mit Bushido und beschreibt so seine finanzielle und persönliche Restauration.

Stilistisch entspricht das Buch im Großen und Ganzen dem Genre des Jugendpopjournalismus. Dies mag damit zusammenhängen, dass Fler mit den "Bravo"-RedakteurInnen Julia Kautz und Sascha Wernicke als Co-Autoren zusammengearbeitet hat. Als zentrales inhaltliches Motiv des Buches erscheint der Topos der verschiedentlichen ‚Wiederauferstehung' Flers. Sein offener Umgang mit Verletzlichkeiten und Niederlagen ermöglicht ihm eine Dramaturgie, in dem es ihm unter widrigen Bedingungen immer wieder gelingt, gestärkt aus der Lösung seiner Probleme hervorzugehen.

4.3 Massiv – Solange mein Herz schlägt

Als Sohn libanesischer Flüchtlinge palästinensischen Ursprungs wächst Massiv im rheinland-pfälzischen Pirmasens auf. Der Junge ist ein schlechter Schüler. Früh plagen ihn Selbstzweifel, die auch durch eine ständige Infragestellung des Jungen vonseiten des Vaters genährt werden. Ihr liebloses, häufig aggressives Verhältnis geprägt war durch ständige Demütigung („Wenn Baba lachte, dann nur über mich"; Massiv 2012: 33). Und auch im Wettbewerb um die Anerkennung der Eltern unterliegt er immer wieder der älteren Schwester.

Obwohl der Vater hart und regelmäßig arbeitet, bleibt die Familie arm. Die Schilderung der väterlichen Erwerbstätigkeit ist geprägt von klassischen Gastarbeiter-Topoi: Einmal etwa fällt er positiv auf, weil er im Betrieb eine Toilette mit den Händen reinigt, die sonst keiner der Kollegen auch nur anzufassen wagt. Stärke gegenüber seinem Sohn beweist der Vater, indem er anhaltend Anpassungsfähigkeit und Härte zum Maßstab männlicher Tugendhaftigkeit erklärt: „Er meinte, Menschen die auf Sozialhilfe leben oder illegal arbeiten würden, müsste man umbringen; auf der faulen Haut liegen sei beschämend und eine Schande für jeden Menschen" (Massiv 2012: 34). Eine Missbrauchserfahrung, die Massiv im frühen Jugendalter erlebt, treibt diese Diskrepanz weiter auf die Spitze. Denn mit dem psychische Leidensdruck erhöhen sich auch die Erwartungen des Vaters, wenn er sagt: „Arabische Männer sind stolze Männer. Sie weinen nicht. Sie geben nicht auf. Sie sind bereit, für ihre Überzeugung zu sterben. Sie sind bereit, für ihre Heimat zu sterben" (2012: 107).

In der Selbstdarstellung von Massiv im Buch findet sich immer wieder ein starker Bezug zur palästinensischen Abstammung der Eltern wieder. Die Migrationsgeschichte der Familie (Flucht in den Libanon, schließlich Gewährung von Asyl in Deutschland) verunmöglicht dem Jungen eine eindeutige Identifikation mit einem einzelnen nationalen Kulturraum, schon als Kind fühlt er sich als „nichts Halbes und nichts Ganzes" (ebd. 2012: 60).

Aufgrund seiner schlechten schulischen Leistungen schicken die Eltern ihn in eine christliche Betreuungseinrichtung zum Nachhilfeunterricht. Von den dort tätigen Ordensschwestern erfährt er vor allem Geringschätzung; sie nennen ihn nicht beim Namen, sondern sagen „Du da" und zwingen ihn als Strafarbeit das Vaterunser abzuschreiben. Als er sich weigert, von den Nonnen serviertes Schweinefleisch zu essen, wird er des Heimes verwiesen. Dass er, so lässt sich interpretieren, die zwangsförmige Assimilation verweigert, bringt ihm vonseiten der Eltern allerdings keinerlei Anerkennung ein: Die Mutter reagiert enttäuscht und der Vater wird wütend.

Nachdem er die Schule verlassen hat, stellt sich für den Jungen heraus, dass eine solide Erwerbstätigkeit ihn weder zufriedenstellt, noch sein Auskommen gewährleistet. Er bricht fünf (!) Ausbildungen ab (vgl. ebd.: 198)[14] und nimmt eine erfolgreiche Tätigkeit als Drogendealer auf. Während seine beiden Geschäftspartner ihren Teil des Gewinns gleich ausgeben, beginnt Massiv Geld zu sparen. Gleichzeitig professionalisiert er nicht nur seine Kriminellen-Tätigkeit, sondern beginnt systematisch Kraftsport zu betreiben. Aus dem Schatten des Vaters tritt er also über die Kultivierung eines unternehmerischen Selbstentwurfes heraus.

---

[14]Wer kriegt nach der vierten abgebrochenen Ausbildung eigentlich noch einen Ausbildungsplatz?

Als sein bester Freund aufgrund seiner Verstrickung in den lokalen Rauschgifthandel zu neun Jahren Gefängnis verurteilt wird, trifft Massiv nach dem
Prozess zufällig auf den Täter, der ihn als Kind misshandelt hat. Aus Rache verprügelt er den Mann noch im Gerichtsgebäude. Anschließend sinniert er über
Gerechtigkeit: „Jemand, der einem Kind die Kindheit stahl, kam ungestraft
davon, doch wehe dem, der den Staat beklaute – der musste bluten" (ebd. 2012:
195).

Im Gespräch mit in der Nähe stationierten GI's entdeckt er sein Talent für Rap
und entscheidet, einen entsprechenden Karriereweg einzuschlagen (die Eltern
sind natürlich dagegen). Nachdem er eine Demo-CD aufgenommen und an eine
Reihe von Labels und Produzenten verschickt hat, lädt ihn der Berliner Rapper
MC Bastard ein, gemeinsam mit ihm ein paar Songs aufzunehmen. Er überredet
seine Eltern, mit ihm nach Berlin zu kommen. Mithilfe des Ersparten vom Vater
dreht er ein Video und schafft so den Durchbruch. Mit dem Vertrauen der Eltern
ausgestattet gelingt so nicht nur die Verwirklichung seiner Aufstiegsträume, sondern gleichzeitig auch die Versöhnung mit der Familie. Als einen Moment des
Triumphes schildert Massiv, wie er Eltern und Schwester nach Abschluss eines
großen Plattenvertrags in ein teures Berliner Steakrestaurant einlädt (Massiv
2012: 307 ff.). Mission Accomplished.

Stilistisch bleibt das Buch– meinem Geschmack nach – hinter den anderen Büchern zurück: Zu ungeschickt ist der Ausdruck.[15] Zu holzschnittartig und
teilweise reißerisch sind die Formulierungen gewählt. Zu abrupt und drastisch
verlaufen die Spannungsbögen. Die Erzählung klingt dabei streckenweise so
unrealistisch, das es fast absurd wirkt.[16] Insgesamt passt das aber auch zu den
besonders übertriebenen Darstellungen, wie sie sich auch in Massivs Rap-Texten
finden.

Inhaltlich folgt das Buch der Struktur einer Aufstiegserzählung, die sich neben
der Überwindung sozialer Hürden und materieller Mängel vor allem aus einer
graduellen Aufarbeitung der Selbstzweifel ergibt, die der Junge im Verhältnis zu
seiner Umwelt entwickelt hat. Hierbei ist vor allem die Bezugsperson des Vaters
von Bedeutung: Während dieser sich als Gastarbeiter in schlecht bezahlten Jobs

---

[15]„Er grinste schief und trat mit dem rechten Fuß gegen einen Stein, der mich treffsicher
am Schienbein traf" (Massiv 2012: 103).

[16]Als er noch klein ist, freundet sich der junge Massiv etwa mit einer Ratte an, die bei
ihnen in der Wohnung lebt. Mit Hilfe von Käsekrümeln bringt er der Ratte Kunststücke bei.
Als der Vater dies mitbekommt, tötet er die Ratte mit den Worten „Hier wird nichts ver-
schenkt" (Massiv 2012: 37).

mit unangenehmen Aufgaben herumärgern muss, tritt Massiv aus seinem Schatten heraus, indem er als krimineller Unternehmer die Legitimität mehrheitsgesellschaftlicher Ordnung zu unterlaufen beginnt. Die Darstellung der erfolgreichen Laufbahn als Rapper lässt sich anschließend hieran auch als symbolischer Angriff auf die legitime Vertreterschaft hegemonialer Männlichkeit interpretieren.

4.4 Xatar – Zähl' so viele Scheine Du kannst, bevor Du sitzt

Als Sohn geflüchteter Freiheitskämpfer aus dem kurdischen Teil des Irak kommt Xatar Mitte der 1980er Jahre nach Bonn ins Viertel Brüser Berg. In der kleinen Wohnung, die die Familie in der Celsiusstraße bezieht, herrscht, ähnlich wie im Viertel insgesamt, relative Armut. Durch Nebenjobs finanziert seine Mutter dem jungen Xatar Klavierunterricht, der – bedacht mit Talent und Durchhaltevermögen – sich auch als guter Basketballspieler und passabler Gymnasiast herausstellt.

Von seinen Lehrern erhält Xatar fast gar keine Anerkennung. Stattdessen stellt die Erscheinung des ausländischen Jungen für die Pädagogen eine Provokation dar. In der Grundschule nimmt er mit einem aufwendigen Bild über Völkerverständigung an einem Malwettbewerb teil, den allerdings – Xatar meint zu Unrecht – ein deutsches Kind gewinnt: Ein Sinnbild für seine Situation. Lob gibt es nur einmal, als die Pausenaufsicht ihn zur Hilfe ruft, um ein paar fremde Hauptschüler vom Schulhof zu verjagen: „In diesem Moment wurde mir klar: Egal, was ich gemacht oder versucht habe – diese Leute haben in mir immer nur den Asi-Kanaken gesehen" (Xatar 2015: 31).

Der Weg in ein bürgerliches Leben versperrt, muss Xatar sich also nach Alternativen in seiner näheren Umgebung umsehen.

„Und da niemand etwas anbot, nahmen wir uns irgendwann einfach das, was wir glaubten, was uns zustehen würde. Weil es alle hatten, außer wir. Das Leben schenkte uns nichts. Also fingen wir an, mit dem Leben zu dribbeln. So, wie es die Älteren machten. Wir sahen sie auf dem Brüser Berg mit ihren Benzern stehen, mit ihren goldenen Uhren. Während andere den ganzen Tag schufteten und am Ende des Monats trotzdem jeden Pfennig umdrehen mussten, hatten diese Jungs immer ein paar Batzen auf Tasche" (Xatar 2015: 36).

Mit seiner ersten Gang, den Brüser Berg Asis, verschafft er sich die Aufmerksamkeit, an der es ihm in der Schule gefehlt hat. Dass der Einstieg in die Kriminellenlaufbahn auch eine neue Sichtweise auf Recht und Unrecht mit sich bringt, zeigt sich jedoch nicht nur in der zunehmenden Gewalttätigkeit und anderen Konflikten mit dem Gesetz, sondern auch in Großmut und Verantwortung. So veranstaltet er im Viertel Grillfeste für die Bewohner. Irgendwie hält man dort doch zusammen, oder möchte zumindest etwas zurückgeben.

Über weite Strecken hinweg lebt das Buch von der Darstellung der Arbeit als Krimineller. Detailliert beschreibt Xatar, wie er Drogen verarbeitet, Schulden eintreibt oder wie ihn Kokaindeals bis nach Peru führen. Die Widersprüche dieses Milieus bringt der Autor immer wieder anekdotisch-metaphorisch auf den Punkt, wie etwa im Falle des Drogenkochs, der plötzlich einen Gebetsteppich hervorholt, um sich an Allah zu wenden: Schließlich möchte man ja nicht als Sünder sterben.

Gleichzeitig entdeckt Xatar in dieser Zeit auch seine Passion für die Rapmusik und beginnt eigene Texte zu schreiben. Doch aufgrund eines missglückten Drogendeals begibt sich der aufstrebende Rapper 2005 ins Londoner Exil. Neben dem Betreiben einer Security-Firma und anderen Geschäften beginnt er hier, Musikmanagement zu studieren. Durch den Verkauf seines Bonner Internetcafés und einige andere Geschäfte erwirtschaftet Xatar bis 2008 die stolze Summe von 120.000 EUR: Startkapital für sein Label ‚Alles oder Nix-Records‘.

Doch bevor das vielversprechende Projekt richtig ins Rollen kommt, gerät Xatars Welt ein weiteres Mal aus den Fugen: Nachdem er gemeinsam mit Komplizen einen Goldtransporter überfällt, führt die Flucht vor der Polizei bis in den Irak, wo er schließlich vom lokalen Militär festgenommen und nach einer kurzen Haftstrafe nach Deutschland ausgeliefert wird. Aus dem Gefängnis betreibt Xatar – den strengen Haftauflagen zum Trotz – nicht nur sein Label weiter, auf dem er die Platten einflussreicher Künstler wie der Bonner SSIO oder der Frankfurterin Schwesta Ewa herausbringt. Mithilfe eines Diktiergeräts und einiger findiger Musikproduzenten nimmt er dort sogar ein Album auf, welches im Jahr 2012 erscheint.

Nach seiner Haftentlassung im Dezember 2014 beginnt Xatar unmittelbar mit der Produktion seines neuen Albums ‚Baba aller Babas‘, das im Mai 2015 erscheint. Gleichzeitig konzentriert er sich nun voll auf die Labelarbeit und eröffnet außerdem eine Shisha-Bar auf den Kölner Ringen. Die ‚from rags to riches‘-Erzählung komplettiert ein Epilog, in dem Xatar am Steuer seines Wagens sitzend auf dem Heimweg von seiner Bar im Sonnenaufgang von einem Geschäftspartner über ein erfolgreiches Börsengeschäft der beiden informiert wird. Xatar ist ein solider Geschäftsmann geworden.

Allgemein kommen im Buch wenig Frauen vor. Männerdominanz wird hier – ganz im Sinne Connells (2006) – vor allem über den Wettbewerb *zwischen*

Männern verhandelt. Dies schlägt sich auch in der Ausdrucksweise nieder: Den alltäglichen Statuswettbewerb in seiner Peer Group schildert Xatar (2015: 29) folgendermaßen: „Bei uns ging es eigentlich nur um ein einziges Thema: Wer ist ein Pisser und wer hat Eier?" Gleichzeitig lässt sich, hier und auch im folgenden Abschnitt, eine gewisse Selbstironie erkennen:

> „Ein Pisser ist jemand, der kassiert. Eier hat, wer Eier hat. Ich wollte zeigen, dass ich Eier habe. Darum habe ich verteilt. Man musste mich nur blöd angucken und schon gab's Schläge. Und je mehr Pisser von mir kassierten, desto mehr Anerkennung bekam ich auf der Straße."

Verstehen wir Süffisanz und die dargestellte Möglichkeit des Autoren, sich von sich selbst auf humoristische Weise (wenn auch nicht vollkommen) zu distanzieren, können wir Widersprüche erkennen, die sich auftun, wenn wir Xatar als stereotypen ungebildeten Einwanderer betrachten. Während er einerseits von handfesten kriminellen Auseinandersetzungen und Verstrickungen erzählt, verkörpert er gleichzeitig Ideale des Bürgertums– die Musikalität, einen exquisiten Geschmack, Weltläufigkeit.

5   Vergleich der vier Autobiografien

Einige zentrale Gemeinsamkeiten teilen die Bücher nicht nur in Bezug auf den Verlag (bis auf Massivs Autobiografie sind alle im Riva-Verlag erschienen) und die Tatsache, dass alle mit Co-AutorInnen zusammengearbeitet haben, sondern auch hinsichtlich der stilistischen Vermittlung des Inhalts: In relativ einfachen Worten werden in den Handlungsverläufen einzelne Anekdoten aneinandergereiht, deren Abfolge den Aufstieg der Protagonisten von sozial benachteiligten Jugendlichen zu erfolgreichen Rappern beschreibt. Während diese Erzählsequenzen vor allem im Fall von Massiv häufig abrupte Wendungen nehmen, die auf unerwartete Ereignisse zurückzuführen sind (plötzlich trifft er auf die GI's und beschließt aufgrund ihres Zuspruchs, Rapper zu werden), reichen die Spannungsbögen im Falle der anderen drei Bücher weiter. Die Plots wirken so weniger fahrig, und schließen stärker an Erzählkonventionen der dramaturgischen Harmonisierung an. Inwiefern dies auch bedeutet, dass Massivs Autobiografie inhaltlich weiter von den realen Geschehnissen entfernt ist, als die anderen drei Texte, lässt sich auf dieser Grundlage selbstverständlich nicht sagen. Rückschlüsse auf eine ‚objektive Realität' sind bei der Analyse solcher Autobiografien ohnehin nur insofern möglich, als sie sich auf Gegebenheiten jenseits des Erzählten selbst, d. h. auf seine Beziehung zu einer empirisch überprüfbaren Realität beziehen.[17]

Eine erste Referenz, die sich in allen untersuchten Büchern wiederfindet, ist verbunden mit der Frage nach ethnischer Zugehörigkeit. Mit Bushido, Xatar und Massiv teilen drei der vier Protagonisten einen Migrationshintergrund im arabischen Kulturkreis. Während diese Hintergründe (tunesisch, irakisch-kurdisch, palästinensisch-libanesisch) subjektiv variieren, repräsentieren sie im Kontext der deutschen Aufnahmegesellschaft die Eigenheiten einer Minderheit, deren Leben häufig von ethnischer Stigmatisierung und Ausschluss von materieller Teilhabe bestimmt ist. Diese Verquickung von ethnischer Zugehörigkeit und Klassenidentität spiegelt sich jedoch nicht in der Biografie des Rappers Fler. Während auch er einer relativ armen Familie entstammt, fehlt in seiner Biografie das Fremdheits-Moment, mit dem die anderen drei ihre jeweilige Randständigkeitserfahrung begründen. Während in der symbolischen Ordnung der kulturellen Repräsentation im Westlichen Raum der weiße Mann als „unmarkiert" (Di Blasi 2013: 9) gilt, ist dieser Universalismus im Feld des Gangstarap in umgekehrter Form gültig. Rechtfertigungsbedarf für sein Deutsch-Sein deckt Fler, indem er traditionelle deutsche Hegemonie in der dargestellten Identitätskonstruktion aufgibt und sich stattdessen mit den Tugenden subalterner Migranten identifiziert. Indem er auf diese Weise versucht, seine deutsche Identität zu behaupten, schafft er gleichzeitig auch Anschlussfähigkeit für deutschnational-völkische Ideologie. Entsprechende Vorwürfe und ihre aggressive Abwehr haben Fler im Verlauf seiner Karriere als wichtiges aufmerksamkeitsökonomisches Instrument gedient.

Ein zweiter gemeinsamer Bezugspunkt der vier Biografien liegt in den jeweils geschilderten Verhältnissen der Protagonisten zu ihren Familien und insbesondere zu Vater und Mutter. Während Xatar der Beziehung zu seinem Elternhaus zwar am wenigsten Platz einräumt, lässt er immer wieder durchblicken, dass die hochkulturelle Bildung und seine musischen Talente auf deren bürgerlichen Hintergrund zurückzuführen ist. Ungleich stärker fällt der dargestellte Bezug zur Familie (oder genauer: zu seiner Mutter) bei Bushido aus, wohingegen er sich Kompetenzen zumeist selbst (durch Hartnäckigkeit und Intelligenz) angeeignet hat, wann immer sie ihm als erforderlich erschienen. Dass sie ihn an zwei Stellen

---

[17]Dass die objektiven Geschehnisse in den jeweiligen Lebensläufen nicht dazu gehören spiegelt sich am anschaulichsten in der Selbstdarstellung Xatars, der immer wieder mit dem (vermeintlichen) Erfolg seines Goldraubes kokettiert. Das funktioniert besonders gut, weil eben nicht klar ist, ob er das Gold (oder einen Gegenwert, den er im Zuge eines Verkaufs erzielt haben könnte) noch besitzt oder nicht.

seiner Biografie beim Eintritt in die Erwerbstätigkeit (erst als Dealer, dann als Rapper) finanziell unterstützt hat, unterstreicht ihre ermöglichende Wirkung im Lebenslauf. Die enge familiäre Bindung Bushidos spiegelt sich also in seiner Darstellung der Mutter als Ausgangspunkt und Ziel seines Handelns. Bei Massiv fallen die Bezüge zu den Eltern ambivalenter aus. Während er vor allem die Zuneigung der Mutter genießt, wirft die Figur des Vaters einen einschüchternden Schatten vor allem über die frühen Lebensjahre des Jungen. Die Erarbeitung wirtschaftlicher Eigenständigkeit erst durch Rauschgifthandel und später durch Musik ist hier nicht nur als Statuserwerb innerhalb der Gesellschaft, sondern auch als Emanzipation gegenüber den eigenen Eltern zu sehen. Anders stellt sich die Situation bei Fler dar, welcher schließlich kaum positive Bezüge zu seinem Elternhaus findet. Hier ist es eher die Abwesenheit familiärer Unterstützung, die er als charakteristisch für seinen Werdegang beschreibt. Die zentrale Gemeinsamkeit der vier Biografien, dass die jeweiligen Aufstiegserzählungen ihre konkrete Bedeutung vor dem Hintergrund spezifischer Ausschluss- und Stigmatisierungserfahrungen gewinnen, verweist damit gleichzeitig auf die Unterschiede zwischen diesen spezifischen Erfahrungen im Einzelfall.

Entsprechende Variationen finden sich auch im Hinblick auf das Verhältnis der vier Rapper zu Kriminalität. Während Fler, abgesehen von einer Leidenschaft für illegales Graffiti, nicht durch eine systematische Verbrechertätigkeit hervorgetreten ist, geben die anderen drei an, ihr Geld über unterschiedlich lange Zeiträume hinweg mit dem Handel von Rauschgift verdient zu haben. Der Einstieg ins kriminelle Milieu erfolgt bei Massiv, relativ kurzfristig, über einen Freund und wirkt in der Darstellung fast schon spontan (wohl auch wegen der wenig aufwendigen Erzählstruktur). Für Bushido hingegen ergibt sich die Aufnahme der Dealertätigkeit aus den Erfordernissen der Situation: Als er erkennt, wie viel Geld sich dort verdienen lässt und wie unwahrscheinlich alternative Karrierewege erscheinen, erscheint die Entscheidung für das Drogengeschäft fast schon unumgänglich. Dass der Einstieg Xatars in den Rauschgifthandel die graduelle Eingewöhnung und den Aufstieg vom Straßenverkäufer bis hin zum Organisator im Hintergrund als gradueller Prozess erscheint, wirkt nicht nur realistisch, sondern ist wohl auch auf die sorgfältig arrangierte Erzählstruktur zurückzuführen.

Eine weitere Parallele, die alle vier Geschichten verbindet, findet sich in der Gründung eines eigenen Labels durch die jeweiligen Protagonisten. Die Kultivierung unternehmerischer Selbständigkeit rundet die biografische Bedienung eines Idealbildes hegemonialer Männlichkeit im Sinne Connells (2006) ab, welches die Tugendhaftigkeit bürgerlicher Männlichkeitsvorstellungen nur auf den ersten Blick zu übernehmen scheint. Denn indem die vier Rapper wirtschaftliche Unabhängigkeit und Gestaltungsmacht nicht nur akquirieren, sondern sich

dabei gegen Widerstände behaupten können, die für männliche Vertreter der bio-
deutschen Mehrheitsgesellschaft keine (oder zumindest wesentlich geringere)
Hindernisse darstellen, stellen sie im Vergleich mit den letzteren eine höhere
Leistungsfähigkeit unter Beweis: Ganz nach oben haben sie es von ganz unten
geschafft – und nicht von irgendwo aus der Mitte.

6   Fazit

Neben Rap, Interviews, Musikvideos und anderen Kanälen haben deutsche
Gangstarapper im Verlauf der letzten Jahre vermehrt auf die Ausdrucksform der
Autobiografie zurückgegriffen. Die Analyse der vier Bücher sollte das Referenz-
system zeigen, innerhalb dessen Images aus dem Genre ihre gesellschaftliche
Bedeutung gewinnen. Der Vergleich der Bücher bringt ein übergreifendes Muster
zutage, welches sich im Verlauf aller vier Erzählungen wiederfindet. Zahlreichen
gesellschaftlichen Hindernissen zum Trotz gelingt es den Protagonisten, mit ihrer
Musik wirtschaftlichen Erfolg zu erreichen.

Die Erzählung eines Aufstiegs gegen Widerstände lässt sich, im Einklang mit
früheren Arbeiten, als Aktualisierungsversuch hegemonialer Männlichkeit deuten (Seeliger 2013). Es ist wohl der spezifischen Ausdrucksform ‚Autobiografie'
zuzuschreiben, dass die Künstler, anders als in den Rapsongs, bei der Erzählung
ihrer Lebensgeschichte eine andere Perspektive einnehmen. Reduziert um die
aggressive Stilistik des Rap erscheinen die vier Sprecher viel weniger konfron-
tativ und vereinzelt, sondern als eingebunden in vielfältige soziale Zusammenhänge. Die Stilisierung des eigenen Aufstiegs zum erfolgreichen biografischen
Projekt gewinnt so eine weitere Bedeutungskomponente. Denn indem neben
der individuellen Durchsetzungsfähigkeit auch die gesellschaftlichen Zustände
beschrieben werden, die die Durchsetzungsfähigkeit erst erforderlich machen,
gewinnen die Erzählungen ein genuin politisches Moment. Die systematische
Versperrung der Möglichkeit zu sozialem Aufstieg stellt ganz offensichtlich einen
Widerspruch gegenüber dem liberalen Grundgedanken wirtschaftlicher Chancen-
gerechtigkeit dar.

Die Auseinandersetzung ‚unten gegen oben' oder ‚arm gegen reich' lässt
sich im Sinne einer politischen Soziologie sozialer Ungleichheit am bes-
ten als Klassenkampf erfassen. Zwar wird dieser durch die Protagonisten nicht
unbedingt kollektivistisch geführt – schließlich geht es um individuelle Auf-
stiege und nicht um gemeinsame Interessenvertretung aller Angehörigen einer
spezifischen Gruppe. Der anhaltende Bezug auf Klasse und Migrationserfahrung
(außer im Fall von Fler) bedingt die anhaltende Identifikation derjenigen sozialen

Zugehörigkeiten, die den Zugang zu sozialer Teilhabe (durch Bildung, Reichtum, Anerkennung, etc.) innerhalb der Sozialstruktur determinieren.

Vor diesem Hintergrund lässt sich Rosa's (2016: 374) Diagnose, die Popkultur sei „überwiegend unpolitisch geworden" zumindest kritisch infrage stellen. Wenn mit Gangstarap das seit Jahren erfolgreichste Sub-Genre der deutschen HipHop-Kultur als Ort der Auseinandersetzung um soziale Teilhabe verstanden werden kann, können wir dann wirklich von einer unpolitischen Popkultur sprechen?[18]

Als „Verweigerung von Kommunikation" (Siebel 2015: 365) blockiert soziale Exklusion „jede Möglichkeit, die Verunsicherung durch den Fremden zur produktiven Irritation werden zu lassen." Der Krisendiskurs, der die Auffassungen über migrantische Männlichkeiten und Delinquenz seit einigen Jahrzehnten (und zuletzt in zunehmendem Maße) prägt, wird unter genau diesen Bedingungen des Ausschlusses geführt. Verstehen wir diesen Diskurs mit Spivak (1995) als Form der „epistemischen Gewalt", welche die Anliegen der von den Rappern repräsentierten Bevölkerungsgruppe strukturell delegitimiert („Die passen hier nicht rein!/ sind hier nur zu Gast!/sollen sich mal eine anständige Arbeit suchen!", usw. usf.), lassen sich Ausdrucksformen wie die Autobiografien der vier Rapper möglicherweise als „epistemische Gegenmacht" verstehen.

Verstehen wir den „Kampf um die öffentliche Deutung literarischer Texte" mit Dörner und Vogt (2013: 305) als „Bestandteil eines Kampfes um kulturelle Vorherrschaft", wird sich in der öffentlichen Rezeption dieser Biografien entscheiden, inwiefern diese dazu beitragen, die stilisierten Lebensgeschichten (auch) als Forderung nach sozialer Teilhabe erkennbar werden zu lassen. Inwiefern die mitunter reißerische, häufig auch potenziell regressive (weil machistisch-misogyne, homophobe, individualistisch-materialistische, etc.) Darstellungsweise zu einer „Durchbrechung des verdinglichten Bewusstseins" (Adorno 1973: 292) beitragen kann, ist nicht gesagt. Dass die Gangstarapper, um überhaupt gehört zu werden, immer schon an den Skandaldiskurs anschließen müssen, birgt das Risiko, dass sie im öffentlichen Bewusstsein von den stigmatisierenden Zuschreibungen keinerlei Abstand nehmen können, selbst wenn sie wollten. Wenn Angehörige subalterner Gruppen, dies zeigt die Analyse der vier Bücher deutlich, statt ihre traditionellen, d. h. bereits diskursiv vor-stigmatisierten

---

[18]Und selbst wenn das nicht der Fall wäre: Wäre eine Popkultur ohne explizite Referenzen an soziale Ungleichheit, wie sie sich etwa in den Songs von Rappern wie Crow findet, nicht auch zumindest in dem Sinne politisch, dass ihre Schwerpunktsetzung die bestehende Ordnung stillschweigend rechtfertigen würde?

Ausdrucksformen zu nutzen, sich plötzlich alternativer (und in diesem Fall mit der Autobiografie sogar bourgeoiser) Medien bedienen, kann dies jedoch durchaus Neuordnung der entsprechenden Diskurse nach sich ziehen.

Literatur

Adorno, T. W. (1973). *Ästhetische Theorie.* Frankfurt a. M.: Suhrkamp.
Adorno, T. W. (2003). *Minima Moralia. Reflexionen aus dem beschädigten Leben.* Frankfurt a. M.: Suhrkamp.
Baasner, R. (1996). Literatursoziologie. In R. Baasner & M. Zens (Hrsg.), *Methoden und Modelle der Literaturwissenschaft. Eine Einführung* (S. 201–207). Berlin: Schmidt.
Behrens, R. (2004). *Adornos Rap.* http://txt.rogerbehrens.net/Rap.pdf.
Blumer, H. (2013). Soziale Probleme als kollektives Verhalten. In H. Blumer (Hrsg.), *Symbolischer Interaktionismus. Aufsätze zu einer Wissenschaft der Interpretation* (S. 141–155). Berlin: Suhrkamp.
Bourdieu, P., & Wacquant, L. J. D. (2006). *Reflexive Anthropologie.* Frankfurt a. M.: Suhrkamp.
Bushido. (2008). *Bushido.* München: Riva.
Bushido. (2013). *Auch wir sind Deutschland. Ohne uns geht nicht. Ohne euch auch nicht.* München: Riva.
Connell, R. W. (2006). *Der gemachte Mann. Konstruktion und Krise von Männlichkeiten.* Wiesbaden: VS Verlag.
Crenshaw, K. (1993). Mapping the margins: Intersectionality, identity politics, and violence against women of color. *Stanford Law Review, 43,* 1241–1299.
Degele, N., & Winker, G. (2009). *Intersektionalität. Zur Analyse sozialer Ungleichheiten.* Bielefeld: Transcript.
Di Blasi, L. (2013). *Der weiße Mann. Ein Anti-Manifest.* Bielefeld: Transcript.
Dörner, A., & Vogt, L. (2013). *Literatursoziologie Eine Einführung in zentrale Positionen – von Marx bis Bourdieu, von der Systemtheorie bis zu den British Cultural Studies.* Wiesbaden: Springer.
Fiske, J. (1989). *Reading the popular.* London: Routledge.
Fler, W. (2011). *Im Bus ganz hinten.* München: Riva.
Foroutan, N. (2013). Hybride Identitäten. Normalisierung, Konfliktfaktor und Ressource in postmigrantischen Gesellschaften. In H. U. Brinkmann & H.-H. Uslucan (Hrsg.), *Dabeisein und Dazugehören Integration in Deutschland* (S. 85–99). Wiesbaden: Springer.
Fügen, H. N. (1974). *Die Hauptrichtungen der Literatursoziologie und ihre Methoden.* Bonn: Bouvier.
Goßmann, M., & Seeliger, M. (2013). „Ihr habt alle Angst, denn ich kann euch bloßstellen!". Weibliches Empowerment und männliche Verunsicherung im Gangstarap. *Pop-Zeitschrift, 2,* 291–307.
Ha, K. N. (2005). *Hype um Hybridität. Kultureller Differenzkonsum und postmoderne Verwertungstechniken im Spätkapitalismus.* Bielefeld: Transcript.
Haftbefehl, H. T. (2016). *Hayat.* München: Riva.

Hall, S. (1994a). Alte und neue Identitäten, alte und neue Ethnizitäten. In S. Hall (Hrsg.), *Rassismus und kulturelle Identität* (S. 66–88). Hamburg: Argument.

Hall, S. (1994b). Neue Ethnizitäten. In S. Hall (Hrsg.), *Rassismus und kulturelle Identität* (S. 15–26). Hamburg: Argument.

Horkheimer, M., & Adorno, T. W. (1988). *Dialektik der Aufklärung. Philosophische Fragmente.* München: Fischer.

Klinger, C., et al. (Hrsg.). (2007). *Achsen der Ungleichheit. Vom Verhältnis von Klasse, Geschlecht und Ethnizität.* Frankfurt: Campus.

Leenen, R., & Grosch, H. (2009). Migrantenjugendliche in deutschsprachigen Medien. In M. Ottersbach & T. Zitzmann (Hrsg.), *Jugendliche im Abseits. Zur Situation in französischen und deutschen marginalisierten Stadtquartieren* (S. 215–241). Wiesbaden: VS verlag.

Lenin, W. I. (1905). Parteiorganisation und Parteiliteratur. In W. I. Lenin (Hrsg.), *Werke* (Bd. 10, S. 29–34). Berlin: Dietz.

Liebold, R. (2010). Autobiographien der Wirtschaftselite: Selbstbild und Selbstinszenierungsformen. *Bios 23 (2)*, S. 280–297.

Mannitz, S. (2006). *Die verkannte Integration. Eine Langzeitstudie unter Heranwachsenden aus Immigrantenfamilien.* Bielefeld: Transcript.

Massiv. (2012). *So lange mein Herz schlägt.* Köln: Bastei Lübbe.

Neckel, S. (2006). Gewinner Verlierer. In S. Lessenich & F. Nullmeier (Hrsg.), *Deutschland Eine gespaltene Gesellschaft* (S. 351–371). Bonn: Springer.

Neckel, S. (2008). *Flucht nach vorn. Die Erfolgskultur der Marktgesellschaft.* Frankfurt a. M.: Campus.

Rosa, H. (2016). *Resonanz. Eine Soziologie der Weltbeziehung.* Berlin: Suhrkamp.

Scharenberg, A. (2001). Der diskursive Aufstand der schwarzen ‚Unterklassen' Hip Hop als Protest gegen materielle und symbolische Gewalt. In A. Weiß, et al. (Hrsg.), *Klasse und Klassifikation. Die symbolische Dimension sozialer Ungleichheit* (S. 243–269). Wiesbaden: Westdeutscher Verlag.

Seeliger, M. (2011). „We like to close the bar at four in the morning and be at the office a few hours later." – Eine intersektionelle Analyse des Business-Punk-Magazins unter Aspekten hegemonialer Männlichkeit. In K. Knüttel & M. Seeliger (Hrsg.), *Intersektionalität und Kulturindustrie.* Bielefeld: Transcript.

Seeliger, M. (2012). Kulturelle Repräsentation sozialer Ungleichheit. Eine vergleichende Betrachtung von Polit- und Gangstarap. In M. Dietrich & M. Seeliger (Hrsg.), *Deutscher Gangsta-Rap. Sozial- und kulturwissenschaftliche Beiträge zu einem Pop-Phänomen.* Bielefeld: Transcript.

Seeliger, M. (2013). *Deutscher Gangstarap. Zwischen Affirmation und Empowerment.* Berlin: Posth.

Seeliger, M. (2016). Deutschsprachiger Rap und Politik. In M. Dietrich (Hrsg.), *Rap im 21. Jahrhundert. Eine (Sub-)Kultur im Wandel.* Bielefeld: Transcript.

Seeliger, M., & Knüttel, K. (2010). „Ihr habt alle reiche Eltern, also sagt nicht, ‚Deutschland hat kein Ghetto!'" Zur symbolischen Konstruktion von Anerkennung im Spannungsfeld zwischen Subkultur und Mehrheitsgesellschaft. *Prokla 160 (3)*, 395–410.

Siebel, W. (2015). *Die Kultur der Stadt.* Berlin: Suhrkamp.

Spivak, G. C. (1995). Can the subaltern speak? In B. Ashcroft et al. (Hrsg.), *The post-colonial studies reader* (S. 24–28). London: Routledge.

Xatar. (2015). *Alles oder Nix: Bei uns sagt man, die Welt gehört dir*. München: Riva.

Yildiz, E. (2007). Migration bewegt die Gesellschaft: Von der hegemonialen Normalität zur Alltagspraxis in der Migrationsgesellschaft. In B. Figatowski, et al. (Hrsg.), *The Making of Migration: Repräsentationen – Erfahrungen – Analysen* (S. 33–45). Münster: Westfälisches Dampfboot.

Ein neuer Strukturwandel der Öffentlichkeit? (Re-)Konfigurationen unter Bedingungen von Globalisierung, Ökonomisierung und Digitalisierung

1 Einleitung

Nach dem Zusammenbruch der Sowjetunion kündigte der in Harvard lehrende Historiker Francis Fukuyama (1992) das Ende der Geschichte als Folge eines globalen Siegeszuges der liberalen Demokratie an. Und auch wenn mit dem Ende der Apartheid oder der anstehenden Rückgabe von Hong Kong und Macau an China kurze Zeit später einiges für die Verbreitung freiheitlicher Ordnungsprinzipien auf Grundlage von Marktwirtschaft und Rechtsstaatlichkeit zu sprechen schien, verdichten sich ein Vierteljahrhundert später Diagnosen einer fundamentalen Krise der Demokratie (Rosanvallon 2018). Eine Gemeinsamkeit dieser Einschätzungen liegt darin, dass sie eine zunehmende soziale Ungleichheit innerhalb westlicher Industriegesellschaften als Ursache gesellschaftlicher Desintegrationsdynamiken benennen (vgl. auch Piketty 2014, Baccaro/Howell 2017 oder Schäfer 2015). „Autoritärer Kapitalismus, Desintegration und Demokratieentleerung", so schließt Wilhelm Heitmeyer (2018: 23) vor diesem Hintergrund, hätten „bei Teilen der Bevölkerung tiefe Spuren hinterlassen, die aus individueller Latenz in manifeste kollektive Bewegungen umgesetzt werden können, wenn die entsprechenden autoritären Organisationsangebote vorhanden sind."

In diesem Artikel will ich die skizzierte Entwicklung als Krise politischer Öffentlichkeit im Anschluss an Jürgen Habermas' (1990) ‚Strukturwandel der Öffentlichkeit' untersuchen. In seiner Anfang der 1960er Jahre veröffentlichten Studie rekonstruiert und bewertet dieser drei Entwicklungsstadien öffentlicher Kommunikation über ihre Emergenz im 17. Jahrhundert und ihre Konsolidierung im Zuge der Aufklärung bis hin zu ihrem Niedergang im 19. und 20. Jahrhundert aus gesellschafts- und demokratietheoretischer Perspektive. Im Zuge umfassender gesellschaftlicher Transformationen (Globalisierung, Ökonomisierung,

Digitalisierung), so möchte ich im Folgenden argumentieren, ist es nötig, Habermas' Überlegungen einer Revision zu unterziehen.

Anschließend an eine Rekonstruktion der aktuellen Krise der Demokratie als Krise politischer Öffentlichkeit Abschn. 2 leistet der folgende Abschn. 3 eine Reihe grundlegender Begriffsbestimmungen. Abschn. 4 widmet sich der Vorstellung von Habermas' Argumentation im ‚Strukturwandel der Öffentlichkeit'. Aktuelle Entwicklungen, die diese Überlegungen zur Disposition stellen, fasst der folgende Abschn. 5 zusammen, bevor im letzten Abschn. 6 eine Reihe weiterführender Fragen und Probleme erörtert werden.

2   Krise der Demokratie – Krise der Öffentlichkeiten?

Ob mit Blick auf ihre wünschenswerten Zielsetzungen, die erwartbare Leistungsfähigkeit oder ihre realistische Praxis – die Demokratie ist von jeher ein umstrittenes Prinzip. Anschließend an Ingeborg Maus (2011: 177) wollen wir den Begriff im Folgenden verstehen als „„die Vergesellschaftung von Herrschaft' – auf der Basis des egalitären Prinzips der ‚Anerkennung aller als Freier und Gleicher, ungeachtet ihrer faktischen Differenzen' – und die Unterwerfung aller Staatsapparate unter das demokratische Gesetz, also unter den gesetzgebenden Willen der Bürger."

Als „Dreieck einer zeitgemäßen Demokratiewissenschaft" benennt Paul Nolte (2012: 16) die Disziplinen der Geschichte, der empirischen Sozialforschung und der Sozialtheorie. Im Schnittpunkt dieser Perspektiven wurde in den letzten Jahrzehnten eine Reihe von Positionen spätmoderner Demokratie formuliert, die auf eine fundamentale Krise (spätmoderner Demokratie) verweisen. Ein gemeinsamer Bezugspunkt dieser Diagnosen liegt in der Kritik eines neoliberalen Regierungsdispositivs, welches sich in zeitgenössischen Politiken als Verschränkung von Diskursen und institutionellen Regelungen Bahn bräche (vgl. Foucault 2006). Gemessen an der im Anschluss an Maus (2011) etablierten Definition erscheinen Demokratien im 21. Jahrhundert im globalen Maßstab als „reichlich unvollkommen" (Rosanvallon 2018: 9).

Als vielleicht prominenteste dieser Diagnosen beschreibt der vor allem durch Colin Crouch (2008) geprägte Begriff der Postdemokratie eine Entmachtung des Demos zugunsten politischer Eliten. Angesichts dessen behielten Regierungsinstitutionen, so Crouch weiter, zwar ihren demokratischen Schein, folgten gleichzeitig einer durch Selbstreferenzialität und Kapitalinteressen geprägten Handlungslogik. Seine Diagnose des zunehmenden Einflusses politischer Eliten und des Verfalls politischer Kommunikation entwickelte Colin Crouch einige Jahre später unter dem Eindruck der Finanzkrise zu einer Kritik neoliberaler Ordnungsprinzipien fort (vgl. Crouch 2011).

Das durch Crouch in seinen Arbeiten herausgearbeitete Grundproblem bringt Wolfgang Streeck (2013) in seiner historisch-institutionalistischen Untersuchung ‚Gekaufte Zeit' auf den Grundbegriff einer Strukturkonfliktes zwischen Kapitalismus und Demokratie. Unter Bedingungen internationalen Standortwettbewerbs und einer hiermit verbundenen Erschöpfung national- und steuerstaatlicher Handlungsfähigkeit geriet der, so Streeck (2013: 31), Kapitalismus seit den 1970er Jahren in eine „dreifache Krise" – der Banken, der Staatsfinanzen und der Realökonomie. Mit einem globalisierten Kapitalismus konnte die Politik jedoch nicht (nur nicht) Schritt halten. Eine autoritäre Zentralisierung politischer Entscheidungsmacht jenseits demokratischen Einflusses erkennt Streeck weiterhin im Prozess der europäischen Integration, welchen er als groß angelegtes Liberalisierungsprojekt charakterisiert. Konnte der Nationalstaat das Kapital und seine Interessenvertreter noch zu Kompromissen zwingen, erschwert die Heterogenität der europäischen Länder die effektive Etablierung von Lohnkartellen unter den Gewerkschaften genauso wie etwa eine harmonisierte Steuergesetzgebung unter den Mitgliedstaaten. Ähnlich wie Crouch gelangt Streeck (2013: 28) so zu dem Schluss, dass „die Demokratie, wie wir sie kennen, auf dem Weg ist, als redistributive Massendemokratie sterilisiert und auf eine Kombination von Rechtsstaaten und öffentlicher Unterhaltung reduziert zu werden."

Nationale Dynamiken der Demokratieunterhöhlung beobachten – ebenfalls am Beispiel des deutschen Falles – Armin Schäfer (2015) und Oliver Nachtwey (2016) unter dem Eindruck einer wachsenden Ungleichverteilung des gesellschaftlichen Wohlstandes. Einen „Verlust politischer Gleichheit" diagnostiziert Schäfer (2015) auf Basis breiter quantitativer Untersuchungen angesichts geringer Kapazitäten sowie eines „geringen Glaubens, der Einkommens- und Bildungsarmen, durch politisches Engagement noch etwas verändern zu können." Gleichzeitig zeigt Nachtwey die systematische Verursachung sozialer Abstiegsdynamiken durch die Aushöhlung wohlfahrtsstaatlicher und arbeitsmarktpolitischer Institutionen des Sozialkapitalismus. Eine „Regression der sozialen Bürgerrechte", so schließt er (2016: 116), ziehe damit tief greifende „Auswirkungen auf das demokratische Gemeinwesen und sein generisches Gleichheitspostulat" nach sich.

Auch vom Blickpunkt der Politischen Theorie (und hier vor allem anschließend an Karl Marx und Michel Foucault) entwickelt auch Wendy Brown (2018) die Diagnose einer ‚Schleichenden Revolution' marktbasierter Gesellschaftssteuerung. Im Einklang mit den skizzierten Positionen benennt sie (ebd.: 29) eine zunehmende Ungleichheit zwischen den Menschen, eine wachsende Kommerzialisierung des Alltagslebens und die fortschreitende Unterwanderung des Staates durch die Interessen des Unternehmens- und Finanzkapitals als „kritische Auswirkungen" des Neoliberalismus' auf die Demokratie. Anders als die vorgenannten Autoren fokussiert Brown hierbei jedoch weniger die politökonomischen Institutionen neoliberaler Wirtschafts- und Gesellschaftssysteme als deren spezifische Regierungsrationalität. Unter neoliberaler Ägide, so schließt sie (ebd.: 15), „wandelt die neoliberale Vernunft, die heute in der Staatskunst und am Arbeitsplatz, in der Jurisprudenz, Bildung, Kultur und einem riesigen Bereich von Alltagstätigkeiten allgegenwärtig ist, den eindeutig politischen Charakter, die Bedeutung und Tätigkeit der wesentlichen Bestandteile der Demokratie in etwas Ökonomisches um."[1] An die Stelle bürgerrechtlich garantierter Ansprüche und Pflichten treten in der spätmodernen Regierungsrationalität die verinnerlichten Zielgrößen von Incentive-Steuerung und Humankapitalintensivierung. Als „eine Form der öffentlichen Willensbildung und Entscheidungsfindung, bei der alle betroffenen Personen gleiche und wirksame Einflußmöglichkeiten haben und die normativ begründungsfähige Problemlösungen hervorbringt" (Zürn 1998: 233), so lässt sich damit schließen, gerät die Demokratie seit einigen Jahrzehnten in zunehmendem Maße unter Druck.

In der Tradition des liberalen Fortschrittsideals lassen sich die hier vorgestellten Krisensymptome auf einen gemeinsamen Fluchtpunkt hin zuspitzen – was bei Crouch die Aushöhlung öffentlicher Institutionen, bei Streeck die Zentralisierung politischer Macht in Brüssel und bei Brown die sinnstiftend-normative Ordnung Neoliberaler Regierungsrationalität bezeichnet wird, lässt sich vom Blickpunkt der politischen Soziologie und Demokratietheorie als Krise von Öffentlichkeit interpretieren. Eine genauere sozialwissenschaftliche Bestimmung dieses Begriffes möchte ich im folgenden Abschnitt entwickeln.

3   ‚Öffentlichkeit' als sozialwissenschaftlicher Begriff und die ‚Strukturwandel'-These

„The world that we have to deal with politically is out of reach, out of sight and imagined" (Lippman 1997: 1). Ähnlich wie spätere Klassiker der politischen Kommunikationsforschung (Edelman 1976; Luhmann 1995) betont

---

[1]Ähnliche Argumentationsmuster finden sich im deutschen Sprachraum bereits relativ früh bei Bröckling (2006) und Lessenich (2008).

Walter Lippman in seiner Kritik demokratischen Regierens zu Beginn des 20. Jahrhunderts den Konstruktionscharakter öffentlicher Diskurse. Als ein „Medium der kollektiven Selbstverständigung und Selbstaufklärung" schafft Öffentlichkeit „eine Legitimationsgrundlage politischer Ordnungen und Entscheidungen" (Peters 2007: 655) innerhalb eines Spannungsfelds, das „[P]olitische und ökonomische Interessen der Öffentlichkeitsakteure" mit den „Unterhaltungs- und Orientierungsbedürfnisse[n]" eines Publikums" konstituieren, „das in marktwirtschaftlich verfaßten Demokratien als Elektorat und Kundschaft strategische Bedeutung besitzt" (Neidhardt 1994: 7). „In dieser Öffentlichkeit, und nur in dieser" so lässt sich mit Imhof (2003: 401) schließen, „ist das, was wir in politischem Sinne Gesellschaft nennen, beobacht- und qua Intervention gestaltbar." Wie aber lässt sie sich analytisch präziser bestimmen?

Als Ort der politischen Legitimation demokratischen Regierens kommt dem Begriff der Öffentlichkeit in den Politik- und Rechtswissenschaften, der Sozialphilosophie (Dewey 2001) und Soziologie (Habermas 1990), aber auch in den Geschichts- und Kulturwissenschaften (Ballhaus 2001) eine zentrale Bedeutung zu. Anschließend an (Preuss 2004: 48 ff.) lassen sich vier bestimmende Dimensionen unterscheiden: Als Inbegriff der res publica dient die Öffentlichkeit als Bindeglied zwischen Staat und Volk im Sinne eines politischen Gemeinwesens auf Basis einer Selbstgesetzgebung der Bürger. Als „Merkmal der Qualität politischer Herrschaft" (ebd. 51) bezeichnet Öffentlichkeit den normativen Maßstab der Ermittlung des Gemeinwohls in einem allgemeinzugänglichen Vorgang. Indem sie die Gesamtheit aller Staatsbürger repräsentiert, fungiert Öffentlichkeit drittens als ein legitimatorisches Kennzeichen politischer Herrschaft durch Zwangsausübung. Und viertens stellt die Öffentlichkeit eine „Sphäre kommunikativer Meinungs- und Willensbildung" (ebd.: 53) dar.

Die Voraussetzungen und Probleme demokratischen Regierens lassen sich unter Bezug auf das Konzept der Öffentlichkeit in normativer 1) und empirischer 2) Hinsicht untersuchen: Unter normativen Gesichtspunkten wirkt sie hierbei als „Mechanismus der politischen Legitimation" eines Gemeinwesens (Trenz 2018: 359) und konstituiert so „ein Netzwerk für Kommunikation von Inhalten und Stellungnahmen" (Habermas 1992: 436), welches kollektive Entscheidungen an den Maßstäben demokratischen Regierens misst und den Mitgliedern Möglichkeit und Sinn ihrer Zugehörigkeit und Teilhabe vermittelt.

In diesem Sinne benennt Neidhardt (1994: 8) „drei Prinzipien und Funktionen politischer Öffentlichkeit". Indem Öffentlichkeit zum einen allen gesellschaftlichen Gruppen offensteht und für alle Themen und Meinungen von kollektiver Bedeutung sein soll, erfüllt sie erstens eine *Transparenzfunktion*. Dadurch, dass sie die Teilnehmer den Meinungen anderer Teilnehmer aussetzt, zwingt sie diese, ihre jeweiligen Ansichten zu reflektieren (und ggf. auch anzupassen) und erfüllt so, zweitens, eine *Validierungsfunktion*. Indem sie öffentliche Meinungen produziert, welche die Adressaten als überzeugend wahrnehmen können, leistet sie, drittens, eine *Orientierungsfunktion*. Aus demokratietheoretischer Sicht erkennt Fraser (2007: 298) damit Legitimität und Effizienz als normative Gradmesser politischer Öffentlichkeit: „Without them", schließt sie, „the concept loses its critical force and its political point" (vgl. grundsätzlich hierzu auch Scharpf 1999).

4   Der Strukturwandel der Öffentlichkeit nach Habermas

Die Debatte um die deliberativen Potenziale und Bedrohungen öffentlicher Kommunikation reicht im Verlauf des 20. Jahrhunderts von der Kontroverse zwischen Walter Lippmann (1997) und John Dewey (2001) über die Dialektik der Aufklärung bis zu Hannah ‚Vita activa'. Einen grundlegenden Beitrag zum Forschungsfeld leistete Anfang der 1960er Jahre Jürgen Habermas in seiner Habilitationsschrift zum ‚Strukturwandel der Öffentlichkeit'. In Abgrenzung zur marxistischen Theorie, in welcher die bürgerliche Öffentlichkeit „lediglich als ideologischer Schleier partikularer Interessen" (Hartmann 2006: 170) erscheint, rekonstruiert Habermas hier Idee und Praxis einer bürgerlichen Öffentlichkeit zum Zweck einer Abschaffung unbegründeter Herrschaft im demokratischen Nationalstaat. Das zentrale Anliegen der Untersuchung stellt, mit Calhoun (1992: 1) gesprochen, die Frage dar, unter welchen Bedingungen „mixed companies" über kommunikative Akte belastbare Grundlagen politischen Handelns ausbilden können: „What are the social conditions, he asks, for a rational-critical debate about public issues conducted by private persons willing to let arguments and not statuses determine decisions?" Indem er sich an Webers idealtypischer Methode orientiert und das Öffentlichkeitsverständnis der Aufklärungsphilosophie mit den realen Entwicklungen kontrastiert, beruht seine Untersuchung auf einer „normative[n] und analytischen[n] Ausgangsbasis" (Imhof 2011: 71).

Am Beispiel der Entwicklung in England und Deutschland zeigt Habermas (1990: 13), wie sich im Bürgertum bis zum Ende des 18. Jahrhunderts „eine kleine, aber kritisch diskutierende Öffentlichkeit" entstand. Die schnell wachsende Zahl von Leserinnen und Lesern bedingt gegenseitig die erweiterte Produktion von Büchern und Zeitschriften sowie die Gründung von Bibliotheken und den wachsenden Buchhandel als „soziale Knotenpunkte einer neuen Lesekultur" (ebd.). Ein politisch räsonierendes Publikum findet dabei seinen Ort in privaten Zusammenschlüssen des Bürgertums, welche sich zu Kristallisationspunkten des

sozialen Lebens entwickeln (Habermas 1983: 93). Ausgangspunkt der Öffentlichkeit ist dabei die Privatheit: erst im Rahmen der intimen bürgerlichen Kleinfamilie bildet sich ein politisch räsonierendes Publikum.

Nach Habermas ist die Voraussetzung hierfür die Ausdehnung und Freisetzung
des freien Marktes gewesen, durch welchen Warenbesitzer private Autonomie
gewinnen und welcher soweit wie möglich eine Angelegenheit der „Privatleute
unter sich" ist (ebd.: 95). Mit den Kodifikationen des bürgerlichen Rechts wird
ein vor staatlichen und ständischen Eingriffen geschützter Verkehr von Privat-
leuten gesichert (ebd.: 96 f.). Die Kodifikation des bürgerlichen Rechts findet als dialektischer Prozess statt, in dem ein institutioneller Zusammenhang
von Publikum, Presse, Parteien und Parlament bereits beobachtet werden kann:
Öffentlichkeit nimmt eine zentrale Stellung ein und wird im 19. Jahrhundert
zum „Organisationsprinzip der bürgerlichen Rechtsstaaten mit parlamentarischer
Regierungsform" (ebd. 1983: 95). Bürgerliche Öffentlichkeit ist zwar als ein ver-
bindendes Element zwischen Staat und Gesellschaft zu verstehen, in welchem
Konflikte zwischen diesen Sphären ausgetragen werden. Verorten lässt sie sich
jedoch eindeutig im Privaten: „Die Bürgerliche Öffentlichkeit entfaltet sich im
Spannungsfeld zwischen Staat und Gesellschaft, aber so, daß sie selbst Teil des
privaten Bereichs bleibt" (ebd. 1983: 172).

Als konstitutiv für eine Öffentlichkeit sieht Habermas das Prinzip des allgemeinen Zugangs: „Eine Öffentlichkeit, von der eine angebbare Gruppen eo
ipso ausgeschlossen wären, ist nicht etwa nur unvollständig, sie ist vielmehr
gar keine Öffentlichkeit" (ebd. 1983: 107). Hierdurch wird bereits angedeutet,
dass nicht allen der Zugang zur Öffentlichkeit freisteht, sondern der Zugang
an Voraussetzungen geknüpft ist, welche aus Besitz und Bildung bestehen.
„Öffentlichkeit ist dann garantiert, wenn die ökonomischen und sozialen
Bedingungen jedermann gleiche Chancen einräumen, die Zulassungskriterien zu
erfüllen: eben die Qualifikationen der Privatautonomie, die den gebildeten und
besitzenden Mann ausmachen" (ebd. 1983: 108), wobei Öffentlichkeit, welche
auf männliche Teilnehmende beschränkt ist, einem Ausschluss weiblicher Gesell-
schaftsmitglieder „eo ipso" gleichkommt und somit nach Habermas nicht als
Öffentlichkeit betrachtet werden kann. In der Auseinandersetzung mit Marx wird
zudem deutlich, dass durch die Gewaltverhältnisse zwischen Eigentümern und
Lohnarbeitern die Erwerbschancen der Zulassungsvoraussetzungen, d. h., von
Bildung und Besitz, ungleich verteilt sind; „Diese Kritik zerstört alle Fiktionen,
auf die sich die Idee der bürgerlichen Öffentlichkeit beruft" (ebd. 1983: 152).

Kapitalistische Entwicklung führt zwischen den Klassen und innerhalb der
besitzenden Klasse zu Konzentrationsprozessen, welche in Kombination mit
wirtschaftlichen Krisen das Bedürfnis nach einem „starken Staat" (ebd. 1983:

175) wachsen lassen. Durch staatlichen Interventionismus jedoch verwischt die Grenze zwischen Öffentlichkeit und Privatheit, deren Trennung Voraussetzung für die bürgerliche Öffentlichkeit darstellt. Habermas beschreibt dies in zwei Prozessen. Zum einen an der Verstaatlichung der Gesellschaft und einer gleichzeitigen Vergesellschaftung des Staates durch Verbände, zum anderen am Entstehen des Sozialstaates. Diese Entwicklung „zerstört allmählich die Basis der bürgerlichen Öffentlichkeit – die Trennung von Staat und Gesellschaft. Zwischen beiden, und gleichsam „aus" beiden, entsteht eine repolitisierte Sozialsphäre, die sich der Unterscheidung von „öffentlich" und „privat" entzieht" (ebd.: 1983: 173). Der Sozialstaat greift tief in Prozesse ein, welche vormals privat im Rahmen der bürgerlichen Kleinfamilie geregelt wurden. Die Eingriffe entbehren jedoch nicht einer Notwendigkeit, sondern werden durch soziale Veränderungen notwendig – beispielsweise durch den Bedeutungsverlust der Familie in und für die Produktion, womit ein Verlust innerfamiliär generierter Einkommen zur Sicherung gegen klassische Risiken wie Unfall, Krankheit, Alter etc. einhergeht. Stattdessen werden die Risiken durch staatliche Garantien abgedeckt, wodurch die private Autonomie abnimmt: „In gewisser Weise wird also auch die Familie, dieser private Rest, durch die öffentlichen Garantien ihres Status entprivatisiert" (ebd. 1983: 188).

Als weitere Dimension des neuen Interventionismus des Staates im ausgehenden 19. Jahrhundert wird das entstehende Verbands- und Körperschaftswesen dargestellt – ein in zwei Richtungen laufender Prozess. Konflikte werden nicht innerhalb der Privatsphäre ausgetragen, sondern es bündeln sich in Verbänden die Interessen vieler einzelner Privatleute, welche diese öffentlich gegenüber Anderen vertreten. Sie werden zu politischen Interessen, welche in den Staat hineingetragen werden (ebd.: 1983: 173, 238). In der anderen Richtung ist eine Übertragung staatlicher Kompetenzen auf private Körperschaften zu konstatieren – staatliche Gewalt wird privatisiert (ebd.). Es entsteht die Möglichkeit für privilegierte und nicht repräsentative private Interessen zur Akkumulation politischer Macht und, durch die Übertragung staatlicher Gewalt, Kontrolle über gesellschaftliche Prozesse zu erlangen.

Was an Privatheit übrig bleibt, ist ein Schein von Privatheit – in der ausgehöhlten familialen Intimsphäre bleibt die Kleinfamilie als Konsumgemeinschaft zurück. Damit ändert sich deren Handlungsfähigkeit, „private Autonomie erhält sich nicht so sehr in den dispositionellen als in den konsumtiven Funktionen; sie besteht heute weniger in der Verfügungsgewalt von Warenbesitzern als in der Genußfähigkeit der Leistungsberechtigten" (Habermas 1983: 188). Begleitet wird die Entwicklung davon, dass die Gesetze des Marktes in die literarische Öffentlichkeit eindringen, welche einst von Tauschbeziehungen ausgenommen war – es entstehen durch Massenmedien verbreitete Erzeugnisse der Kulturindustrie. Dabei „wandelt sich Räsonnement tendenziell in Konsum, und der Zusammenhang öffentlicher Kommunikation zerfällt in die wie immer gleichförmig geprägten Akte vereinzelter Rezeption" (ebd.: 1983: 194), mit der privaten Aneignung entfällt die öffentliche Kommunikation über das Angeeignete, die für eine Öffentlichkeit notwendige dialektische Beziehung (ebd. 1983: 197). Das Gespräch wird nun einseitig: in Funk und Fernsehen professionell verwaltet wird es in eine Warenform verwandelt, welche vom Publikum konsumiert wird.

Durch den Einzug der Marktlogik in Medien und deren Kommerzialisierung wird die Maximierung des Absatzes zur Steigerung der Werbeeinnahmen das Ziel. Die Folge ist ein gesenkter Anspruch an die Verständnisfähigkeit der Lesenden, eine Entpolitisierung der Inhalte und die Nutzung der Medien zur Beeinflussung der Leserschaft: „Die Öffentlichkeit übernimmt Funktionen der Werbung. Je mehr sie als Medium politischer und ökonomischer Beeinflussung eingesetzt werden kann, umso unpolitischer wird sie im Ganzen" (ebd.: 1983: 211). Die Gesinnungs- wandelt sich in eine Geschäftspresse, die Unterordnung unter Gesichtspunkte der Betriebsökonomie wird von Möglichkeit zu Zwang (ebd.: 1983: 220 f.). Von zentraler Bedeutung für den strukturellen Wandel der Öffentlichkeit stellt sich dies dar, da Presse „im Maße ihrer Kommerzialisierung selbst manipulierbar" (ebd.: 1983: 221), zum „Einfallstor privilegierter Privatinteressen in die Öffentlichkeit" (ebd. 222.) wird.

Nicht nur die Presse wird durch ihre Kommerzialisierung manipulierbar, auch ihr im Zuge der Kommerzialisierung und der technischen Fortschritte immens gewachsenes Publikum: „mit dem Aufstieg der elektronischen Massenmedien, einer zunehmenden Kommerzialisierung des Kommunikationsnetzes sowie dem Zerfall des liberalen Vereinswesen" entstand im Verlauf des 20. Jahrhunderts „eine neue Kategorie von Einfluß, nämlich eine Medienmacht, die, manipulativ eingesetzt, dem Prinzip der Publizität seine Unschuld raubte" (Habermas 1990: 28). Mit der hohen Reichweite und der gesteigerten publizistischen Effektivität gerinnen sie zu Komplexen gesellschaftlicher Macht, welche – zumindest in Europa – um die publizistischen gegenüber den privatkapitalistischen Funktionen zu schützen, in öffentlichen oder halböffentlichen Anstalten organisiert werden (Habermas: 1983: 223 f.). Trotz dessen steigt die Zugänglichkeit gegenüber dem Druck individueller und kollektiver Privatinteressen: „Während die Presse früher das Räsonnement der zum Publikum versammelten Privatleute bloß vermitteln und verstärken konnte, wird dies nun umgekehrt durch die Massenmedien erst geprägt. Auf dem Wege vom Journalismus der schriftstellernden Privatleute zu den öffentlichen Dienstleistungen der Massenmedien verändert sich die Sphäre der Öffentlichkeit durch das Einströmen privater Interessen, die in ihr privilegiert zur Darstellung kommen" (ebd.: 1983: 225).

Nach Habermas ist neben der Werbung, welche sich durch sozialpsychologische Methoden stetig weiterentwickelt auch der Unterhaltungsanteil der Medien keine Öffentlichkeit im Sinne einer räsonierenden dialektischen Öffentlichkeit mehr – sie ist eine als Einbahnstraße laufende Scheinöffentlichkeit und ein Mittel der Verbrauchererziehung. Das Publikum, welches sich in dieser „massenhaft verbreiteten Integrationskultur" (ebd.: 1983: 229) befindet, wird auf den Meinungsaustausch über Konsumartikel beschränkt und einem „sanften Zwang stetigen Konsumtrainings" (ebd.) unterworfen.

In der politischen Öffentlichkeit „kreuzen" sich laut Habermas (1990: 45) zwei Prozesse, die für die Schaffung und Legitimation gesellschaftlicher Ordnung von zentraler Bedeutung sind, – „die kommunikative Erzeugung legitimer Macht" und „die manipulative Inanspruchnahme der Medienmacht zur Beschaffung von Massenloyalität, Nachfrage und ‚compliance' gegenüber systemischen Imperativen." Die von ihm beschriebene Entwicklung eines institutionellen Strukturwandels habe dementsprechend, so Habermas, eine zweifache Transformation von Öffentlichkeit bewirkt: Ein *sozialer Strukturwandel* folgt laut Habermas hier vor allem aus dem Wandel der Zusammensetzung des Publikums (Überwindung von Klassenschranken, Verschwinden des bildungsbürgerlichen Diskurshabitus vgl. Ritzi 2014: 201). Die Entstehung einer massenmedialen Öffentlichkeit bewirke weiterhin einen *politischen Funktionswandel,* welcher kollektive Deliberation erschwere *und* wirtschaftliche Privatinteressen privilegiere. Diese Gefahr eines Rückfalls in die Unmündigkeit beschreibt Habermas auch als „Refeudalisierung von Öffentlichkeit".[2]

Die refeudalisierte Öffentlichkeit zeigt sich in verschiedener Gestalt: Den kollektiv organisierten Privatinteressen, welche in Verbänden politische Form angenommen haben und deren Ziel es ist, private Interessen vieler einzelner in ein gemeinsames öffentliches Interesse zu transformieren, d. h., „die glaubwürdige Repräsentation und Demonstration des Verbandsinteresses als eines allgemeinen. Dabei verfügen die Verbände freilich nicht trotz, sondern wegen ihres privaten Charakters über weitreichende politische Macht; vor allem können sie „öffentliche Meinung" manipulieren, ohne sich von ihr selbst kontrollieren lassen

---

[2]Seine kulturkritischen Implikationen spiegeln sich auch in der folgenden Einschätzung: „Die Beziehung zur Herrschaft wächst ihr sozusagen hinterrücks zu: die ‚privaten' Wünsche nach Autos und Kühlschränken fallen unter die Kategorie ‚Öffentliche Meinung' ebenso wie alle übrigen Verhaltensweisen beliebiger Gruppen, wenn sie nur für die Ausübung sozialstaatlicher Herrschafts- und Verwaltungsfunktionen relevant sind" (Habermas 1990: 352).

zu müssen" (ebd.: 1983: 238). Öffentlichkeitsarbeit zielt dabei darauf die eigene Position zu stärken, ohne die Kompromissmaterie zum Thema einer öffentlichen Diskussion werden zu lassen. In dem gewandelten Umfeld muss auch der Staat, nach dem Vorbild der privaten Unternehmen, „seine Bürger wie Verbraucher „ansprechen". So wirbt auch die öffentliche Gewalt mit publicity" (Habermas 1983: 233). Das feudale Element findet sich in allen beteiligten Akteursgruppen – den Unternehmen, den Verbänden und dem Staat: Die Öffentlichkeit muss durch die Akteure hergestellt werden, damit die Organisationen und deren Funktionäre ihre Repräsentation entfalten können. „Mit Aufkommen der sozialen Frage", so Hartmann (2006: 170) „ist nicht länger die Abschaffung staatlicher Gewalt virulent, sondern das korporatistisch organisierte Einklagen staatlich gewährter sozialer Rechte" und Öffentlichkeit „wird zum Hof, *vor* dessen Publikum sich Prestige entfalten lässt – statt *in* ihm Kritik" (ebd.: 1983: 239).[3]

5 Globalisierung, Digitalisierung, Ökonomisierung – Ein neuer Strukturwandel?

Öffentlichkeit im anschließend an Habermas verstandenen Sinne, so die hier zu vertretende These, unterliegt seit einigen Jahrzehnten einem erneuten Strukturwandel. Diese Diagnose ist in der vorliegenden Forschungsliteratur an verschiedenen

---

[3]Der Einfluss der Kritischen Theorie der Frankfurter Schule auf die Arbeit, als deren später Vertreter sich Habermas auch heute noch versteht, komplementiert sein liberales Demokratieideal als forschungsleitende Prämisse der Untersuchung (Johnson 2005: 166). Während sich seine Darstellung der Degeneration öffentlicher Kommunikation „durchaus als eine historische Grundlegung zur Kulturkritik der „Dialektik der Aufklärung" von Horkheimer und Adorno" (Sarcinelli 2011: 96) lesen lässt, relativiert Habermas (1990: 30) seinen Skeptizismus zumindest teilweise Vorwort zur Neuauflage des Strukturwandels nicht zuletzt unter Bezug auf die Arbeiten der Cultural Studies: „Die Resistenzfähigkeit und vor allem das kritische Potenzial eines in seinen kulturellen Gewohnheiten aus Klassenschranken hervortretenden, pluralistischen, nach innen weit differenzierten Massenpublikums habe ich seinerzeit zu pessimistische beurteilt." In der Beschreibung eines öffentlich räsonierenden bürgerlichen Publikums lässt sich bereits eine frühere Referenz an Habermas' Ideal des herrschaftsfreien Diskurses als Vernunftpotenzial der Alltagskommunikation finden, wie er sie in der Theorie des Kommunikativen Handelns (1981) sowie Faktizität und Geltung (1992) weiter ausgeführt hat. Anders in den vergleichsweise abstrakten Darstellungen erkennt Hartmann (2006: 168) im Strukturwandel der Öffentlichkeit jedoch bereits ein später weniger eingelöstes Moment „institutioneller Konkretion", da Habermas hier „die institutionellen Arrangements benennt, in deren Rahmen Argumente in herrschaftskritischer Hinsicht ausgetauscht und überprüft werden können."

Stellen aufgenommen und in Bezug auf verschiedene Parameter ausgearbeitet worden. „An der Schwelle zum 21. Jahrhundert", proklamiert etwa Depenheuer (2001: 9) stünden „Grundstrukturen des Politischen vor fundamentalen Herausforderungen." Die Konstitution von Öffentlichkeit im nationalen Rahmen erscheint ihm „im Kontext der Globalisierung" als „fragwürdig". Und auch angesichts der Verbreitung digitaler Kommunikationsmedien erscheint ihm Öffentlichkeit als „zunehmend total, nicht als politisches Postulat oder rechtstheoretisches Prinzip, sondern als scheinbar unentrinnbares Schicksal der gesellschaftlichen und technischen Entwicklung" (ebd. 9).

Mit Blick auf die Rolle der Medien als Treiber der Entwicklung diagnostiziert auch Münch (1997: 704) eine zweite Stufe des ‚Strukturwandels der Öffentlichkeit' als Resultat der Etablierung grenzüberschreitender Verbreitungstechnologie: „Mit der Globalisierung der Kommunikation durch Satelliten-TV und Internet", so Münch (1997: 696), „ergibt sich ein wachsender Druck der Beschleunigung von Kommunikation, der medialen Inszenierung und Produktion von Ereignissen." Indem auf diese Weise immer mehr Informationen erzeugt würden, steige gleichzeitig der (aufmerksamkeits-)ökonomische Konkurrenzdruck unter den Anbietern. Diese Entwicklung bedingt aus seiner Sicht einen grundlegenden Funktionswandel der Medien, die sich aufgrund der erhöhten Konkurrenz nicht mehr auf die Aufgabe einer inhaltlich möglichst sachgemäßen Berichterstattung beschränken können (oder wollen): „Die Inszenierung", so Münch (ebd.), „bekommt tendenziell ein größeres Gewicht als der Inhalt der Darstellung, bis hin zur völligen Entleerung der Darstellung zur Inszenierung von Ereignissen um der Inszenierung willen." Aus diesen Entwicklungen folge, so sein (ebd.: 696) Schluss, „ein grundlegender Strukturwandel der gesellschaftlichen Reproduktion", „der die Verschärfung des Wettbewerbs die Ökonomisierung und Kommerzialisierung der öffentlichen Meinungsbildung erst auf die Spitze treibt."

Eine weitere, noch ausgearbeitete Diagnose findet sich in den Arbeiten von Kurt Imhof (2003, 2011). Dem Strukturwandel der Öffentlichkeit zugrunde liegen aus dieser Perspektive drei interdependente Prozesse sozialstruktureller Differenzierung: In *funktionaler* Hinsicht beschreibt Imhof hier die Erosion der korporatistischen Arrangements zwischen Wirtschaft und Politik bei gleichzeitiger Herausbildung „eines eigenständigen Handlungssystems Medien mit seinen Logiken sowie den damit verbundenen neuen Interdependenzen zwischen den Teilsystemen" (2011: 24). Die Verstetigung neuer sozialer Bewegungen mit starker Medienorientierung zwischen den 1960er und 1990er Jahren ging hierbei einher mit der Zuschreibung politischer Salienz an neue Felder der gesellschaftlichen Entwicklung (Ökologie, Geschlechterverhältnisse, Migration, etc.). Gleichzeitig folgt eine *stratifikatorische* Differenzierung innerhalb des gesellschaftlichen

Publikums aus der Neuordnung „ökonomischen, sozialen und kulturellen Kapitals sowohl im Zentrum als auch an der Peripherie" (ebd.). Die Globalisierung von Wirtschaft und eine komplementär (und mit großen Legitimitätsdefiziten) agierende Mehrebenenpolitik bedingt drittens eine *segmentäre Differenzierung* des nationalstaatlichen Ordnungssystems. Diese drei Entwicklungen, so schließt Imhof (2011: 25), müssen „in einer Heuristik des ‚neuen' Strukturwandels der Öffentlichkeit im Kontext der Nachfolge des sozialmarktwirtschaftlichen durch das neoliberale Wirtschafts- und Gesellschaftsmodell berücksichtigt werden."

Folgen wir diesen kursorisch zusammengefassten Positionen, lassen sich als Parameter eines neuen Strukturwandels der Öffentlichkeit mit dem (sozial-)räumlichen Referenzrahmen (1), der technischen Entwicklung der Verbreitungsmedien (2) sowie den ökonomischen Rahmenbedingungen (3), in deren Spannungsfeld sich der Strukturwandel im von Habermas (1962) skizzierten historischen Verlauf vollzieht. Zentrale Transformationen im Verhältnis dieser drei Entwicklungspfade wollen wir im Folgenden unter den Oberbegriffen der *Globalisierung, Digitalisierung* und *Ökonomisierung* zusammenfassen.[4]

5.1 Globalisierung

In seiner demokratietheoretischen Abhandlung ‚Die Öffentlichkeit und ihre Probleme' rekonstruiert John Dewey gegen Ende der 1920er Jahre (hier: 2001) die institutionellen Voraussetzungen eines demokratischen Gemeinwesens als territorial begrenzt. Solche „gesellschaftliche Gruppen, die durch Flüsse, Seen und Berge, durch fremde Sprachen und Götter so sehr voneinander getrennt sind" entwickelten laut Dewey (2001: 50) „kein gemeinsames Interesse, keine Öffentlichkeit und weder eine Notwendigkeit noch eine Möglichkeit für einen inklusiven Staat."

Verstehen wir die Globalisierung als Zunahme der Interdependenz von Ereignissen an weit voneinander entfernten Orten (Giddens 1990), offenbaren sich die Grenzen eines solchen Verständnisses. Dass politische Krisen zunehmend im globalen Maßstab entstehen, hierbei aber vornehmlich auf nationaler Ebene gelöst werden müssen, zieht für die Politik eine Reihe von Effizienzeinbußen und Legitimationsprobleme nach sich: So kann auch ein starker Staat unter

---

[4]Es stellt sich hierbei „das für die Sozial- und Kulturwissenschaften bekannte Problem, dass zusammenhängende Sachverhalte nicht simultan dargelegt werden können, sondern nur nacheinander" (Barlösius 2004, 118).

Bedingungen globaler Umweltrisiken (Beck 1998) heutzutage die Anliegen seiner Bürger nicht mehr innerhalb eines nationalen Territoriums schützen. Zweitens können auch die Bewohner als Teilnehmer an der nationalen Öffentlichkeit als Folge migrationsbedingter Diversifizierung der Bevölkerung nicht mehr fraglos als Staatsbürger vorausgesetzt werden. Drittens lässt unter Bedingungen transnationaler Wertschöpfungsketten und grenzüberschreitenden Standortwettbewerbs auch die Gestaltungsfähigkeit nationaler Regierungen gegenüber dem sich internationalisierenden Kapital nach.

Die Entstehung moderner Nationalstaaten ist, wie dies Benedict Anderson (1983) in seiner historisch-rekonstruktiven Arbeit über ‚Imagined Communities‘ gezeigt hat, nicht zuletzt eine Geschichte nationaler Kommunikationsräume. Indem sie auf Grundlage des Buchdrucks gemeinsame Mediensysteme ausbilden, entstehen politische Gemeinschaften im nationalen Rahmen. Entsprechend dieser Denkweise findet sich auch im ‚Strukturwandel der Öffentlichkeit‘ eine methodologisch-nationalistische Forschungslogik (Wimmer/Glick-Schiller 2002), die sich implizit an einem „Westphalian Political Imaginary" (Fraser 2007) orientierte.

Hieraus ergeben sich – lose anschließend an Fraser – eine Reihe von Implikationen, die das Habermas'sche Modell unter den gegenwärtigen Bedingungen als unzureichend erscheinen lassen. Zum einen setzt die Vorstellung einer Öffentlichkeit in diesem Sinne einen handlungsfähigen Staat als Adressaten politischer Forderungen voraus. Wenn sich der territoriale Rahmen des politischen Geschehens, mit Weber (1980) gesprochen, jenseits des staatlichen Gewaltmonopols erstreckt (beispielsweise, weil in Russland ein Atomreaktor explodiert, der die Umwelt in Deutschland bedroht). In diesem Modell werden die an einer bestimmten Öffentlichkeit beteiligten Akteure als Mitglieder eines spezifischen Gemeinwesens angesehen. Nationaler Demos und öffentlicher Kommunikationsraum basieren sozusagen auf dem gleichen Personalbestand. Um die wirtschaftlichen Angelegenheiten dieses Gemeinwesens kollektiv (wenn nicht sogar deliberativ) zu erläutern, stellt die (national gerahmte) Öffentlichkeit aus Sicht von Habermas den angemessenen Rahmen dar. „In effect", so Fraser (ebd.: 300), „Habermas assumed that a primary focus on the public's concern was a national economy, contained by a Westphalian state." Der Fokus auf nationale Diskussionsräume, implizierte weiterhin, dass – wie im deutschen Fall – eine einzige Landessprache kommunikative Transparenz innerhalb eines homogenen und auf nationale Debatten fokussierten Mediensystems ermöglichen würde.

Zwar steht, so lässt sich an dieser Stelle resümieren, das oben skizzierte Grundmodell politischer Öffentlichkeit „einer Transnationalisierung prinzipiell offen" (Trenz 2018: 359). Ihre institutionelle Emergenz sei hierbei jedoch an gesellschaftliche Voraussetzungen gebunden, wie sie im Rahmen der von

Fraser (2007) beschriebenen ‚Westphalian Order' nicht gegeben waren. Als erste Sequenz institutioneller Transformationen, welche einen erneuten Strukturwandel der Öffentlichkeit bedingen, müssen wir daher die Globalisierung von Vergesellschaftung in Betracht ziehen.

Mit Blick auf die anschließend an Preuss (2004) vorgestellten Dimensionen von Öffentlichkeit ergeben sich zur Untersuchung des Strukturwandels folgende weiterführende Fragen:

- Entstehen im Zuge der Globalisierung (sowohl durch neue Möglichkeits-räume, als auch unter dem Druck neuer sozialer Probleme und Krisen) transnationale Öffentlichkeiten, die der De-Territorialisierung des gesellschaft-lichen Lebens Rechnung tragen?
- Welche neuen Teilöffentlichkeiten und Konfliktlinien entstehen im Zuge der anhaltenden Diversifizierung des Publikums im Wege internationaler Migra-tion?
- Wie können wichtige Funktionen von Öffentlichkeit wie zum Beispiel die Binde- und Legitimationsfunktion zwischen Staat und Gesellschaft trotz fort-schreitender Globalisierung erhalten oder substituiert werden?
- Inwiefern verändert sich das Modell von Staatlichkeit in Hinblick auf dessen Legitimationsbasis?

5.2 Ökonomisierung

In der Entwicklung politischer Öffentlichkeit kommt dem Markt als strukturieren-der gesellschaftlicher Institution von Beginn an eine ambivalente Bedeutung zu. Hatte er noch zu Anfang den Rahmen geschaffen, innerhalb dessen sich „subver-sive Gedanken von staatlicher Unterdrückung emanzipieren konnten" (Habermas 2008: 137), bleibt diese Wirkungsweise nur so lange gewährleistet, „wie die öko-nomischen Gesetzmäßigkeiten nicht in die Poren der kulturellen und politischen Inhalte selbst eindringen, die über den Markt verbreitet werden" (ebd.).

Die Internationalisierung von Vergesellschaftung im globalen Maßstab wurde in den vergangenen Jahrzehnten begleitet von einer umfassenden Öko-nomisierung der Gesellschaft, deren Ursachen und Folgen ebenfalls in viel-fältiger Form wirksam werden. Dass der Kapitalismus aufgrund des anhaltenden Konkurrenzdrucks eines ‚Außen' bedarf, dessen ‚Landnahme' eine Reproduktion auf Kosten vormals nicht marktlich gesteuerter Bereiche ermöglicht, ist eine etab-lierte wirtschaftssoziologische Argumentationsgröße (Luxemburg 1970).

Dieses wirtschaftliche Arrangement verändert unter Globalisierungsbedingen seine Form. Finanzialisierung und Standortwettbewerb zwischen Unternehmen und Regierungen lassen die Machtfundamente des Sozialstaats erodieren (Butterwegge 2014). Sinkende Wachstumsraten und den Kern- und dynamische wirtschaftliche Entwicklung in den Schwellenländern bedingen eine Verringerung der Ungleichheit zwischen den Ländern bei gleichzeitig zunehmender Ungleichheit in ihrem Innern (Deppe 2013; Weiß 2017). Gleichzeitig finden die Arbeitsbedingungen der Peripherie Eingang in die Wirtschaftspraxis der Kernländer.[5] Die Ausweitung des Niedriglohnsektors durch das ‚Bündnis für Arbeit' auf mittlerweile fast ein Viertel aller Beschäftigten hat zur Erhöhung der Armutsquote auf 15,7 % (d. h. fast 13 Mio. Einwohner) im Jahr 2016 beigetragen. Die so begründete Zunahme sozialer Ungleichheit bedingt den Rückzug sozial schlechter Gestellter aus der politischen Kultur (Schäfer 2015) und erhöht Abstiegsängste als Ursache rechter Orientierungen (Nachtwey 2016). Auf lebensweltlicher Ebene verändern sich – im Zuge eines umfassenden kulturellen Wandels – weiterhin die Alltagspraktiken (Schimank/Volkmann 2008) und Subjektivierungsformen (Bröckling 2006). Im Zuge dieser Prozesse verlieren auch traditionelle hierarchisch-bürokratische Organisationen gesellschaftlicher Steuerung und Integration wie Gewerkschaften, die katholische Kirche oder private Vereine an Einfluss (Beck 1985). Wie schon bei Habermas (1990: 21) vollzieht sich der Strukturwandel der Öffentlichkeit damit „eingebettet in die Transformation von Staat und Ökonomie.".

Dem Strukturwandel unterliegen mit den Massenmedien[6] auch die „nichtöffentlichen Produktionsstrukturen von Öffentlichkeit" (Weßler/Wingert 2007: 22). Die Finanzialisierung der Branche und eine zunehmende Relevanz von Skaleneffekten in der Medienproduktion erhöhen den Wachstumsdruck auf Medienunternehmen. Verschärfte Konkurrenz um Aufmerksamkeit bedingt hier die zunehmende Verbreitung von Boulevard- und Infotainmentformaten. Schließlich wirkt sich auch der Wandel der Beschäftigungsformen und Medienformate auf eine Transformation journalistischer Tätigkeiten aus. Die Rolle der Qualitätspresse als „Leitmedium" (Habermas 2008: 134) öffentlicher Debatten verliert im Zuge dessen weiter an Bedeutung.

---

[5]Eine Ökonomisierung der Krankenversicherung bedingt hier den weiter oben beschriebenen Druck auf lebensweltliche Arrangements in Form eines Zwanges zur ‚Prävention' (Lessenich 2008).

[6]Aber auch Einrichtungen wie Thinktanks, Stiftungen oder Universitäten.

Folgende Leitfragen könnten weitere Forschungen zum Strukturwandel der Öffentlichkeit behandeln:

- Welche Auswirkungen hat die zunehmende Erschöpfung staatlicher Handlungskapazitäten mit Blick auf die Präsenz sozialer Bewegungen, Stiftungen oder Unternehmen in der Herstellung und Aushandlung von Öffentlichkeit?
- (Wie) Korrespondieren neue Subjektivierungsformen mit individuellen und kollektiven Ansprüchen an das Mediensystem und Rezeptionsformen?
- Auf welcher Basis lassen sich Zugänge zu Öffentlichkeit als Arena der Willensbildung und Gemeinwohlermittlung bei zunehmender Marginalisierung prekarisierter Bevölkerungsgruppen erhalten?
- Lässt sich Bindung an Staat und Gesellschaft auch ohne soziale und wirtschaftliche Teilhabe am Gemeinwohl aufrechterhalten? Welche Alternativen Bindungsformen können sich durch Ideologie und auf die Zukunft gerichtete Versprechen in stark flexibilisierten und ökonomisierten Gesellschaften entwickeln?

5.3 Digitalisierung

Mit der Verbreitung digitaler Kommunikationstechnologien treten wir zu Beginn des 21. Jahrhunderts ein in die „vierte Medienepoche der Menschheitsgeschichte" (Baecker 2018: 10). Nachdem bereits die Erfindung der Schrift vor 3000 und die Einführung des Buchdrucks vor 1500 Jahren neben den Mustern menschlicher Kommunikation in raumzeitlicher Hinsicht auch die Produktionsweise und der gesellschaftliche Überbau verändert hat, sind im Zuge der Digitalisierung der Kommunikation ähnliche epochale Veränderungen zu erwarten: Für die Gestaltung des menschlichen Zusammenlebens treten in jedem der vier Übergänge (Oralisierung, Skriptographisierung, Typografisierung, Digitalisierung) spezifische neue Lösungen für spezifische neue Probleme auf.

Im engeren Sinne lässt sich unter Digitalisierung die Verbreitung digitaler Formate (und entsprechender Lesegeräte) verstehen. Der Entwicklung medialer Verbreitungstechnologien kommt im Strukturwandel der Öffentlichkeit eine grundlegende Bedeutung zu. Zum einen bedingt die Entstehung des Internet (und hier besonders des sog. ‚Web 2.0') nicht nur Möglichkeiten translokaler Kommunikation in Bezug auf Inhalte der Mainstreammedien. Weiterhin folgt aus der prinzipiellen Möglichkeit für alternative Anbieter, eigene Neuigkeitsmeldungen online verfügbar zu machen, eine Diversifizierung des Angebotes – und dies häufig auch mit spezifischen politischen Tendenzen. Soziale Bewegungen, so schließt etwa Winter (2010), können sich durch die Digitalisierung erstens besser koordinieren und zweitens eine größere Öffentlichkeit erreichen. Vor diesem Hintergrund gelangen optimistische Analysen zu der Einschätzung, „that the Internet will somehow have a positive impact on democracy and help to alleviate its ills" (Dahlgren 2006: 59) and „enhance the democratic procedures of the political system" (Albrecht 2006: 79).[7]

In der Konsequenz entsteht – und hierin liegt womöglich die weitaus wichtigere Bedeutung der Digitalisierung – die Möglichkeit, der „Erarbeitung und Erprobung abzählbarer und berechenbarer Daten im Medium analoger Widersprüchlichkeit für die Zwecke der Kommunikation von und mit Maschinen" (Baecker 2018: 59). Unter dem Begriff ,Big Data' wird hier die Tatsache behandelt, dass es mit neuen Methoden der Datenverarbeitung nun möglich ist, große Mengen heterogener Informationen in kurzer Zeit unter spezifischen Aspekten zu speichern und auszuwerten.

In diesem Zusammenhang folgt für den Strukturwandel der Öffentlichkeit ein weiterer Aspekt in Bezug auf die gesellschaftliche Sphäre der Privatheit. Während etwa Konzerne wie Google User-Daten über Konsum- und Freizeitverhalten sammeln, verschärfen sich auch die Mittel staatlich-exekutiver Machtausübung und der Datenschutz als bürgerrechtliche Selbstverständlichkeit gerät zunehmend unter Druck. Aufseiten des Publikums droht damit die „Kolonisierung der Lebenswelt" durch Staat und Kapital, die privaten Voraussetzungen souverän-bürgerschaftlichen Engagements in der politischen Öffentlichkeit zu unterminieren.

Die Digitalisierung macht es daher erforderlich, neue Muster öffentlicher Kommunikation in Rechnung zu stellen. Neben einer allgemeinen Vervielfältigung des Informationsangebots ergibt sich eine wesentliche Transformation in diesem Zusammenhang aus der Aufwertung der Konsumentenrolle (nicht zuletzt im Wege der Verbreitung digitaler Endgeräte). Während Habermas in seinen Arbeiten noch „vom Bild eines passiven Empfängers der Medienbotschaft, der sich ihr völlig unterordnet" (Kriesi 1994: 239) ausgeht, „konstituiert die Botschaft der Medien" tatsächlich „ein Instrument, welches das Publikum bei der Konstruktion des Sinns, den es dem politischen Geschehen gibt, auf aktive Weise benutzt."

---

[7]In Bezug auf die weiter oben beschriebenen Internationalisierungsdynamiken erkennt Trenz (2006: 119) im Internet „eine Art der europäischen Sekundäröffentlichkeit." Diese diene jedoch „eher der Selbstbeobachtung der am politischen Prozess beteiligten Akteure und Institutionen als der Fremdbeobachtung durch ein außenstehendes Publikum."

Medienhandeln in Plattformen wie Google oder Facebook zielt hierbei nicht nur in zunehmendem Maße auf individuelle Anerkennung, sondern ist aufgrund der Flexibilität des Angebots stärker durch persönliches Interesse bestimmt. Subjektive Nutzungsmuster bestätigen daher tendenziell die Bedürfnisse und Sichtweisen der User und bedingen daher möglicherweise eine fortschreitende Fragmentierung von Öffentlichkeit. Als Triebfeder des digitalen Strukturwandels erhöht die zunehmende Bedeutung derartiger Plattformen Facebook nicht nur den Konkurrenzdruck auf etablierte Medienformen, sondern fördert möglicherweise auch die De-Institutionalisierung des professionellen Journalismus. Indem konkurrierende Angebote aus diesem Bereich den Druck auf etablierte Medienproduzenten erhöhen, akkurat und sachgemäß zu berichten, und so aus Sicht der Bürger die Transparenz des politischen Systems erhöhen, ermöglicht ein alternatives Agenda-Setting neuer Anbieter die Berücksichtigung vormals vernachlässigter Schwerpunkte durch das Publikum. Gleichzeitig bieten die Digitalisierung damit auch die Chance einer Erweiterung öffentlicher Resonanz- und Artikulationspotenziale, wie wir sie etwa im Rahmen politischen Bottom-Up Dynamiken wie dem Arabischen Frühling, Occupy oder auch der Alt-Right-Bewegung erkennen.

Gleichzeitig besteht aber auch Grund zu der Annahme, dass die Erweiterung des Medienangebots einer Fragmentierung der öffentlichen Sphäre in thematisch gegliederte Teilöffentlichkeiten Vorschub leistet. Die Aufsplittung der öffentlichen Sphäre in sog. „cyber ghettos" (Dahlgren 2006: 65) drohte dann, die integrative Kraft öffentlicher Kommunikation zu unterminieren. Und selbst wenn Publikumsakteure angesichts eines erweiterten Angebots etablierter und alternativer Medienquellen das Ziel einer umfassenden und ausgewogenen Nutzung verfolgen wollen, erschwert die Menge an Angeboten die Unterscheidung relevanter und irrelevanter Informationen. Unter demokratietheoretischen Gesichtspunkten sind die Folgen dieser neuen Selektionszwänge somit als ambivalent zu beurteilen.

Die Untersuchung des Strukturwandels der Öffentlichkeit lässt sich schließlich auch in diesem Bereich unter Bezug auf eine Reihe von Leitfragen führen, zu denen auch die folgenden gehören:

- (Wie) Verändert die Digitalisierung der Kommunikation Zugangsvoraussetzungen und die Möglichkeit, über Öffentlichkeit Allgemeinwohl zu ermitteln?
- Was ist der Unterschied zwischen pluralistischer und fragmentierter Öffentlichkeit? Welche Typen von Öffentlichkeit lassen sich bei zunehmend digitalisierter Kommunikation ausmachen?

- Welche Konsequenzen ergeben sich aus der zunehmenden Algorithmensteuerung für die Legitimation demokratischen Regierens?
- Bedeutet die Digitalisierung eine Erweiterung der Sphäre der Willensbildung (z. B. Twitter und Facebook) und damit ihre qualitative Aufwertung?
- Wie reagieren staatliche Institutionen auf digitale Repräsentation und Willensbildungs-prozesse, die den klassischen Politikzyklus beschleunigen und verändern?

6   Ein neuer Strukturwandel? Fazit und Ausblick

Der vorliegende Text hat die Krise der liberalen Demokratie als eine Krise von Öffentlichkeit zu interpretieren versucht. Dysfunktionen im demokratischen Prozess folgen, so die Argumentation, aus einer institutionellen Entwicklung, welche wir anschließend an Jürgen Habermas als Strukturwandel der Öffentlichkeit identifiziert haben. Als zentrale Entwicklungspfade haben wir hierbei gesellschaftliche Transformationserscheinungen gefunden, die wir unter den Begriffen der Globalisierung, Ökonomisierung und Digitalisierung behandelt haben.

Die bis hierhin getroffenen Ausführungen möchte ich nun abschließend mit einer Reihe von Thesen zur Konstitution und Entwicklung von Öffentlichkeit abschließen, welche möglicherweise als Ausgangspunkte weiterer Untersuchungen dienen können.

These 1   Eine anhaltende Fragmentierung von Öffentlichkeit überträgt sich in eine fortschreitende Tribalisierung der Sozialstruktur

Wie wir bereits aus der Kritik von Fraser (2007), Kluge und Negt (1972) und anderen wissen, war die bürgerliche Öffentlichkeit niemals *die* Öffentlichkeit, sondern schon damals nur eine unter vielen Teilöffentlichkeiten (Öffentlichkeit weiblicher Eliten, nationalistische Öffentlichkeiten, proletarische Öffentlichkeit, etc.). Gegenwärtig, so die erste zu untersuchende These, haben wir es mit einer fortschreitenden Fragmentierung des Kontinuums öffentlicher Kommunikation zu tun, welches in Verbindung mit einer Entwicklung gesellschaftlicher Desintegration steht, die unterschiedliche Segmente immer weiter voneinander entfernt. Die Herausbildung neuer Teilöffentlichkeiten vollzieht sich hierbei nicht zuletzt im Zuge sozialstruktureller Differenzierungen wie einer Exklusion von Eliten (Hartmann 2006), sowie entlang ethnischer Linien (Schiffauer 2011) oder gegenüber prekären Existenzen (Moser 2014). Gleichzeitig werden alternative

Sozialisationseffekte durch die individualisierte Feedbacklogik der neuen Medien zwar nicht verunmöglicht, jedoch zumindest begrenzt.

These 2 Öffentlichkeit reagiert auf die Internationalisierung von Vergesellschaftung in ambivalenter Hinsicht

Mit Blick auf die Internationalisierung von Vergesellschaftung lassen sich beim Strukturwandel der Öffentlichkeit höchst ambivalente Entwicklungstrends erkennen. Während beispielsweise der Klimawandel oder die (Krise der) europäische(n) Integration (Glassner/Pernicka 2014; Vobruba/Preunkert 2015) die Entstehung themenzentrierter Teilöffentlichkeiten bedingt haben, oder auch kulturindustrielle Inszenierungen wie der Superbowl oder die Live Aid-Konzerte ein Publikum im globalen Maßstab erreichen, lassen sich auf nationaler Ebene gleichzeitig gegenteilige Effekte verzeichnen. So lässt sich der zunehmende Erfolg rechtsautoritärer Parteien im internationalen Maßstab als Tendenz einer repulsiven Globalisierung interpretieren, im Zuge derer die Re-Nationalisierung von (oftmals völkisch gerahmten) Solidargemeinschaften auch mit einer (oftmals populistisch getragenen) Aufwertung des nationalen Kommunikationsraum einhergeht. In Verbindung mit der ersten These lassen sich diese Entwicklungen möglicherweise auf die Diagnose einer *doppelten Fragmentierung von Öffentlichkeit* hin zuspitzen. Während die zunehmende Virulenz bestimmter (zumeist ökologischer) Probleme die Entstehung einer Risikogemeinschaft (Beck 1998) im globalen Maßstab bedingt *(Fragmentierung nach oben),* ziehen Prozesse gesellschaftlicher Differenzierung sowie neue Muster der Mediennutzung die Emergenz immer spezieller Teilöffentlichkeiten nach sich, in denen eine produktive Irritation durch Dissens immer unwahrscheinlicher erscheint *(Fragmentierung nach unten).*

These 3 Es lässt sich eine (tendenzielle) Trivialisierung der Formate und Inhalte verzeichnen

Während in klassischen (oder: politikwissenschaftlichen) Modellen von Öffentlichkeit vor allem die zwischen Staat und Zivilgesellschaft vermittelnde Wirkung dieser Sphäre im Zentrum des Interesses gestanden hat, haben kulturtheoretische (und v. a. auch kultur*kritische)* Beiträge die identitäts- und zerstreuungsstiftende Dimension öffentlicher Kommunikation behandelt (most prominently: Horkheimer/Adorno 1980). Mit Blick auf die Entwicklung gängiger TV-Formate oder des Print-Medien Marktes lässt sich hier eine qualitative *Verflachung* diagnostizieren. So werden nicht nur immer mehr Themen in immer kürzerer Zeit behandelt. Die aufmerksamkeitsökonomische Konkurrenz unter den privaten Medienanbietern bewegt diese zur sukzessiven Reduktion qualitativer

Standards sachgemäßer Berichterstattung zugunsten von Attraktivität und Unterhaltsamkeit. Politische Kommunikation in der Form, dass Parteien die Öffentlichkeit nutzen, um ihre inhaltlichen Programmatiken zur Diskussion und Disposition zu stellen, wird unter diesen Bedingungen immer schwieriger. Weiterhin befördern diese Entwicklungen – gemeinsam mit der Digitalisierung öffentlicher Kommunikation – auch die Verbreitung populistischer Agitationsformen.

These 4   Wir haben es in der Öffentlichkeit mit einer neuen Bedeutung von Gewalt zu tun

Schließlich erscheint es auffällig, dass in der öffentlichen Kommunikation gewaltförmigen Äußerungen eine wachsende Bedeutung zu Teil wird. Während wir hier – nicht zuletzt unter dem Eindruck des Rechtsrucks – eine Verrohung der Diskurse (sowohl bedingt durch die Medien als auch die Nutzer der sozialen Netzwerke) erkennen, lässt sich eine verstärkte Auseinandersetzung mit rassistischer (Staats-)Gewalt auch in öffentlichen Kampagnen wie ‚Black lives Matter‘ oder der Initiative zur Aufklärung des mutmaßlichen Mordes an dem Dessauer Asylbewerber Oury Jalloh verzeichnen. Eine ähnliche Ausprägung nimmt die kritische Thematisierung sexualisierter Gewalt im Zuge der #metoo-Kampagne an. Eine Gemeinsamkeit entsprechender Initiativen liegt in ihrem zivilgesellschaftlichen Bottom-Up-Charakter. Doch auch die unmittelbare Auseinandersetzung divergierender politischer Interessen im öffentlichen Raum nimmt – wie die G-20 Proteste oder die Pogrome in Chemnitz aus dem Sommer 2018 – zeigen eine neue Qualität der Gewalttätigkeit auf.[8] Komplementiert werden diese Entwicklungen durch eine Exekutive, die ihre Kompetenzen – wie im Falle des bayerischen Polizeigesetzes – sukzessive auszuweiten versucht.

Diese – und sicherlich auch weitere – Überlegungen könnten eine zukünftige Auseinandersetzung mit dem Strukturwandel der Öffentlichkeit weiter anleiten.

Literatur

Albrecht, S. (2006). Whose voice is heard in online deliberation?: A study of participation and representation in political debates on the internet. *Information, Communication & Society, 9*(1), 62–82.

---

[8]Mit dem ‚Recht auf Erscheinen‘ im öffentlichen Raum und der Frage, wem dieses Recht gewährt wird und wem nicht, verweist Judith Butler (2016) in diesem Zusammenhang auf einen zentralen Aspekt, der eine vertiefte Auseinandersetzung verdient.

Anderson, B. (1983). *Der Erfindung der Nation*. Frankfurt a. M.: Campus.

Baccaro, L., & Howell, C. (2017). *Trajectories of neoliberal transformation European industrial relations since the 1970s*. Cambridge: Cambridge University Press.

Baecker, D. (2018). *4.0 oder Die Lücke, die der Rechner lässt*. Leipzig: Merve.

Ballhaus, E. (Hrsg.). (2001). *Kulturwissenschaft, Film und Öffentlichkeit*. Münster: Waxmann.

Barlösius, E. (2004). *Kämpfe um soziale Ungleichheit: Machttheoretische Perspektiven*. Wiesbaden: VS Verlag.

Beck, U. (1985). *Risikogesellschaft: Auf dem Weg in eine andere Moderne*. Frankfurt a. M.: Suhrkamp.

Beck, U. (1998). *Weltrisikogesellschaft. Auf der Suche nach der verlorenen Sicherheit*. Frankfurt a. M.: Suhrkamp.

Bröckling, U. (2006). *Das unternehmerische Selbst*. Frankfurt a. M.: Suhrkamp.

Brown, W. (2018). *Die schleichende Revolution: Wie der Neoliberalismus die Demokratie zerstört*. Berlin: Suhrkamp.

Butler, J. (2016). *Anmerkungen zu einer performativen Theorie der Versammlung*. Berlin: Suhrkamp.

Butterwegge, C. (2014). *Krise und Zukunft des Sozialstaates*. Wiesbaden: Springer.

Calhoun, C. (1992). Introduction. In C. Calhoun (Hrsg.), *Habermas and the public sphere* (S. 1–49). Boston: MIT Press.

Crouch, C. (2008). *Postdemokratie*. Frankfurt a. M.: Suhrkamp.

Crouch, C. (2011). *Das befremdliche Überleben des Neoliberalismus. Postdemokratie II*. Frankfurt a. M.: Suhrkamp.

Dahlgren, P. (2006). The internet, public spheres, and political communication: Dispersion and deliberation. *Political Communication, 22*(2), 147–162.

Depenheuer, O. (2001). Öffentlichkeit und Vertraulichkeit. Einführung. In O. Depenheuer (Hrsg.), *Öffentlichkeit und Vertraulichkeit. Theorie und Praxis der Politischen Kommunikation* (S. 7–19). Weisbaden: Westdeutscher Verlag.

Deppe, F. (2013). *Autoritärer Kapitalismus. Demokratie auf dem Prüfstand*. Hamburg: VSA.

Dewey, J. (2001). *Die Öffentlichkeit und ihre Probleme*. Berlin: Philothek.

Edelman, M. (1976). *The symbolic uses of politics*. Illinois: University of Illinois.

Foucault, M. (2006). *Die Geburt der Biopolitik. Geschichte der Gouvernementalität II*. Frankfurt a. M.: Suhrkamp.

Fraser, N. (2007). Transnational public sphere: Transnationalizing the public sphere on the legitimacy and efficacy of public opinion in a post-westphalian world. *Theory, Culture & Society, 24*, 7–30.

Fukuyama, F. (1992). *The end of history and the last man*. New York: Free Press.

Giddens, A. (1990). *The consequences of modernity*. Stanford: Stanford University Press.

Glassner, V., & Pernicka, S. (2014). Transnationale Strategien der Gewerkschaften im europäischen Metallsektor: Ansätze zur Europäisierung der Lohnpolitik. *Industrielle Beziehungen, 21*(3), 277–299.

Glick-Schiller, N., & Wimmer, A. (2002). Methodological nationalism and beyond: Nation-State building, migration and the social sciences. *Global Networks, 2*(4), 301–334.

Habermas, J. (1962). *Strukturwandel der Öffentlichkeit*. Frankfurt a.M.: Suhrkamp.

Habermas, J. (1981). *Theorie des kommunikativen Handelns*. Frankfurt a. M.: Suhrkamp.

Habermas, J. (1990). *Strukturwandel der Öffentlichkeit: Untersuchungen zu einer Kategorie der bürgerlichen Gesellschaft.* Frankfurt a. M.: Suhrkamp.
Habermas, J. (1992). *Faktizität und Geltung. Beiträge zur Diskurstheorie des Rechts und des demokratischen Rechtsstaats.* Frankfurt a. M.: Suhrkamp.
Habermas, J. (2008). *Ach, Europa. Kleine politische Schriften XI.* Frankfurt a. M.: Suhrkamp.
Hartmann, M. (2006). Strukturwandel der Öffentlichkeit. In A. Honneth (Hrsg.), *Schlüsseltexte der Kritischen Theorie* (S. 168–172). Wiesbaden: VS.
Heitmeyer, W. (2018). *Autoritäre Versuchungen. Signaturen der Bedrohung.* Berlin: Suhrkamp.
Imhof, K. (2003). Politik im „neuen" Strukturwandel der Öffentlichkeit. In A. Nassehi & M. Schroer (Hrsg.), *Der Begriff des Politischen. Sonderband 14 der Zeitschrift „Soziale Welt"* (S. 401–418). Baden-Baden: Nomos.
Imhof, K. (2011). *Die Krise der Öffentlichkeit: Kommunikation und Medien als Faktoren des sozialen Wandels.* Frankfurt a. M.: Campus.
Johnson, P. (2005). *Habermas: Rescuing the public sphere.* London: Routledge.
Kluge, A., & Negt, O. (1972). *Öffentlichkeit und Erfahrung.* Frankfurt a. M.: Zweitausendeins.
Kriesi, H. (1994). Akteure-Medien-Publikum. Die Herausforderung direkter Demokratie durch die Transformation der Öffentlichkeit. In F. Neidhardt (Hrsg.), *Öffentlichkeit, öffentliche Meinung, soziale Bewegungen* (S. 234–260). Opladen: Westdeutscher Verlag.
Lessenich, S. (2008). *Die Neuerfindung des Sozialen: Der Sozialstaat im flexiblen Kapitalismus.* Bielefeld: Transcript.
Lippmann, W. (1997). *The Public opinion.* New York: Free Press.
Luhmann, N. (1995). *Die Realität der Massenmedien.* Opladen: Westdeutscher Verlag.
Luxemburg, R. (1970). *Die Akkumulation des Kapitals Ein Beitrag zur ökonomischen Erklärung des Imperialismus.* Frankfurt a. M.: Verlag Neue Kritik.
Maus, I. (2011). *Über Volkssouveränität. Elemente einer Demokratietheorie.* Berlin: Suhrkamp.
Moser, S. (2014). *Pfandsammler. Erkundungen einer urbanen Sozialfigur.* Hamburg: HIS.
Münch, R. (1997). *Mediale Ereignisproduktion: Strukturwandel der politischen Macht.* Dresden: 28. Kongress der DGS.
Nachtwey, O. (2016). *Die Abstiegsgesellschaft. Über das Aufbegehren in der regressiven Moderne.* Berlin: Suhrkamp.
Neidhardt, F. (1994). *Öffentlichkeit, öffentliche Meinung, soziale Bewegungen.* Wiesbaden: Springer.
Nolte, P. (2012). *Was ist Demokratie? Geschichte und Gegenwart.* München: Beck.
Piketty, T. (2014). *Das Kapital im 21. Jahrhundert.* München: Beck.
Preuß, U. (2004). Transformation des europäischen Nationalstaates–Chance für die Herausbildung einer Europäischen Öffentlichkeit? In U. Preuß & C. Franzius (Hrsg.), *Europäische Öffentlichkeit* (S. 44–60). Baden-Baden: Nomos.
Ritzi, C. (2014). *Die Postdemokratisierung politischer Öffentlichkeit.* Wiesbaden: Springer.
Rosanvallon, P. (2018). *Die gute Regierung.* Berlin: Suhrkamp.
Sarcinelli, U. (2011). *Politische Kommunikation in Deutschland. Medien und Politikvermittlung im demokratischen System.* Wiesbaden: Springer.
Scharpf, F. (1999). *Regieren in Europa.* Frankfurt a. M./New York: Campius.

Schäfer, A. (2015). *Der Verlust politischer Gleichheit. Warum die sinkende Wahlbeteiligung der Demokratie schadet.* Frankfurt a. M.: Campus.

Schiffauer, W. (2011). *Parallelgesellschaften. Wie viel Wertekonsens braucht unsere Gesellschaft? Für eine kluge Politik der Differenz.* Bielefeld: Transcript.

Schimank, U., & Volkmann, U. (2008). Ökonomisierung der Gesellschaft. In A. Maurer (Hrsg.), *Handbuch der Wirtschaftssoziologie* (S. 382–393). Wiesbaden: VS Verlag.

Streeck, W. (2013). *Gekaufte Zeit. Die vertagte Krise des demokratischen Kapitalismus.* Berlin: Suhrkamp.

Trenz, H.-J. (2006). *Europäische Öffentlichkeit und die verspätete Politisierung der EU.* Bonn: Friedrich-Ebert-Stiftung.

Trenz, H. (2018). Europäische Öffentlichkeit. In M. Bach & B. Hönig (Hrsg.), *Europasoziologie. Handbuch für Wissenschaft und Studium* (S. 359–368). Baden-Baden: Nomos.

Vobruba, G., & Preunkert, J. (Hrsg.). (2015). *Krise und Integration. Gesellschaftsbildung in der Eurokrise.* Wiesbaden: Springer.

Weber, M. (1980). *Wirtschaft und Gesellschaft. Grundriß der verstehenden Soziologie.* Tübingen: Mohr.

Weiß, A. (2017). *Soziologie globaler Ungleichheiten.* Berlin: Suhrkamp.

Weßler, H., & Wingert, L. (2007). Der Sinn von Öffentlichkeitsforschung: Worum es Bernhard Peters ging. In B. Peters (Hrsg.), *Der Sinn von Öffentlichkeit* (S. 11–29). Frankfurt a. M.: Suhrkamp.

Zürn, M. (1998). *Regieren jenseits des Nationalstaats. Globalisierung und Denationalisierung als Chance.* Frankfurt a. M.: Suhrkamp.

The manufacturer's authorised representative in the EU is Springer
Nature Customer Service Centre GmbH, Europaplatz 3, 69115 Heidelberg,
Germany. If you have any concerns regarding our products, please
contact ProductSafety@springernature.com

Printed and bound by CPI Group (UK) Ltd, Croydon, CR0 4YY
29/04/2026
02099337-0003